HABIT 메신저
당신의 습관이 돈이 되는 순간이 온다

초판 1쇄 발행 2025년 4월 4일

지은이 에린 박미선, 부자애미 서지연, 슈퍼땅콩 서정은, 피치약사 최희진, 신 루시아, 효리스타 송효리
펴낸이 장길수
펴낸곳 지식과감성⁺
출판등록 제2012-000081호

교정 이주희
디자인 윤혜성
편집 강샛별
검수 정은솔, 윤혜성
마케팅 김윤길

주소 서울시 금천구 벚꽃로298 대륭포스트타워6차 1212호
전화 070-4651-3730~4
팩스 070-4325-7006
이메일 ksbookup@naver.com
홈페이지 www.knsbookup.com

ISBN 979-11-392-2501-3(03190)
값 16,800원

- 이 책의 판권은 지은이에게 있습니다.
- 이 책 내용의 전부 또는 일부를 재사용하려면 반드시 지은이의 서면 동의를 받아야 합니다.
- 잘못된 책은 구입하신 곳에서 바꾸어 드립니다.

지식과감성⁺
홈페이지 바로가기

조서환 박사
박지숭 박사
정미영 작가
추천도서

당신의 습관이
돈이 되는 순간이 온다

HABIT
[메신저]

부자애미 **서지연**
감수

에린 **박미선** 부자애미 **서지연**
슈퍼땅콩 **서정은** 피치약사 **최희진**
신 **루시아** 효리스타 **송효리**
지음

누구나 할 수 있는 좋은 습관을 반복했을 뿐인데
경력, 직업, 인간관계, 정체성, 자존감,
라이프스타일, 돈 버는 방법 등 모든 것이 달라졌다.

지식과감정#

차례

추천사   8
프롤로그   12

에린 박미선
71년생 미선 씨, 스쿼트 100개로 인플루언서 되다

1	71년생 미선 씨	18
2	나 잘나가던 여자야!	24
3	그때, 나는 아무것도 잘하는 게 없었다	27
4	좋아하는 일을 했을 뿐인데…	30
5	어쩌다, 2년간 매일 스쿼트 100개를 했습니다	34
6	의사 선생님, 무릎이 아파요. 더 이상 스쿼트를 못 한다고요?	38
7	악플 1,000개, 성공의 조짐이 보인다	40
8	에린 다이어트 대표 에린입니다	43
9	제발, 공부하지 마세요	48
10	3개월 만에 4만 팔로워 된 실전 노하우편	50
11	에필로그 챌린지가 일상에 스며들다	54

| 부자애미 서지연 | **월급쟁이 인생을 지식으로 디자인하라** |

1	프롤로그	60
2	20대에 모나리자가 된 여자 히키코모리	63
3	86kg 뚱보 애미에서 성장하는 애미로 가는 길	69
4	나의 족쇄를 풀 수 있었던 기회의 열쇠	75
5	가난한 아버지 덕분에 월급쟁이가 아닌 사업가가 되기로 결심하다	78
6	낯선 만남, 낯선 장소에서 기회의 끈을 놓지 않다	81
7	태어나 처음으로 배워서 남 주자를 기획하다	85
8	SNS로 만난 그녀들과의 '접속'으로 짜장면 한 그릇에 꿈을 담다	88
9	내 몸값은 0원에서 시작했다	91
10	지식 디자이너로 나의 가치를 무한대로 끌어올리다	92
11	지식 디자이너, 무자본 지식 창업자로 수익화하고 싶다면?	95
12	부자애미의 무자본 지식 창업자 준비를 위한 창과 방패 10가지	105
13	무자본 지식 창업의 꽃은 협업이다	122
14	Right now! 지금 당장 할 수 있는 무자본 지식 창업	125
15	무자본 지식 창업은 나눔으로 시작하라	127
16	40대 지식을 무기로 전쟁터에 나갈 준비를 하는 엄마들에게	129

| 피치약사 최희진 | **아줌마 약사의 뒤뚱뒤뚱 SNS 성장기** |

1	1.8평 미니 약국 탈출의 여정	134
2	인스타그램에 점 하나를 찍다	136
3	화면 저 너머에 사람이 있다	139
4	커뮤니티의 힘 맞잡은 동아줄이 두꺼워지다	142
5	온라인 약국 개설	148
6	릴스를 시작하다	150
7	한 달 반 만에 420만 뷰로 만 팔로워에서 4만 5천 팔로워 되다	152
8	셀프 브랜딩의 여정	160
9	셀프 브랜딩에서 제품 출시로	168
10	불편의 다리를 건너 습관 장착 중	170
11	에필로그 SNS로 같이 성장하고 발전하자	173

| 슈퍼땅콩 서정은 | **Transform my Life Plan, 나의 다이어트 성공기** |

1	먹는 데 돈 들고 빼는 데 돈 더 드는 여자	176
2	같이 살래? 같이 살자!	180
3	세상 높은 줄 모르고 넓은 줄만 아는 엄마	182
4	지극히 평범했던 내 남자 이야기	185
5	지극히 평범한 내 이야기	187
6	평범하지만은 않았던 우리들의 이야기	189
7	그저 살만 뺐을 뿐인데	192
8	무지하고 자만하던 엄마에서 공부하고 변화하는 엄마로	197
9	건강한 엄마 100명 만들기 프로젝트	201
10	이제는 어떤 과제가 주어지더라도 해낼 수 있는 방법을 안다	203

| 신 루시아 | **챌린지 중독자** |

1	프롤로그 챌린지에 중독되다	208
2	새벽 기상 리츄얼 챌린지	210
3	스쿼트 100개 챌린지	213
4	매일 독서 인증 챌린지	217
5	영어 챌린지	221
6	다정다감 챌린지	226
7	코치 되기 챌린지	229
8	인스타 챌린지	234
9	글쓰기 챌린지	237
10	에필로그 챌린지가 일상에 스며들다	241

| 효리스타 송효리 | **나는 신나게 명품인생 여행 중** |

1	프롤로그	248
2	캐나다에서 온 캥거루 transition period	250
3	지금에 더 감사하고 행복할 수 있는 나	254
4	우당탕탕 효리스타	264
5	나의 스승, 나의 친구	273
6	온라인 사업 시작, 생산자로서의 첫걸음	277
7	착한 효리 씨	283
8	대환장 다이어트	286
9	에필로그	289

출간 후기 293

HABIT 메신저

추천사

　이 책은 단순히 돈 버는 이야기가 아니다. 평범한 그녀들이 누구든 할 수 있는 작은 습관을 꾸준히 이어 가며 좋아하는 일에 도전하였다. 도전과 용기라는 마음의 무기로 이전과는 전혀 다른 라이프 스타일을 만들어 가는 삶의 여정을 다룬 이야기이다. 돈을 좇는 인생이 아닌 마음에 좋은 씨앗을 뿌리며 그 씨앗이 열매가 되어 가는 과정을 담아냈다. 그녀들은 부와 명예를 좇기보단 좋은 습관을 반복하며 마음공부를 통해 나의 재능을 재발견하고 그곳에서 삶의 의미를 찾아냈다. 작은 습관이 돈이 되는 기회를 이 책을 통해 더불어 사는 세상에서 나누어 가길 바라는 마음이다.

조서환 박사 / 《모티베이터》 저자

　여섯 명의 언니들이 매일 새벽마다 모여서 다짐하는 모습을 상상합니다. '그래, 우리는 분명 잘 해낼 거니까!' 그 확언대로 언니들은 함께 배우며 성장했고, 이제 그 성장 스토리들을 책으로 엮어 더 많은 이들과 나누려고 합니다. 언니들의 성장 기록을 담은 이 책은, 용기가 필요한 분들이 꿈을 이루는 데 큰 힘이 되어 줄 거라 믿습니다. 출간을 진심으로 축하드리며 마음을 다해 응원합니다.

박지숭 박사 / 사회복지학
꽃중년 커뮤니티 꽁떼포럼 운영자

추천사

매일 꾸준히 좋은 습관을 실천하며 평범함을 위대함으로 바꾼 6명의 성장 이야기! 늦게 시작해도 멋진 꿈을 이룰 수 있다는 것을 증명한 이 책은 여러분의 꿈을 키우고 목표를 이루는 데 강력한 가이드가 되어 줄 것입니다. 이제 여러분의 차례입니다. 게으름을 벗어나 작은 도전부터 시작해 보세요. 여러분의 꿈을 응원합니다!

정미영 꿈 성장 연구소 대표 /
《습관을 바꾸는 아주 작은 것의 힘》 저자

책 속의 그녀들은 하고 싶은 일을 찾아 나서고 하기 싫은 일을 견뎌 내고 해내기도 합니다. 이 건너편에는 위대함이 있습니다. 몸과 마음과 정신을 단련하는 중에, 어떤 일이든 극복하고 넘어가는 회복 탄력성과 GRIT이 장착이 되는 모습을 발견합니다. 책을 덮는 순간 나도 같이 치열해지는 마음이 절로 듭니다.

박보람(리즈약사) / (주)리즈앤코 대표

이 글은 그녀들만의 보폭과 온도를 가지고 버티다, 치고 올라가기를 반복하는 유쾌한 성장기입니다. 많은 이들에게 힘과 용기를 주리라 믿으며 SNS를 통해 무엇인가를 발전시키고자 하는 분들에게는 꼭 도움이 되리라 생각합니다.

김정희(진심작가) /
북클럽 진심기행 운영자 / 1인기업 컨설턴트
소상공인 커뮤니티 운영자

SNS라는 낯선 환경 속에서 같이 어깨를 겯고 불편의 다리를 건너면서, 성공의 길로 뚜벅뚜벅 걸어 들어가는 그녀들의 용기와 발전의 모습에 응원을 드립니다.

심현진(진심약사) /
하우파머시 공동대표 / 진심약사TV 운영
유니센터 강남 약대 교수

추천사

생각은 누구나 할 수 있지만, 그것을 꾸준히 실행으로 옮기는 사람은 많지 않습니다. 책 속의 주인공들은 자신이 서 있는 자리에서 할 수 있는 일을 하나하나 실천하며, 묵묵히 성장해 왔습니다. 그들은 작은 한 걸음, 한 걸음이 결국 괄목할 만한 성과로 이어짐을 증명했습니다. 특히 SNS를 통해 자신만의 영역을 구축하거나 퍼스널 브랜딩을 하고자 하는 분들에게 강력히 추천합니다.

오상민 마인드디톡스코칭 대표 /
음악으로 치유와 내면 성장을 돕는 유튜브
'Story Playlist' 채널: @soulfulmelody4u
인스타그램: @bizmindset_coach

길을 걷다 보면 수도 없이 마주치는 평범한 사람들의 이야기지만, 이 책은 결코 평범하지 않습니다. 세상의 작은 점이 되지 않고, 위기 속에 무너지지 않으려 애쓴 그녀들의 성장 이야기입니다. 우리는 태어날 때부터 뛰어난 사람이 아닙니다. 하지만 작은 노력이 모여 다르게 살아갈 수 있습니다. 그녀들의 이야기는 우리 모두에게 한 발 한 발 내딛다 보면, 언젠가 달라진 자신을 발견할 수 있다는 희망을 전합니다.

정현숙 작가 /
《아들에게는 아들의 속도가 있습니다》 저자

HABIT 메신저

프롤로그

"앞으로 20년 후에 당신은 저지른 일보다는 저지르지 않은 일에 더 실망하게 될 것이다. 그러니 밧줄을 풀고 안전한 항구를 벗어나 항해를 떠나라. 돛에 무역풍을 가득 담고 탐험하고, 꿈꾸며, 발견하라."

– 마크 트웨인 –

우리는 매 순간 나만의 아고라를 찾아서 온라인에 접속한다. 아고라는 고대 그리스의 도시들에 있었던 열린 '회의의 장소'로 도시의 운동, 예술, 영혼, 정치적 삶의 중심지였다. 여러분들이 접속하고 있는 아고라는 어떤 곳인가? 온라인 플랫폼 시대를 맞아 공감, 소통, 정보 나눔, 비즈니스, 재미 등 각자의 목적에 맞는 아고라에 접속하고 있는가? 누군가는 말한다. 온라인 만남은 휘발성 만남이라고. 클릭 한 번으로 온라인 플랫폼에서 사라지면 헤어지는 곳이라고. 하지만 우리는 달랐다. 2021년 코로나라는 역병이 평범한 일상을 완전히 바꾸어 놓기 전까지 우리는 일면식도 없는 관계였다. 온라인 커뮤니티에서 만나 공저 글쓰기를 완성하기까지 서로의 성장을 응원하며 3년간을 함께했다. 오프라인 세상과의 단절로 인해 소통할 수 있는 공간이 사라지기 시작했지만 목적이 이끄는 삶, 도전하는 삶을 꿈꾸며 각자의 플랫폼 안에서 작은 성공 습관에 도전했다. 내가 원하는 일과 꾸준히 할 수 있는 것에 도전하고 실패를 거듭하며 좋아하고 잘할 수 있는 일들을 찾아내기 시작했다. 누군가에게는 지루할 수도 있는

프롤로그

반복을 거듭하며 작은 습관들을 만들어 가고 같은 취향과 목표를 함께하는 도반들을 이끄는 리더로의 성장이 가능했다. 누구나 할 수 있는 보통의 습관을 이어 나가다 보니 남들보다 뛰어나고 매력 있는 나만의 강점을 발견할 수 있었다. 나만의 킬러 콘텐츠, '죽여주는 뭔가'를 찾았고 사업으로 확장시킬 수 있었다. 기업만이 할 수 있는 플랫폼이 아닌 '나'라는 사람의 개인 플랫폼을 만들고 많은 사람들이 나에게 접속하는 시스템이 결국은 돈 버는 시스템을 만들어 주었다. 독특하고 특별한 나와 접속하여 정보를 공유하고자 하는 사람들과 서로 소통하며 배움과 실천을 동시에 할 수 있었다. 그럭저럭 의미 없이 살아가는 하루에서, 심장이 두근거리는 하루를 시작할 수 있는 용기를 받았고 도전 의식을 충전할 수 있는 플랫폼에서 돈 버는 시스템은 지속적으로 확장되어 갔다. 누구든 남들보다 뛰어난 재능을 발견하고 재능을 성장시킬 수 있는 기회를 만들 수 있다. 이 책을 읽는 독자분들께서는 남들보다 독특하고 매력 있는 나를 찾아가는 시간을 가져 보았으면 한다. '나만의 개성 있는 콘텐츠가 무엇이 될 수 있을까?'라는 질문을 던져 보길 바란다. 데카르트는 "나는 생각한다. 고로 존재한다."라고 말했다. 디지털 세상은 우리의 생활 영역을 완전히 바꾸어 놓았다. "나는 접속한다. 고로 성장한다."라고 바꾸어 말해도 과언이 아닐 듯하다. 온라인으로 성장하고 돈 버는 시스템을 구축할 수 있었던 보통 엄마들의 시크릿한 이야기들을 고스란히 담아 이 책을 손에 쥐고 있는 당신도 '시작할 수 있다'는 희망의 메시지를 전하고 싶다. 그녀들의 이야기를 만나 누구나 할 수 있는 작은 성공 습관으로 직업, 인간관계, 라이프 스타일까지 바꾸며 월급 이외의 돈 버는 시스템을 만들어 가는 삶의 여행을 시작할 수 있음을 증명해 본다. 더불어 사는 세상에 의미 있는 일을 찾아 나서자. 해바라기처럼 나바라기를 시작하길 간절히 바란다. 당신은 더불어 사는 세상에서 더 많이 웃고 평온해지며 강인하고 건강하게 성장할 수 있다. 내면이 진실로 가득 찬, 품위 있게 돈 버는 시스템을 만들어 나갈 수 있을 것이다.

부자애미 서지연

인스타그램 @ERIN_MYWAY

에린
박미선

71년생 미선 씨, 스쿼트 100개로 인플루언서 되다

1

71년생 미선 씨

"미선아!"

어디서 내 이름이 들려온다. 뒤를 돌아보니, 모르는 사람이다. 의아해하고 있으면 내 뒤에서 다른 사람이 대답한다. 나에게 이런 일은 흔하디흔한 일이다. 동네 도서관에서 내 이름을 검색하면 20개쯤은 기본으로 나온다. 여러분의 가족, 친구, 주위 사람 중에서도 한 명쯤은 미선이란 이름이 있을 것이다. 학교 다닐 때 나는 미선A로 보낸 적이 2번이나 있다. 이름뿐만 아니더라도 나는 평범하기 짝이 없는 학창 시절을 보냈다. 공부를 잘한 것도 아니고, 키가 월등히 크거나 작지도 않았다. 운동을 잘한 것도 아니었다. 숙제를 꼬박꼬박해 가는 그저 그런 평범한 학생이었다. 결석해도 선생님이 전혀 알아차리지 못할 거라고 생각했다. 하지만 그런 용기조차 없었기에 초·중·고 12년 개근상을 받았다.

새 학기가 시작하면 늘 하는 설문지 속 나의 장래 희망은 선생님이었다. 선생님이란 꿈은 정말 절실히 원했던 꿈이 아니라, 그냥 그 시절 많은 여자아이가 원했던 꿈이라 나 역시 그랬던 것 같다. 그리고 나는 실제로 영어 학원 선생님으로, 학원 원장으로 23년을 살았다. 그런 나를 언제나 자랑스러워했던 엄마. 선생님이란 직업은 공부에 한이 많은 우리 엄마의 꿈이었는지도 모른다. 그냥 그저 그런 학생으로 학교를 졸업한 뒤, 엄마의 바람대로 선생님이 되었다. 그러나 사실 엄마의 진짜 꿈은 내가 학원이 아닌, 학교 선생님이 되는 거였다. 그렇게 내 인생 50년의 세월이 지나갔다.

2021년 시즌2 내 인생은 상상하지 못했던 에린의 삶으로 살게 되었다. 처음에 달라진 건 아무것도 없었다. 나는 다시 잘하는 거 없는 51살의 아줌마일 뿐이었다. 23년의 영어 선생님 경력이 있었지만, 다른 사람들 앞에서는 그냥 나이 든 아줌마였다. 나는 지금까지와는 다른 인생을 살고

자 결심하고, 내가 좋아하는 것들과 내가 잘하는 것을 찾고 있었다. '내가 나를 참 모르고 살았구나.'라는 생각을 많이 한 시기였다. 무엇을 해야 좋을지 몰라 단순히 성공한 사람들을 따라 하기 시작했다. 새벽에 기상을 하고, 독서 모임에 들어가고, 필사하고, 사진을 찍고, 운동을 시작했다. 인스타그램, 블로그는 무조건 해야 한다고 해서 무작정 했다.

첫 블로그 제목은 '두려움'이었다. 몇 줄 쓰지도 않았는데 눈물이 났다. 그리고 다시 읽을 때마다 눈물이 자꾸 났다. 왜 그랬는지 내 감정을 설명할 수 없지만, 이상하리만큼 후련해지는 느낌도 있었다. 블로그에 글쓰기와 더불어 《시작의 기술》이라는 책을 읽으며 그 당시 힘들었던 내 마음을 다잡았다. 책에는 이런 문장이 나온다. "두려움은 용과 같다." 용이란 실제로 존재하지 않지만, 공포의 대상이라는 뜻이었다. 내가 두려웠던 건 실제로 존재하지 않는, 내 마음속 불안감이었다. 이 두려움을 극복하기 위해선 스스로를 믿는 게 무엇보다 중요했다. 내가 나를 믿지 못하면 그 누구도 날 믿어 줄 수 없을 것이라는 생각이 들자, 주위에 성장하고 변화하는 사람들이 눈에 들어오기 시작했다. '그들이 했다면 나도 할 수 있지 않을까?' 정보는 차고 넘쳤다. 내가 하려고 마음만 먹으면 얼마든지 찾아볼 수 있었다. 검색만 하면 다 알려 주는 유튜브 선생님들이 즐비했고, 내가 알고 싶은 모든 것은 책에서 얼마든지 찾아볼 수 있었다. 아침이면 책 한 권 들고 스터디 카페에 출근 도장을 찍었다. 조용한 분위기에 읽는 책과 가벼운 간식, 커피까지. 정말 신세계였다. 일에 지쳐 있던 나는 일도 안 하고 보고 싶은 책도 마음껏 보는 시간이 즐거웠다. 수험생이 가득한 그곳에서 나의 영혼은 젊어지고 있었고, 내 안의 가능성을 찾고 있었다.

나의 미래가 불투명하던 그 시기, 나에게는 진정으로 나를 믿어 주는 친구들이 있었다. '나를 믿자' 하면서도 내가 잘하고 있는지, 이게 맞는지 힘들어할 때, [멘탈의 연금술] 책을 필사하는 친구들이 있었다. 매일 한 장씩 270일간 전체 필사를 했다. 한 장 한 장 필사해 가며 배운 점, 깨달은 점, 내 삶에 긍정적인 영향을 준 내용을 쓰는 글쓰기도 진행했다. 긍정 에너지로 가득한 단톡이었다. 작은 실행 하나만 해도 내가 뭔가를 이룬 사람이 된 것같이 느끼게 해 주었다. 지애, 하브작, 별, 세리, 선희, 재원 그리고 도연 그들의 응원에 힘을 얻어 계속할 수 있었다.

하고 싶은 일이 없다면, 지금 당장 내가 할 수 있는 일을 하려고 했다. '아침에 일어나서 침대 정리하기' 이건 할 수 있을 거 같았다. 침대 정리하기가 습관이 되자 '그러면 성공하는 사람들이 모두 다 입 모아 강조하는 하루 10분 운동을 해 볼까?' 하는 생각이 들어 곧바로 실행에 옮겼고, 이는 나중에 '스쿼트 100개 챌린지'로 이어졌다. 내가 할 수 있는 일을 하나씩 해 가며, 인스타그램 게시물도 하나씩 올렸다. 새벽에 기상한 사진, 예쁜 하늘 사진, 책 읽는 사진, 운동하는 사진 등 너무나 평범한 일상이었고 어디서나 볼 수 있는 평범한 피드였다.

사진 찍는 걸 좋아하다 보니, 사진을 더 잘 찍고 싶다는 욕심에 사진 동호회에 들어갔고, 그곳에서 어쩌다 일반인 모델을 하다 보니 내 인스타그램 피드는 점점 예뻐졌다. 좋은 카메라로 찍으니 퀄리티 높은 사진으로 내 피드를 장식할

수 있었다. 취미로 하는 동호회 작가님들이지만, 실제 사진작가분들과 현직에 계신 분들도 많았다. 그 사진을 시발점으로 SBS, JTBC, MBN, TV조선, OBS에 7번이나 동안 피부, 다이어트 성공사례자로 방송에 출연했고, 한복 모델 대회에 나가 베스트 탤런트 상을 받았다.

그리고 내 마음속에 꼭꼭 숨겨 놓았던 너무나 거창해서 남들이 비웃을까 봐 말도 꺼내지 못했던 나의 꿈! '작가가 되고 싶다. 나만의 책을 내고 싶다.' 이 꿈을 드디어 이루게 됐다. 얼마 후면 이 세상에 내 책이 나온다. 이 책을 탈고하는 날, 나는 이탈리아로 여행을 떠났다.

소소하지만 내가 꿈꾸던 것들이 하나씩 이루어지고 있어 너무나 신기하다. 이게 꿈은 아닌지, 내 삶이 이렇게 바뀔 수 있는 것인지 아직도 놀랍다. 얼마 전 인스타그램의 팔로워가 4.3만이 넘었다. 소위 말하는 인플루언서로서 수익을 내고 있는 것이다. 지금 나는 인플루언서로서 새로운 삶을 시작하고 있다. 아직은 시작 단계에 대단한 성공을 이룬 건 아니지

만, 나는 안다. 나, 에린은 지금처럼 꾸준히 앞으로도 잘해 나갈 것이다. 남들이 봤을 때 금방 잘된 거 같아 보이지만, 수익화까지 2년이란 시간이 걸렸다.

이 글이 내가 그랬던 것처럼 잘하는 것도 없고 딱히 좋아하는 것도 없어서 너무나 막막해 길이 보이지 않는 사람들에게 조금 더 빠르게 SNS를 수익화하는 데 조금이나마 도움이 되길 바라 본다.

2
나 잘나가던 여자야!

    엘리베이터에서 우연히 고등학교 동창을 만났다. 사실 우연이라기엔 만남이 예견된 장소였다. 그 건물은 친구가 다니는 학습지 지국 건물이었고, 나는 그 건물에 스터디 카페를 다니고 있었다. "여기 어떻게 왔어?" "응 그냥 볼일 있어서." "요즘 뭐 해?" "그냥, 집에서 놀아." 짧은 대화를 마치고 집으로 오는 길이 쓸쓸했다. 그냥 나한테 화가 났다. '왕년에 말이야.' 하면서 과거를 말하는 사람은 가까이하지도 말라고 했는데, 나도 왕년에 잘나가던 영어 선생님이었다는 말이 목 끝까지 차올랐다. 7년의 강사 생활 후, 16년 동안 영어 교습소를 운영하면서 나의 첫 번째 전성기를 보냈다. 나는 언어적으로 뛰어난 사람은 아니었다. 영어는 여전히 나에게 영원한 숙제다.

    그런 와중에 나의 소질 하나를 찾아냈다. 말하기 영어 능력은 떨어질지 몰라도 누군가를 가르치는 능력이 뛰어나다

는 걸 알게 된 것이다.

영어 단어조차 읽을 수 없던 학생이 6개월 뒤 80점을 받게 만드는 선생님이 바로 나였다. 학교 교과서를 읽을 수 없는 학생들에게 나는 내 목소리로 본문을 다 녹음해 줬다. 모르는 단어를 체크하게 하고, 문법은 독해에 필요한 기본 문법을 스스로 정확하게 정리하도록 시켰다. 대부분 학생이 좋은 성과가 나왔다. 나의 실력은 엄마들 사이에 입소문으로 금방 퍼져 나갔고, 나는 늘 감사하다는 엄마들의 전화를 받으며 점점 어깨 뽕, 자신감 뿜뿜의 세상을 살았다.

교습소 실평수 9.5평, 보증금 500만 원, 월세 30만 원. 그 작은 공간에 밀려드는 수강생, 웨이팅 있는 영어 교습소. 나는 5년 만에 그 상가를 구입하고 30평으로 넓혔다. 잘나가던 시절 패러글라이딩도 배우고, 골프도 배우고, 아들을 캐나다로 유학도 보냈다. 지금도 타고 다니는 노란색 뉴비틀도 그때 장만했다.

나는 같은 장소, 같은 공간을 16년째 다니고 있었다. 16년 차에 접어들자, 교습소 생활은 지루해지고 점점 나의 열정은 사라져 갔다. 아들이 초등학교 5학년~6학년일 때 시작한 교습소였는데, 그 아들이 이미 성인이 되어서 취업까지 했다. 나는 점점 매너리즘에 빠져들었다. 공부하기 싫어하는 아이들을 억지로 작은 공간 안에 가두고 세상 상냥한 목소리로 칭찬했다가 꾹꾹 참아 가며 야단치는 내 모습에 지쳐 가고 있었다. 우리 아이들이 학교를 졸업하니, 학사 일정에도 둔해지는 나이 많은 선생님이 되어 가고 있었다. 다른 일을 해 보고 싶었다. 다른 일이라면 어떤 일도 잘할 수 있을 것만 같았다. "신세계 원장님은 워낙 일에 열심이고 열정적이니까 뭐든 잘하실 거예요."라는 다른 원장님들의 말에 더 자신감을 얻었다. 소문이 좋은 교습소였기에 마음을 결정하고 부동산에 얘기하자마자 한 달 만에 권리금을 받고 넘길 수 있었다. 그 이후의 내 삶은 상상하지 못한 채, 20년 넘는 세월을 영어 선생님으로 산 나의 삶은 그렇게 시즌 1로 마감되었다.

선생님을 그만두고 나는 나를 어떻게 설명할지 몰랐다. 그동안 나를 소개한 게 아니라, 나의 직함을 말하고 살고 있었다. 심지어 엘리베이터에서 오랜만에 만난 동창에게조차 나는 아무것도 안 하는 사람으로 소개하고 있었다. 교습소를 정리하고 딱 10일 즐거웠다, 아니 행복했다. 평일에 사람들을 만나고 언제든 여행을 갈 수 있다는 생각을 하며 느긋하게 커피도 마실 수 있었다. 그러나 정말이지, 그 행복감은 딱 10일이었다. 그때부터 불안해지기 시작한 마음은 권리금으로 받은 돈으로도 충족되지 않고 있었다. 며칠 후 친구에게서 전화가 왔다. 영어 선생님이 필요하다는 전화였다. "지금은 잠시 쉬고 싶어. 나 그동안 열심히 일했잖아." 고상한 척 말했지만 난 속으로 '왜 이래. 나 억대 연봉자였어. 그 돈 받고 선생님 하라는 거야?'라고 말하고 있었다. 그러나 글자 그대로 '~였어.'라는 건 과거형이다. 현실은 당장 일을 찾아야만 했다.

3
그때, 나는 아무것도 잘하는 게 없었다

일을 그만두고 한 달이 가고 6개월이 지나자, 자신감은 어디론가 갔고, 의기양양함도 증발해 버렸다. 하나부터 열까지 잘하는 게 없었다. 심지어 밥 먹는 것조차 내가 엉망이라는 사실을 일을 그만두고 알았다. 밥 먹을 때 질질 흘리면서 먹고, 길 가다가 넘어지는 일이 다반사에 핸드폰 찾느라 매번 어수선하고 숫자 개념은 꽝이었다. 10년 넘게 몰고 다니는 차 번호도 생각이 잘 안 난다. 나는 학원 선생님으로서, 학원 프랜차이즈 원장으로서 인정받았기 때문에 다른 일도 잘한다는 착각 속에 살았다.

우물 안에서 20년이란 시간을 보낸 나는 다시 사회 초년생이 되어야만 했다. '대출받아서 스크린 골프를 운영해 볼까?'

했지만 위험 부담이 너무나 컸다. '커피도 좋아하고, 카페 가는 걸 좋아하니 커피숍을 해 볼까?'라는 생각을 할 때쯤에 국비 지원 바리스타 자격증반이 눈에 보였다. 국비 지원 센터에 등록하고 자격증반에서 커피에 관해서 공부하고 배워 나갔다. 내가 좋아하는 거였기 때문에 재미있었다.

이 시기에 인스타그램이라는 플랫폼에 처음 관심을 가졌다. 남편이 양봉을 했기 때문에 인스타그램의 필요성을 절실하게 느끼고 있을 때였다. 마음만 굴뚝같았지, 어떻게 해야 할지 막막했다. 내 인스타그램 피드에는 몇 장밖에 없었고, 팔로워도 겨우 12명이었다. 바리스타 자격증반에 팔로워가 500명 정도 되는 어린 아기 엄마가 있었는데, 너무 대단하다고 생각했다. 친한 언니도 인스타그램 강좌를 들으며 열심히 키우고 있었는데 팔로워가 200명 정도 됐다. 하지만 500명은 나에게 너무나 대단한 숫자여서 그저 부러워만 하고 있었다. 그때부터 매일 커피 사진과 함께 꿀을 이용한 요리를 올렸는데, 사진이 너무 이쁘다고 칭찬도 받고 내가 봐도 괜찮았다. 하지만 팔로워가 늘거나 내 피드를 보고 연락하는 사람은 없었다. 그렇게 세 달의 커피 수업이 끝났다. 나는 2급 바리스타 자격증을 땄고, 커피숍을 차리기 전에 알바 자리를 알아보기 시작했다. 하지만 나처럼 나이 많고 경험 없는 아줌마를 직원으로 채용하는 곳은 3달~4달이 지나도록 아무 곳도 없었다. 창업 쪽으로 생각을 바꾸고 여기저기 알아보러 다녔지만, 생각만큼 마음에 드는 곳도 없었다. 괜찮은 카페가 나온 적도 있었지만, 우리 집과 너무 멀어서 차편이 없다 보니 아들이랑 교대로 하는 건 무리였다. 그리고 금액이 싸게 나온 이유가 분명히 있을 거라고 생각했다. 그렇게 카페에 대한 마음을 접었다.

다시 백수의 삶이 시작되었다. '뭐 해 먹고살지?' 자기 계발서, 경제서들을 보기 시작했다. 책 속에 내용들은 과장된 것도 있겠지만, 거짓말은 아니라고 생각했다. 부동산으로 돈 번 사람들 이야기가 연일 유튜브를 장식하더니 이젠 또 주식이 난리가 났다. 주식을 안 하면 바보가 되는 느낌이 들 정도였고, 주식에서 한 걸음 더 나아가 코인까지 합세했다. 돈 벌었다는 사람들이 유튜브에 쌓이고 쌓였다. 나는 침대에 누워 '아, 저 사람은 저렇게 돈을 벌었구나.' 하며 그저 감상하고 있었다. 그러다 주식, 코인을 공부하기 시작했는데 나하고는 안 맞는 것 같아서 한 달 하고 그만둬 버렸다.

이른 새벽, 엄마한테 전화가 왔다. 내 나이 50이 넘었는데 아직도 제일 무서운 게 엄마 전화다. 엄마가 무섭기보다는 아직 나에게 유일하게 잔소리하는 사람이라, 그 잔소리가 무서운 것이다. 오늘 또 잔소리가 시작될 거다. 백수에게 제일 무서운 말은 "아직도 취직 안 했어? 집에서 놀면 뭐 해? 알바라도 시작해야지."라는 말이다. 학원 취업이나 과외라도 하라는 엄마의 잔소리는 안 들어도 뻔한 레퍼토리다. 우리 엄마는 76세 나이에 아직도 가게를 운영하고 계신다. 늙은 나도 일하는데 네가 왜 놀고 있냐고 할 게 뻔하다. 점점 전화 받기가 싫어졌다. 이를 시작으로 점점 누군가와 만나는 것도 싫어졌다. 자신감은 날이 가면 갈수록 점점 없어졌다. 친구들은 "20년 넘게 일했으면 그만하고 놀아도 충분해."라고 말을 했지만, '그들은 돈 잘 버니까 그런 소리 하지.'라는 생각들이 나를 괴롭혔다. 이게 아마도 자격지심일 것이다. 누구도 뭐라는 사람이 없는데 괜히 뾰족해지고 예민해지고, 사람들이 아무 뜻 없이 하는 말에도 날카롭게 받아들이고 있었다. 그냥 나도 싫고, 사람들 만나는 것도 싫고 그랬던 거 같다.

4
좋아하는 일을 했을 뿐인데…

'내가 어떤 일을 할 수 있을까?'라는 질문을 던지기 전부터 내 머릿속에 떠나지 않는 생각은 '내가 좋아하는 일을 하고 싶다.'였다. 내가 일을 그만둔 이유도 내가 좋아하는 일을 하며 제2의 인생을 살고 싶었기 때문이다. 이런 생각을 계속해서 하다 보니, 나와 같은 40대, 50대가 많을 것 같았다. 그러면서 '내가 하고 싶은 일들을 혼자가 아닌 여러 사람들

과 함께하면 어떨까?' 하는 생각이 들기 시작했다.

 이 생각은 나만의 커뮤니티를 만들자, 라는 결심으로 이어졌고, 곧바로 [꽃보다 이쁜 나]라는 자기 계발 커뮤니티를 만들었다. 자기 계발을 하면서 나의 능력과 가치를 극대화시키는 데 초점이 맞춰진다면 나를 먼저 사랑하며 관리하고 성장할 수 있을 것이라 생각했다. 그렇기 때문에 이런 아이덴티티를 가지고 있는 커뮤니티로 만들고 싶었다. 이곳에서 나는 하고 싶은 모든 것들을 했다. 처음 시작은 사진 찍기였다.

 사진으로 인친(인스타그램 친구)님들의 예쁜 모습을 사진에 담고 싶었다. 인물 사진작가님들은 늘 찍을 상대를 찾고 계셨고, 인스타그램을 하는 내 인친님들은 내 사진을 부러워했다. 이분들을 연결해 드리면 좋겠다는 생각에 시작한 사진 찍기는 작가님들이 무료로 봉사해 주시는 덕에 한 달에 한 번 '꽃보다 이쁜 나를 사진에 담는다'는 콘셉트로 바디 프로필도 찍고 야외에서 예쁜 사진도 찍었다. 사진을 고르고, 보정하는 등 시간이 많이 들고 수고스러운 일이었지만, 인친님들이 좋아하시는 모습에서 그 수고스러움은 온데간데없이 사라졌다. 소품과 간식도 준비하고, 장소 섭외도 하는 걸 보고 남들은 힘든 일 왜 사서 하냐고 생각할 수 있지만, 내가 좋아하는 일을 하다 보니 즐거워 시간 가는 줄도 몰랐다.

 다이어트해서 예뻐진 나를 사진에 담는 [꽃이나다]는 나중엔 [에린 다이어트]로 이름을 바꾸었다. 책을 읽으며 함께 독서 리딩을 하는 [꽃이나리], 내 전공을 살려 영어 공부할 수 있도록 만든 [꽃이나영] 그리고 운동을 함께하는 스쿼트 100개 챌린지 [스백챌]이 2022년 3월에 완성됐다. [꽃이나영]은 영화 〈인턴〉을 스크랩해 하나하나 정성을 들여 만들었다. 오히려 전공 분야였기 때문에 쉽기도 했다. 내가 할 수 있는 일, 내가 하고 싶은 일을 하다 보니 너무나 즐겁고 행복한 하루하루를 보냈다. 많은 사람이 감사하다는 말을 했지만, 정말 좋아서 한 일이라 오히려 내가 더 감사했다. 그러면서 점점 내 진짜 '팬'들이 생기고, 나를 무한히 믿어 주시고 함께하는 분들이 생긴 덕분에 지금까지 잘 유지되고 있다. 지금 [꽃이나리]는 '강별' 님이 방장으로 운영해 주시고 있고, [꽃이나영]은 '루시아' 님이 잘 운영해 주신다. 두 분께 감사한다. 사람들이 많아지면서 인스타그램 강의, 제페토, 캔바, 브랜딩, 자녀 교육, 시 쓰기 강의까지 무료 강의를 할 수 있었다.

나의 인스타그램 중심은 스쿼트 100개 챌린지였다. 처음엔 100% 출석 인증하면 캐시백을 주는 프로그램이었다. 지금은 새벽 6시에 함께 줌에서 모여 운동도 하고 기부도 하는 프로그램이다. 100%를 인증하면 상장과

커피 쿠폰을 드리고 있다. 매달 40여 명이 참여하고 있는데 놀라운 일은 2년간 단 하루 빠지지 않고 스쿼트 100개를 함께한 김현 님, 강정순 님, 1년 넘게 매일 참여한 윤혜성 님, 박점숙 님, 김현양 님, 전경화 님과 같은 스백챌러가 있다는 사실이다. 이분들이 있었기에 외롭지 않고 2년 넘게 계속할 수 있었다.

모든 자기 계발서에 나오는 '성공 1원칙: 하루 10분 운동하기'다. 이 글을 읽는 여러분도 하루 10분 운동하는 걸 강력하게 추천한다.

5
어쩌다, 2년간 매일 스쿼트 100개를 했습니다

　2022년 2월 어느 날, 밥을 먹고 침대에 누워 있었다. 운동을 하고 싶은데 피트니스 센터는 코로나19 팬데믹으로 문을 닫았다 열기를 반복하고 있다. 문을 연다고 해도 많은 사람이 모이는 곳은 어느 곳이든 불안했다. 점점 살이 찌기 시작했고 어딜 가도 '확찐자'들로 가득했다. 더불어 갱년기에까지 접어들면서 나에게 운동은 정말 필요했다. 나뿐만 아니라 운동이 절실한 사람들이 많았다. 짧은 시간 안에 효과 있는 운동이 무엇일까? '아, 스쿼트!' 같이한다면 잘할 수 있을 거 같았다. 그러면 나는 매일 스쿼트도 하고 돈도 벌자! 내 건강도 좋아지고 다른 사람과 함께하면 나도 매일 할 수 있으니, 이거야말로 내가 하고 싶을 일을 하며 돈을 버는 일이라는 생각이 들었다. 인증하는 챌린지 방법을 생각했다. 보증금을 내고 완주하면 100% 캐시백을 주면 어떨까? 사람들은 캐시백을 받기 위해 열심히 운동할 것이다. 사실 혼자서 운동한다는 것이 의지만으로는 쉽지 않다. 자기 계발에 관심 있는 사람들은 SNS에 많다. 자기 계발의 첫 번째는 건강 지키기이기 때문에 이 챌린지는 성공할 수밖에 없다는 확신이 들었다. 그 당시 나 또한 운동이 절실하게 필요한 사람이었고 운동할 곳도 없

었기 때문에 SNS의 수익화를 이거로 시작해 보자고 생각했다.

인스타그램 공지를 하고 사람을 모았다. 점점 시작할 날이 다가오는데, 급공포감이 몰려왔다. 어떻게 진행해야 할지, 아무 생각이 없었다. 자세 또한 회원으로 센터에서 배웠던 게 전부이지 전문적으로 배워 본 적이 없었다. 그때부터 하나씩 수습해 나갔다. 그날 이후 유튜브에 스쿼트 동영상은 다 찾아 본 거 같다. 하루에 10편 이상 보고 또 봤다. 그 당시 PT를 받고 있었는데 트레이너 선생님께 매번 스쿼트 자세 배우고, 영상 찍고, 다시 교정받기를 몇 번을 거듭했다. 모든 PT 수업료를 스쿼트 자세 배우는 데 다 써 버렸다. 나는 전공자도 아니고 그냥 운동을 좋아하는 사람일 뿐인데, 이렇게 일을 저질렀으니 어떻게든 해야만 했다. 내가 이런 용기를 낼 수 있었던 것은 내가 읽고 있었던 《실행이 답이다》라는 책 덕분이다. 나는 일을 그만두고 자기 계발서를 읽고 필사하고 있었지만, 책만 읽는 것은 아무 의미 없다고 생각했다. 책 제목 그대로, 실행이 답이다. 22년 3월을 시작으로 나는 어쩌다 365일 2년간 하루도 안 빠지고 스쿼트 100개를 했다. 물론 지금도 계속하고 있다.

어쩌다 보니 매일 운동하는 사람이 되어 버렸다. 내 엉덩이는 작고 처진 볼품없는 엉덩이였다. 그러나 점점 변화하고 있다.

첫 달의 변화는 엉덩이가 아니라 내 일상에서 이루어졌다. 아침을 운동으로 시작하니 하루가 상쾌해지고 활력이 넘치는 날로 변했다. 날이 갈수록 체력이 좋아지는 것은 덤이었다. 한번은 산행하러 갔는데 전에는 느껴보지 못한 느낌을 받았다. 올라가는 순간 엉덩이에 힘이 들어가는 걸 느꼈다. 혼자 신나서 싱글벙글 올라가고 있는데 나보고 친구들이 보정 속옷 '엉뽕'을 입었냐고 물었다. 내가 이런 말을 듣다니, 생각지도 못한 일이다. 사실 산행뿐 아니라 일상생활 또한 힘들지 않고, 건강해지고 있다는 느낌을 받았다. 종합 건강 검진 결과도 모두 다 정상이다. 내 나이에 쉽지 않은 일이다. 함께해 주시는 분들도 처음에는 날씬해지고 싶고, 히프 업을 원해서 시작했는데 날씬함보다 더 값진 건강을 얻었다고 말씀하신다. 나뿐만 아니라 함께하신 분들이 공감하는 부분이다. 혹시나 내가 잘못된 정보를 주지는 않을까 항상 공부하는 자세로 임했고, 온라인이라는 특성상 자세히 설명하려고 애쓰고 있다. 점점 소개받아서 들어오시는 분들이 많아지고, 나를 믿고 계속하시는 분들이 많아지면서 처음의 두려움은 책임감으로 변했고 개인 트레이너 자격증에 도전하게 되었다.

지난 2년 동안 스쿼트 챌린지를 진행하며 나에게 어디서 이런 에너지가 나왔는지는 잘 모르겠다. 강원도 속초에 여행 가서 파도 소리와 함께 바다를 보여 줘야겠다는 생각으로 새벽 4시에 일어나 바리바리 운동 매트, 노트북, 조명까지 챙겨 해변으로 가지고 나갔다. 광안리 해변에서 스쿼트를 했다. 새벽에 출근하는 사람들 사이로 레깅스와 탑을 입고 혼자

줌을 켜고 이야기하면서 운동하니 아마도 그들은 나를 유튜버 정도로 생각했을 것이다. 나에게는 관종의 피가 흐르나 보다. 부끄럽거나 창피하기보다는 신나고 재밌고 신선했다. 남의 시선이 싫을 때도 많지만, 은근히 즐기고 있는, 나도 몰랐던 내 모습을 발견하게 되었다.

6
의사 선생님, 무릎이 아파요. 더 이상 스쿼트를 못 한다고요?

　22년 3월 처음 시작할 때는 스쿼트를 아침 6시 100번, 저녁 9시 100번, 매일 200번을 했다. 또 유튜브 제작용 영상 찍는다고, 자세 배운다고 100번 이상을 했다. 하루에 300개 이상 한 날이 많았다. 잘해 보려는 욕심이 화를 부른 것이다. 무릎에 무리가 갈 수밖에 없었다. 무릎에서 열이 나기 시작했다. 눈물이 났다. 아파서 나온 눈물이 아니라 이제야 뭔가를 시작하려고 했는데 잘못된 거 같아 속상했다. 나를 화나게 만든 것은 사람들에게 스쿼트가 우리 근육 생성에 얼마나 꼭 필요한 운동인지, 자세만 좋다면 무릎에 무리가 가지 않는다고 말했는데 거짓말쟁이가 된 것 같은 기분이었다. 그 이야기를 번복하고 싶지 않았다. 나의 이야기에 힘을 싣고 싶었다. 내가 거짓말쟁이가 되어 버리고, 시작하자마자 실패자가 되는 느낌이 나를 더 힘들게 했다. 사람들에게 사실대로 이야기하고 2주간 스쿼트 대신 일주일에 2번은 무릎에 무리가 가지 않는 힙 브릿지를 했다. 다행히 병원에서는 관절이 잘못된 건 아니고 무리해서 그런 거니 잠시 쉬라고 말씀하셨다. 그날부터 최대한 가동 범위를 적게 하고, 힘들면 하지 않고, 사람들 자세를 봐 주면서 최대한 무릎을 쉬게 했다. 도수치료와

체외충격파 치료를 받았다. 그 당시 나의 모든 관심사는 스쿼트였다. 물리치료사분에게 스쿼트하고 나서 이완시켜 주는 스트레칭 운동을 매번 갈 때마다 물어봤다. 영상으로 찍고 연습을 계속했다. 의사 선생님께서는 "무릎 아프면 스쿼트는 하면 안 되나요? 허리 아프면 스쿼트 못 하나요? 나이 들면 못 하나요? 몇 살까지 스쿼트 가능한가요?"라는 등 말도 안 되는 질문까지 하고 또 물었다. 결국 선생님께서 "무슨 일 하세요?"라며 물어보셨다. "아 제가 스쿼트를 꼭 해야 하거든요. 그러니까 제가 하는 일은요······."

이렇게 스쿼트 100개 챌린지는 계속할 수 있게 되었다. 스쿼트는 잘못이 없다. 단지 내가 무리를 했던 거였다. 그날 이후부터 지금까지 28개월 동안 하루도 안 빠지고 스쿼트 100개를 하고 있다.

7
악플 1,000개, 성공의 조짐이 보인다

인스타그램 디엠으로 방송국에서 연락이 왔다. 내가 단 한 번도 상상해 본 적이 없는 일이다. "여보세요? 에린님, 동안 피부 미인 사례자를 찾고 있는데, 에린님 인스타그램을 보고 전화 드렸어요." 꿈이 아닌지 의심이 갔다. "아~ 저는 동안도 아니고 피부도 좋지 않아요." 내가 겸손해서가 아니다. 그것은 사실이었다. 얼굴에 살이 많아 오동통해서 멀리서 보면 언뜻 동안처럼 보인다. 또 주로 운동복이나 청바지를 입다 보니 젊어 보일 수 있다. 피부는 알레르기와 홍조, 주름 때문에 항상 고민이 많다. 그런 내가 동안 피부 미인으로 공중파 TV에 방송 출연을 한다는 게 믿을 수 없었다. 너무나 자신이 없고 부끄러웠지만, 해 보고 싶었다. 촬영 당일 PD 님은 불안해하는 나를 안심시켜 주셨다. 일은 순조롭게 진행되었다. 진짜 동안이라고 몇 번씩 칭찬을 해 주셨고, 연기가 체질이라며 칭찬도 아끼지 않았다. 다른 출연자들은 촬영을 힘들어한다며 몇 번씩 괜찮냐고 물어보셨는데 나는 그 순간을 즐기고 있었다. 흥분되고 즐겁고 내가 살아 있는 느낌까지 들었다.

방송은 한 달 후쯤 송출되었고, TV 방영과 동시에 유튜브에도 올라왔다. 유튜브에서 봤다며 친구들에게서 연락이 왔다. 그도 그럴 것이 영상 조회수가 130만 뷰, 어마어마한 조회수였다. 거기에 댓글이 1,470개라니 놀라지 않을 수 없었다. '정말 멋져요.', '부럽습니다.', '정말 동안이세요.'라는 글도 있었지만, 많은 댓글은 '저런 아줌마 100명도 데려올 수 있다.', '요즘 다 젊지 않나.', '저는 딱 52세로 보이는데요.', '저만 그런 거 아니었군요.', '저 아줌마 나이 들어서 긴 머리 하고 완전 동안인 척하네.'라는 악플이 대부분이었다. 100개쯤 읽고 거의 같은 내용이라 더 이상 읽지 않았다. 아들에게 보여 줬더니 이 댓글 보자마자 하는 말. "엄마, 됐어요. 이제 엄마는 성공할 일만 남았어요. 댓글들을 잘 보세요. 하나같이 부러워서 그런 거잖아요. 일반인에게 이렇게 많은 댓글은 관심이라고 생각해요. 관심이 많다는 거는 성공할 수밖에 없는 거죠. 이제 성공할 준비하세요." 아들한테 또 배운다. 사실 그런 댓글 신경 썼다면 TV 출연도 안 했을 것이다. 하지만 나도 사람인지라 신경이 쓰이고 상처받고 있었다. 그 후 몇 개월이 지나고 이제 그 영상은 뜨지도 않는다. 내가 느낀 건 모든 사람은 다른 사람의 삶에 관심이 없다는 거다. 그 영상이 없어졌다는 사실도 아마 나 혼자만 알고 있을 것이다. 내가 어떤 일을 할 때 남이 날 어떻게 생각할까는 생각할 여지도 없다. 내 인생, 나의 길, 내가 하고 싶은 대로 하고 살면 된다. 그리고 그 일이 어떤 일이든 내가 책임지면 된다. 그래서 내 인스타그램 아이디가 @erin-myway이다

8
에린 다이어트 대표 에린입니다

"다이어트가 절실한 사람입니다. 어떤 방식으로 운영되나요? 제가 외국에 사는데 가능할까요?" "외국 어디든 가능합니다." 나는 지금 온라인에 두 개의 사무실을 가지고 있다. 하나는 스쿼트 100개 챌린지 사무실, 하나는 다이어트 사무실이다. 더 잘 키워서 멋진 건물을 만들 생각이다. 나는 꿈에 그리던 온라인 건물주가 된 것이다. 아직은 시작에 불과하지만 열심히 만들어 볼 생각이다.

이제 나는 나를 자신 있게 소개한다.

"안녕하세요. 에린 다이어트 대표 에린입니다."

서점에 갔다. 제목에 '다이어트'라고 쓰인 책 10권을 사고 20권의 책을 온라인으로 주문했다. 그리고 책을 읽어 나가며 정리하기 시작했다. 중요한 부분은 따로 메모하고, 여러 책에서 반복적으로 하는 이야기 중심으로 정리해 나갔다. 전공자가 아니어도 해당 분야의 책 30권만 제대로 공부한다면 준전문가만큼 알게 된다는 게 나의 지론이다. 사실 책에서 배운 내용도 있었지만 나는 실제로 몸무게 15kg을 뺀 경험과 큰아들이 30kg을 빼는 걸 도와준 경험을 가지고 있었다. 그때 어렵게 빼지 않았다. 건강한 음식을 제시간에 잘 먹으면 오히려 대사가 잘 이루어지고 살은 자연스럽게 빠진다는 걸 알고 있었다.

그렇게 정리하고 나서 나는 다이어트 코칭과 강의를 했다.

MKYU에 챌토링이라는 프로그램이었다. 지원자 중 선발되어야 리더를 할 수 있는 프로그램이다. 설마, 하는 마음으로 지원했는데 내가 선발되었다. 사실 생각하지 못한 일이다. 지금부터 책임지면 된다. 1년 6개월 넘게 다이어트 방을 운영하고 있었지만, 전문적이라기보다 챌린지 방이었다. 식단과 운동을 서로 인증하며 으쌰으쌰 하는 정도였다. 하지만 이제는 제대로 공부해서 가르쳐 주고 싶었다. 그렇게 시작한 요요 없는 다이어트 프로그램은 80명이 모집되었다. 생각지 못한 많은 인원이었다. 처음에 인원을 30명 모집했는데 몇 시간 만에 마감, 운영팀에서 연락이 왔다. 추가 모집이 가능하다고 했다. "그럼 50명으로 하겠습니다." 열자마자 바로 마감, "그럼 80명으로 마감할게요." 그렇게 80명으로 최종 마감을 했다. 프로그램을 진행하면서 정말 내가 할 수 있는 것은 다 했다. 내가 공부한 걸 다 적용했다. 그러자 놀라운 결과가 나왔다. 대부분의 사람이 살이 빠졌다.

"이젠 잘 안 빠져서 그냥 이대로 살자며 포기하고 있었는데 살이 단기간에 이렇게 빠지니까 희망이 생기네요. 특히 배고프지 않고 음식 많이 안 가려도 되니 더 좋고요."
"그동안 다이어트하면서 60㎏ 밑으로 내려간 적이 없는데 10년 만이에요. 너무 기쁩니다."
"호르몬 변화로 과연 될까 했던 저에게 희망이 생겼어요. 리더님이 큰 핵심을 정확히 알려 주셨고 명확하게 지침을 주셔서 따라 하기 쉬웠어요."
"뭘해도 꿈쩍도 안 하던 몸무게가 빠져서 놀랐어요. 혼자서는 죽어라 해도 안 됐는데 신기합니다."
"갱년기가 시작되면서 살이 찌고 몸이 급격히 안 좋아졌어요. 이번 다이어트를 통해 불면증도 사라지고 무릎 통증도 좋아졌고 어찌하면 살을 빼는지 알았어요."
"리더님 말대로 하니까 몸도 가벼워지고 살이 빠지니 자신감이 생겼어요."

책은 옳았다. 나의 선택이 옳았다. 나의 실행력이 옳았다. 여기서 얻은 자신감으로 에린 다이어트 1기가 탄생되었다. 나와 내 동생 별이가 첫 번째 실험 대상자이다. 벌써 다음 주면 에린 다이어트 23기 시작이다. 별이는 벌써 17㎏ 감량했다. 3㎏ 정도만 감량하면 정상 몸무게가 된다. 별이뿐만 아니라 대부분의 사람이 만족하고 성공하고 있다. 그중에서도 가장 기억에 남는 슬마님은 에린 다이어트를 1년 넘게 지속적으로 참여하고 10kg 이상 감량하고 유지했다. 내장지방 수치도 14에서 3이 되었다. 10년 동안 먹던 갑상선 약, 3년 동안 먹던 콜레스테롤 약을 더 이상 안 먹어도 된다는 병원 의료진의 말을 전해 듣고 울컥 감동했다고 한다. 키 168cm에 53kg인 나영님은 73kg에서 시작해 매달 3~4kg을 꾸준히 빼어 워너비 몸매가 됐다. 꼼수를 부리지 않고 매일 또 걷고 걸으며 정직한 다이어트를 보여 주셨다. 정말 온전히 나를 믿고 따라 주시는 은숙 님, 은수 님, 정숙 님, 소현 님도 약 10kg 다이어트에 성공했다. 13kg을 뺐지만 아직도 뺄 살이 남았다는 지아 님, 올해에 미국 여행 가서 꼭 인생 사진 찍고 싶다고 하셨는데 도와드리고 싶다. 늘 될듯 말듯 애쓰는 귀여운 별하 님, 효선 님, 14kg 감량 후 멋진 몸매가 된 운경 님까지 지금 이 순간 머릿속을 스쳐 지나가는 분들이 너무나 많다.

다이어트를 돕는 이 일처럼 보람된 일이 또 있을까? 내가 좋아하고 관심 있는 일을 하며 누군가를 도울 수 있는 이 일에 진심으로 감사한다.

지금은 제주도뿐만 아니라 미국, 캐나다, 일본, 라오스, 베트남까지 세계 곳곳에서도 챌린지를 신청해 주신다. 좋은 성과를 내며 나는 점점 더 전문가로 성장해 가고 있다.

지난 2년 동안 50권이 넘는 다이어트 책을 읽었고 퍼스널트레이너 지도 자격증, 체형 필라테스 지도 자격증, 요가 자격증, 통증 개선·체형 교정·움직임 향상에 도움이 되는 굿볼지도사 1급 자격증을 땄다. "나이가 많아서 못 해."라고 생각한다면 아무것도 할 수 없다. 일단 시작하면 어느덧 원하는 지점에 와 있다. 8월부터는 영양 코칭 자격증이라는 또 다른 도전을 할 생각이다.

  이러한 성과는 하루아침에 뚝딱 만들어지지 않았다. 2년간 매일 하는 스쿼트, 2년 넘게 운영했던 다이어트 챌린지, 2년 동안 꾸준한 인스타그램 활동으로 나를 믿어 주신 인친님들이 있었기에 가능했다. 처음 시작부터 잘되는 일은 없다.

9
제발, 공부하지 마세요

처음 내가 인스타로 만난 사람들의 열정은 정말 어마어마했다. 내가 알고 지내던 사람들과는 달라도 너무나 달랐다. 내 친구들은 내가 새벽 기상, 독서, 필사하고 영어 공부하고 운동하는 것을 신기해한다. 대단하다고 하는 친구들도 있지만, 그것 또한 집착이라고 하는 친구도 있다. 하지만 나는 이런 규칙적인 생활이 오히려 안정감을 준다. 아무것도 할 수 있는 게 없었던 적이 있었기에, 아무것도 하지 않으면 잉여 인간이 될 것만 같았다. 그래서 하루를 참 바쁘게 움직였다. 하루하루가 배울 것투성이였다. 여기저기 무료 강의들이 많아서 다 들으려면 하루가 그냥 지나갔다. 그곳에서 만난 사람들은 모두가 성공하겠다고 생각했다. 어떤 일을 하더라도 기본만 지키면 대단한 성공이 아니라도 성공할 수 있다.

그런데 보통의 사람들은 기본조차 하지 않는다. 그러니 나는 마음만 먹으면 언제든 성공할 수 있다는 게 나의 기본적인 생각이다. 지금까지 내가 경험한 것에 의하면 학생들은 기본적으로 학교에서 수업 잘 듣고, 학원 가서 수업 듣고 선생님이 하라는 숙제만 하더라도 상위 30% 안에는 든다. 전교 1등 하려면 정말 엄청난 노력을 해야 하는 게 사실이다. 하지만 기본만 하더라고 대학 가는 데는 문제가 없다는 거다. 내가 프랜차이즈 사업을 했을 때도 사장님들이 본사 말을 참 안 들었다.

　기본적인 교육도 빼먹고, 하라는 광고도 안 했으면서 잘 안된다고 하신 분들이 많았다. '열심히'가 아니라 하라는 거만 하더라도 어느 정도는 성공할 수 있다고 확신할 수 있었다. 그런데 이곳은 달랐다. 다들 너무나 열심이다. 대단한 사람들이 모였다는 생각을 참 많이 했었다. 매일매일 성장하고 발전해 나가는 모습들에 나도 하면 할 수 있다는 자신감도 얻었다. 과연 내가 될까 안 될까를 매번 생각하면서도 인스타그램을 놓지 않고 꾸준히 할 수 있었던 건 성공담들이 있었기 때문이다. 확신이 있었다. 꾸준히 하면 되는 게임이라고 생각했다. 그렇게 3년의 세월이 지나면서 모두가 성공하지 않는다는 사실 또한 깨달았다. 내가 생각하는 30% 법칙, 이건 전적으로 내 생각이다. 여전히 30%만 잘하고 있었다. 나는 그 이유를 요즘 깨달았다. 사람들이 공부만 한다는 거였다. 사람들이 책만 읽는다는 거였다. 캔바를 배웠으면 캔바를 활용해서 피드도 만들고 스토리도 만들고 해야 하는데, 연습은 안 하고 또 다른 응용 편을 공부하고 있다. 책 한 권을 읽었으면 책에서 얻은 것을 활용하고 실천해야 하는데 또다시 독서 모임에 가서 또 다른 책을 읽고 있다. 자기 계발서만 수없이 읽고 있다. 한 권의 책을 읽었다면 적어도 한 가지는 실천하자. 이게 내 생각이다. 사람들에게 마이크 들고 말하고 싶다 "여러분 제발 공부하지 마세요." 이 이야기는 나에게 하고 싶은 말이기도 하다. "이젠 공부할 때가 아니라 실행할 때입니다." 이제 공부하고 강의 듣는 사람들 보면 뜯어말린다. '그만 공부하라고, 제발 공부하지 말라고.' 나를 믿고 나만의 목표를 세우고 실행해 보자.

10
3개월 만에 4만 팔로워 된 실전 노하우편

'전 얼굴이 예쁘지 않아요', '전 잘하는 게 없어요', '전 그냥 주부예요.'

그래도 할 수 있다. 사람들이 원하는 건 당신의 예쁜 얼굴이 아니다. 특별한 기술이 필요한 것도 아니다. 인스타그램은 전문가만이 존재하는 곳이 아니기 때문이다.

초보가 왕초보에게, 왕초보가 왕왕초보에게 알려 줄 수 있는 곳이자 핸드폰만 있다면 누구나 참여할 수 있는 곳이다.

한번은 다이어트 단톡방에서 6개월 된 아기 엄마가 잠을 못 자서 살이 안 빠지고 있었다. 3살짜리 아이를 둔 아기 엄마가 아기 혼자 재우는 법, 아기 모유 떼는 법, 밤새도록 안 깨고 재우는 법을 공유해 줬다. 일주일 만에 잠을 못 자던 아기 엄마가 이제 잠을 잘 수 있게 되었다고 정말 고마워했다. 이런 거다. 내가 아는 걸 다른 사람들이 모두 다 알고 있는 건 아니다. 나는 무심코 하는 행동들이 어떤 사람들에게는 꼭 필요한 정보일 수 있다는 것이다. 그러니 '전 아무것도 못 해요, 전 집에서 아이만 키우고 있어요.' 이런 말은 변명일 뿐이다.

인스타그램을 친구라고 생각해 보자. 잘 모르는 사람에게 아무것도 없는 집인데, '우리 집에 놀러 와! 우리 이제부터 친구 하자!' 하면 친구가 될 수 있을까? 만약에 다이어트하고 싶은 사람들에게 '살 빼고 싶어? 살 쉽게 빼는 방법 내가 알려 줄게. 살 빠지는 운동 이거 해 봐. 이런 영양제 먹었더니 살 빠지더라, 정체기 때는 이렇게 해 봐. 요요 없는 다이어트는 이렇게 하면 돼.'라고 얘기해 준다면 아마도 오지 말라고 해도 매일매일 놀러 올 것이다.

먼저 내가 줄 수 있는 걸 무조건 줘라. 그 정보가 누군가에게는 정말 필요한 정보일 수 있다. 아주 사사로운 것이면 더 좋다. 누구나 따라 할 수 있는 거라면, 간단한 거라면 더욱더 인기가 있을 수 있다.

그다음, 진심을 다해 내 이야기를 해 줘라. 여기저기서 들은 이야기, 다른 사람들 이야기, 떠도는 이야기를 내 이야기처럼 하다 보면 진정성이 없어진다. 사람들은 바보가 아니다. 마음의 울림이 있어야 한다. 우리가 언제 감동받는지 잘 생각해 보자. 백화점에서 몇천 몇백 하는 명품 백에만 감동을 하는지. 우리 아이가 첫걸음마 했을 때, 엄마라고 말했을 때, 손 편지를 받았을 때, 생각지 못한 남편의 선물을 받았을 때, 아이가 학교에서 상 받아 왔을 때……. 우린 작은 것에 감동할 때가 훨씬 많다. 작은 이야기들이 재미있거나, 감동을 주거나, 유익하거나, 정보가 있거나 어떤 것도 좋다. 진정성 있게 내 이야기를 한다면 분명 내 친구가, 내 팬이 생길 것이다.

'게시물을 만들기 힘들어요! 무엇을 어떻게 해야 할지 모르겠어요.' 대답은 정말 친한 친구에게 말하듯이 알려 주듯이 설명해 주면 된다. 잘하려고 하면 지친다. 처음에 잘할 필요도 없다. 몇 명 안 볼 테니까. 그러니 처음에 이것저것 시도해 볼 수 있다. '이렇게 하니까 반응이 뜨겁구나.', '이건 아니구나.' 해 봐야 내 실력도 는다. 나는 이제 단 몇 분이면 게시물을 만들 수 있다. 그러니 부담 갖지 말고 만들면 된다. 만들었다가 나중에 마음에 안 들면 삭제하면 된다. 내 계정 내 마음대로 해도 아무도 뭐라고 하는 사람 없다. 알다시피 사람들은 나에게 그다지 관심이 없다. 그냥 저질러 보는 거다.

트렌드를 읽어라. SNS는 아주 빠르게 바뀐다. 이 책이 나오고 또 달라질 수 있다. 요즘 트렌드가 어떤지 알려면 다른 계정, 특히 나와 비슷하면서 팔로워가 많은 계정들을 중심으로 서치를 해 보자. 왜 인기 게시물이 되었는지 잘 살펴보고 연구하고 고민해 보자. 사람들의 관심이 무엇인지, 무엇을 알고 싶은지 그리고 내가 그들에게 줄 수 있는 것들을 생각해 보고 하나씩 만들어 나가면 된다.

나만의 장점을 부각시키자. 사람들이 흉내 낼 수 없는 나만의 무기를 만들자. 나 같은 경우 결혼을 일찍 했기 때문에 아들이 벌써 31살이다. 아들하고 있으면 종종 오해를 받기도 한다. 이러한 점을 이용해 동안을 부각시켰다. 31살 먹은 아들이 엄마와 함께 운동하고 유행하는 춤을 춘다. 남들과 차별화를 뒀다. 대단하지 않아도 사람들의 관심을 끌면 된다. 특별한 게 없다고 생각된다면 다시 한번 나를 되돌아보자. 세상에 똑같은 사람은 존재하지 않는다. 누구나 특별한 존재이고 누구나 장점 하나쯤은 가지고 있을 것이다.

　자, 그럼 용기를 내 보자. 54살 언니도 아주 기초부터 맨땅에 헤딩하며 여기까지 왔다. 꾸준히만 한다면 여러분도 할 수 있다.

11
에필로그
챌린지가 일상에 스며들다

사명감 [주어진 임무를 책임 있게 수행하려는 의지나 마음가짐] 국어사전에서의 정의다.

나에게 사명감이란 대단한 사람들이 하는 훌륭한 일, 나하고는 상관없는 일쯤으로 생각하고 살아왔다. 그러나 요즘 내 머릿속을 떠나지 않는 단어가 사명감이란 단어이고, 내가 이루고 싶은 목표 또한 같은 맥락에 놓여 있다. 죽는 그 순간까지 아프지 않고 사는 법. 이 부분에 대해서 공부하고 실천하고 전파하는 일.

이 일이 나에게 주어진 책무이며 책임감 있게 끝까지 하고 싶다. 내가 하는 모든 일들은 어찌 보면 전혀 다른 일처럼 보이지만 하나의 맥락으로 이어지고 있다.

나이 들수록 꼭 필요한 근력을 위한 스쿼트 챌린지, 건강한 식습관을 만드는 에린 다이어트, 통증 개선·체형 교정에 도움을 주는 굿볼메소드. 이 일들에 사명감을 갖고 꾸준히 해 나갈 것이다. 또한 연말에는 스쿼트 챌린지에서 얻은 수익금을 기부하는 기버로서 시즌 2 에린의 멋진 삶을 만들어 갈 것이다.

내가 처음에 책을 쓰려고 했던 건 막연한 꿈이었다. 그 꿈이 실제로 될 줄은 몰랐다.

아직도 실감이 나지 않는다. 아마도 많은 사람이 그저 꿈으로서 가지고 있지 않을까 생각이 든다. 2년 전 우리 6명이 이룬 건 아무것도 없었다. 그럼에도 불구하고 우리가 책을 쓰고자 했던 건 '우리는 분명 발전할 거니까, 분명 잘해 낼 거니까.'라는 자기 확신이 있었다. 매일 6명이 새벽마다 확언을 쓰기 시작했고, 그 꿈들이 이루어졌다. 1년 동안 매주 2편의 글을 썼고 일요일 아침 7시 30분에 줌으로 만났다. 우리의 성장을 기록하고자 시작한 '나도작가' 팀의 책은 아직도 SNS 공간 안에서 헤매고 있는 3060들에게 도움이 될 수 있을 것이다. 우리는 전국 서점에 진열될 것이고 많은 분들에게 도움을 드릴 수 있는 강의도 기획하고 있다. 에필로그를 쓰고 있는 나는 생각한다. 나는 SNS로 수익화하고 온라인의 건물주가 되는 데 2년이란 시간이 걸렸다. 지금 시작하는 사람들에게 2년의 세월이 1년으로 혹은 6개월, 3개월로 단축되었으면 하는 간절한 바람이다. 나는 오지랖 넓은 사람이다. 알고 있는 건 다 알려 주고 싶다.

다 알려 주고 싶었는데 지난 3년을 정리하다 보니 특별한 거 없는 사람의 특별한 거 없는 뻔한 이야기이다. 심지어 성공담도 아니다. 하지만 이 글을 통해서 누군가는 용기를 얻고 희망을 품고 달라지기를 꼭 바란다.

내가 여러분에게 하고 싶은 말은 딱 2가지다. 첫 번째는 내가 좋아하는 게 뭔지 찾아라. 너무나 지겹겠지만 불편한 진실이다. 찾아야 한다. 두 번째는 그만 공부하고 실행해라. 제발 공부는 그만해라.

내가 좋아하는 일을 찾기 너무나 어렵다면 이 방법을 추천한다. 나의 일상을 기록해라. 자세하게 기록하면 할수록 그 기록 속에 내가 좋아하는 일, 내가 관심 있는 일이 하나씩 정리되면서 '아, 내가 관심 있는 일이 이거였구나!' 하며 알게 된다. 나도 기록을 하면서 '내가 이럴 때 행복하구나!', '이럴 때 스트레스 받는구나.'라는 것을 알게 되었다. 얼마 전 아들이 "엄마 갑자기 누가 1억을 주면서 엄마 하고 싶은 일을 하라고 하면 뭐 할 거예요?" 그래서 아무 생각 없이 "몰디브 여행 갈래." 했더니 왜 몰디브에 가고 싶은지 선택한 이유에 대해 꼬치꼬치 물었다. "그러게, 잘 모르겠다."라고 했다. "그게 엄마 꿈이 아니라서 그럴 거예요." 맞다. 그건 나의 꿈이 아니었다. 여행 광고에 나오는 멋진 장면과 다른 사람의 꿈일 뿐이었다.

이 글을 출판사에 보내고 나는 내일 7박 9일 동안 이탈리아로 여행을 떠난다. 요즘 매일 아침 스쿼트 100개를 하고 나서 메타버스가 탑재된 실내 자전거를 탄다. 어느 날 나폴리에서 자전거를 타고 있는데 풍경이 예뻐서 "꼭 가고 싶다."라고 말했는데 바로 그날, 언니에게서 전화가 왔다. 너무나 좋은 여행 상품이 나왔다며 이탈리아에 가자고 했다. 나는 바로 오케이를 외쳤다. 나의 꿈이 하나씩 이루어지고 있다. 오늘 저녁엔 '인스타로 매출 2배 올리는 피드 만들기'라는 주제로 유료 기업 강의를 한다. 매일같이 공구 제안이 쏟아진다. 내가 꿈꾸던 여행을 다니면서도 수익을 창출할 수 있다.

내가 한국에 없어도 이탈리아 가서 피드를 올리면 된다. 여행 다니면서도 수익을 창출할 수 있다. 한 달 후면 6명 공저로 책도 나올 것이다.

내가 하는 일을 자랑하거나 나열하고 싶은 게 절대 아니다. 내가 지금 하는 스쿼트나 다이어트는 불과 3년 전까지 단 한 번도 해 본 적도 없고, 상상해 본 적도 없는 일들이다. 전혀 해 본 적 없는 일에서 처음부터 시작한 일들이다.

나는 흔하디흔한 71년생 미선 씨다. 뭐 하나 잘하는 거 없는 사람이다. 3년간 좋아하는 일을 하다 보니, 이제 온라인 건물주가 되었다. '내가 했다면 여러분도 할 수 있지 않을까?'

스쿼트 100개 챌린지 매달 25일 신청   에린 다이어트 매달 초 신청

오픈채팅방
부애미부애길
〈BMK〉
배워서 남주는
"지식품앗이"

오픈채팅방
부애미부애길
〈BMK〉
부동산을 도구로
아름다운 부자 되기

부자애미 서지연
인스타그램

부자애미
서지연

월급쟁이
인생을
지식으로
디자인하라

1
프롤로그

　나는 성공자가 아니다. 나는 선행자다. 먼저 선행하고 실패와 경험을 통한 지식을 지혜롭게 전달해 주는 경험자가 되고자 한다. 나는 철저히 흔하디흔한 수저 하나 물고 태어나지 못한 운명을 지닌 소녀였다. 28살까지 직업 하나 변변치 않아 부모님의 걱정 속에 금전적 어려움까지 겪어야만 했다. 치열한 경쟁 속에서 살아남기에는 부족한 자의식 때문에 입사 과정에서 실패를 받아들이기가 두려워 여러 번 도전을 포기하기도 했다. 그래서 선택한 것이 경쟁이 없는 대학원에 입학을 하는 것이었다. 생각지도 못한 낯선 곳에서 그 당시 도곡동 타워팰리스에 살고 계시던 50이 넘은 대학원 동기분이 나에게 들려주셨던 한마디가 생각난다.

　18년 전 이야기다. "나는 지금 300억 정도의 부를 가지고 있지만, 넌 더 많은 돈을 가질 수 있어." 그 메시지는 그 당시 가난하고 직업도 없는 나를 위로해 주기 위한 희망 고문으로밖에 들리지 않았다. 단돈 30만 원이 없어 친구에게 돈을 빌려야 하는 내 현실에 300억 이상을 벌 수 있다고? 아버지뻘 되시는 나이의 대학원 동기분께서 들려주신 긍정적인 메시지가 남의 이야기처럼 들렸다. 18년이 지난 지금은 어떠한가?

나는 이제는 다른 사람들에게 돈(동)기 부여 강연을 기획하는 사업가로 경력 이동을 하게 되었다.

이 글을 통해 마흔을 넘어선 보통 엄마, 아빠들도 역경을 경력으로 이동시킬 수 있다는 희망과 용기를 드리고 배움과 지혜로 나누고자 한다. 지금 당장 이불을 걷어차고 나태와 무기력을 벗어나 부자애미와 함께 몸을 일으켜 열정을 세워 나가자. 같은 지식이라도 나만의 철학과 신념을 담아 표현하고 노력하며 인생의 변곡점을 맞이하기를 바란다. 꾸준하게 좋은 자료를 축적하고 지식을 디자인해 나가며 내 인생의 방향을 지속적으로 수정해 나가도록 하자. 나는 성장을 꿈꾸는 이들과 함께 지식과 지혜의 경험을 나눌 수 있는 대중적인 커뮤니티를 만들고자 한다.

나는 돈을 벌고 싶어 하는 이들과 함께하는 것이 아니라, 꿈을 이루고 싶어 하는 이들과 함께해야 한다고 믿는다. 요즘은 스마트폰과 노트북만 있으면 온라인 세계에 접속하여 다양한 주제로 사람을 만나고 남다르고 창의적인 지식 품앗이 놀이터에서 활동할 수 있다.

어떻게 하면 유니크한 공동체를 만들어 낼 수 있을까 생각하다가 가진 지식이나 플랫폼 그리고 스킬들을 활용해서 지식을 활용한 자본을 만들어 낼 수 있는 공동체를 형성해 나가고 있다. SNS라는 지식 품앗이 놀이터에서 장소와 시간을 넘어 같은 꿈을 가진 사람들을 만나게 되면서, 월급쟁이 인생에서 지식을 디자인하는 글쓰기까지 도전하게 되었다.

나의 지식 품앗이 놀이터의 가치 중 첫 번째는 '배움을 지식으로 나누는 가치'라고 생각한다. 지식은 나눌 때 가치가 더해지기 때문이다.

두 번째는 우리는 지식은 공유가 되었을 때 사람들에게 더 큰 영향력을 발휘할 수 있다고 믿기에 '지식 공유의 가치'라 생각한다.

세 번째 가치는 '가치 성장, 같이 성장'이다. '내가 가진 지식을 강연을 통해서 공유하고, 긍정적인 동기부여를 받은 이들이 또다시 지식을 나누며 수익화할 수 있는 커뮤니티의 활동이 중요하다고 생각하기 때문이다. 첫 번째는 배움, 두 번째는 지식 공유, 세 번째는 가치 성장, 같이 성장을 할 수 있는 공동체를 만들어 나가기 위해 목표와 비전을 세우고 미션을 수행해 나가고 있다.

18년 전 그 시절, 5천 원을 가지고 점심과 차비까지 해결해야 했던 가난이라는 운명을 타고난 내가 이제는 부동산을 도구로 지식을 돈으로 바꾸는 지식 품앗이 서비스를 시작하게 되었다. 직장에서의 18년 7개월의 짧고도 긴 여정에 종지부를 찍게 되었고 지식 나누고 돈으로 바꾸는 사업을 하게 된 아이 셋 워킹 맘의 실전적 체험을 소개하며 지식 딜리벌리 사업가로 항해를 시작하게 된 여정을 함께하고자 한다.

준비되었는가? 가난한 운명의 한 소녀가 이제 막 닻을 올리고 작은 배에 노를 젓고 있다. 이 글을 읽는 독자들도 항해를 준비하는 가난한 소녀를 상상하며 목적지를 향해 출발 준비를 하라. 단단히 구명조끼를 착용하길 바란다. 거센 폭풍과 비바람이 몰아치는 순간에도 끝까지 함께 동행하겠다고 약속하자.

2
20대에 모나리자가 된 여자 히키코모리

　1997년도 수능을 망치고, 꿈꾸지 않았던 서울 소재 전문대에 입학하게 되면서 나는 여자 히키코모리가 되었다. 고3 모의 수능 결과는 서울 소재 4년제 대학 지리학과 정도는 합격할 수 있었다. 그러나 비참하게도 현실은 전문대 입학 실력밖에 되지 않았던 것이다. 수능 당일 시험이 끝나고 눈물을 뚝뚝 흘리며 식어 버린 도시락 가방을 질질 끌고 나오던 기억이 떠오른다. 눈물이 앞을 가리기 시작했다. 앞이 보이지 않는다. 학교 정문 밖에서 기다리던 어머니를 향해 위로라도 받고 싶은 심정으로 걸어 나갔다. 1997년 몸과 마음까지 추웠던 그 쓰디쓴 겨울을 잊을 수가 없다. 나는 재수조차 할 수 없었던 가정 형편을 원망하며 20대의 악몽 같은 운명을 그대로 받아들여야만 했다.

　부모님의 가난을 나의 운명으로 받아들일 수밖에 없었다. 꿈꾸지 않았던 전문대학교에 다니는 일이 지옥같이 느껴졌다. 재수를 하고 싶었던 나에게 어머니께서는 "지금 이 대학을 다니든지, 아니면 고등학교만 졸업하든지, 우리는 너 재수시킬 형편 안 된다."라고 딱 잘라 말씀하셨다. 우리 집 가정 형편에 의해 내가 할 수 있는 것들이 아무것도 없다고 생각했다. 운명을 이겨 나갈 도전, 용기, 자존감 따위는 생각지도 못했던 시절이다. 현실에 반항이라도 하듯 여름 방학 중에 두 눈썹을 모나리자처럼 다 밀어 버렸다. 대학 새내기라면 화장과 예쁜 옷으로 한창 멋을 부릴 때였다. 학교 가는 차비와 점심값조차 받아 가는 것이 눈치 보이던 형편이었기에 나에게 아름다움은 사치라는 생각이 들었다. 가장 아름답게 빛나야 할 대학 새내기 시절에 두 눈썹을 다 없애 버리고 나는 가족과 세상과 소통하는 통로를 막아 버렸다. 가난한 환경 속에 있는 내 존재를 지우고 싶었던 게 아니었나 싶다. 내 잠재의식에 뿌리내린 포기라는 가장 쉬운 길을 선택했던 것이다. 지금이라면 좌절하고 싶을 때 어떻게든 일어나서 그 상황을 벗어나기 위해 문을 박차고 나갔을 것인데, 어린 나는 19살까지 가난과 부정적인 언어로 일그러진 환경에 순응하고 살았었던 것이다. 내 남편은 아직도 나의 히키코모리 시절을 모른다. 숨기고 싶은 흑역사 중의 하나이지만 나는 글을 통해 그 시절 몸과 마음 모두 준비가 안 되었던 이야기를 꺼내며 나의 부족했던 자아를 꺼내어 본다.

눈썹을 싹 밀고 나니 밖에 나갈 수 없는 환경이 자동 설정되었다. 방학 3개월 동안 집 밖으로 한 발자국도 나가지 않는 여자 히키코모리 생활이 시작되었다. 밤만 되면 천리안과 유니텔에 접속해서 채팅에 푹 빠져 살았다. 1997년의 낮과 밤에 들리던 인터넷 전화 접속 연결음이 아직도 생생하게 귓가에 맴돈다. 20대의 나는 돈도 없고, 학벌도 변변찮은 데다가 더불어 외모 콤플렉스에 시달려야만 했다. 78kg의 몸무게에 눈썹까지 없으니 누가 볼까 무서웠다. 남자들이 눈썹을 싹 민 외모 콤플렉스를 지닌 히키코모리 여자 모나리자와 대화를 했다는 사실을 안다면 정말 끔찍할 것만 같다.

채팅과 폰팅에 빠져 낮과 밤을 가리지 않는 시간에 의해 어마어마하게 나온 전화비로 어머니랑 싸우는 일도 잦아졌다. 전화 요금으로 어머니께 잔소리를 많이 듣다 보니 오히려 더 채팅에 집착하였다. 온라인 세계는 집보다 편한 안식처가 되어 갔다. 친구도 만날 수 없으니 온라인에 접속해 채팅으로 만나는 사람들이 나의 유일한 행복이었다. 지금 나에게 온라인에서 만나는 사람들과의 네트워크란 나와 뜻이 비슷한 사람들과의 만남이고, 공부고, 도전이지만 그 당시는 익명의 사람들과 만나 현실을 도피하는 유일한 수단일 뿐이었다. 25년 전과 지금의 SNS를 통한 소통은 낯선 만남이라는 점은 같지만, 지금은 방향이 전혀 다른 가치 있는 만남이 되어 가고 있다.

1997년 대학 첫 방학이 끝났는데도 학교에 돌아가지 못했다. 등록금을 미납하여 제적 처리까지 당했다. 등록금 납부 기간도 지나고, 집안 형편도 어렵다 보니 학교 가는 게 너무 싫어졌다. 대인 기피증까지 생겨 버린 나는 내 방에서만 지냈고, 책은 한 권도 읽지 않았다. 집 안에 있을 때는 밖에 인기척이 들려도 문을 열어 주지 않았다. 우리 집에 엄마 친구분이 놀러 오시면 방문을 걸어 잠그고 소변도 참아 가며 손님이 가실 때까지 방에 숨어 누워 있기를 반복했다. 어느 날 반지하 우리 집에 고등학교 때 제일 친하게 지냈던 친구 3명이 들이닥쳤다. 밖에서 내 이름을 부르는데 어찌나 당황스러운지. 친구들이 내가 집에 있다는 사실을 알고 쳐들어온 상황이라 문을 열어 줄 수밖에 없었다. 너무 창피했다. 내가 살고 있는 반지하는 방 2개, 작은 냉장고 1대가 들어가는 거실이 전부였기 때문이다. 우리 가족 셋이 보증금 500에 월세 25만 원을 주고 생활하던 시절이었다. 나는 친구가 벗어 준 모자 하나를 뒤집어쓰고 세상 밖으로 끌려 나갔다. 책 한 권 읽지 않고 채팅에만 빠져 살던 나는 친구들 덕분에 세상 돌아가는 이야기를 들을 수 있었다.

서울에 소재한 4년제 대학에 입학한 친구들은 주로 학교생활 이야기를 나눴다. 나는 할 말이 없었다. 이런 나의 처지가 너무 슬펐고, 불쌍하게 여겨졌다. 대학 생활을 즐기고 있는 친구들이 너무나 부러웠다. 친구들의 이야기를 귀담아들으며 이를 악물고 결심을 하게 된다. '여자 히키코모리라는 불명예스러운 상황에서 벗어나자.' 그리고 다짐했다. 나는 집에서 버스 타고 다닐 수 있는 서울에 소재한 4년제 대학에 꼭 다닐 거라고. 친구들을 만나 마음의 불씨를 심고, 다니던 학교에 재입학하면서 장학금도 받고 관련 학과의 자격증도 모두 취득하였다. 그저 앞만 보고 달렸다. 학과 행사에 참여 같은 건 하지 않고, 오로지 수업과 자격증에만 집중했다. 그리고 편입 공부에 몰두한 결과, 서울에 소재한 여대 지리학과에 편입을 하게 된다.

내가 지금까지 배움의 끈을 놓지 않았던 게 바로 20대에 배움의 한을 품었던 마음 때문인 것 같다. 나는 내 학벌의 초라함과, 20대에 첫 시련을 겪으면서 30대, 40대가 되고 나서도 배움이라는 끈을 놓지 않았다. 돈이 없으면 학자금 대출을 받고, 평일에 시간이 안 되면 주말 수업도 듣고, 그렇게 꾸준히 20년을 달려와 2016년에 둘째 임신으로 100kg 만삭의 몸으로 박사 과정을 시작하고, 45살 2023

 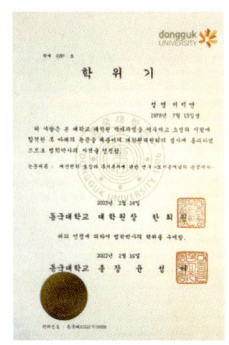

년 2월 박사 학위를 취득하게 되었다. 아이 셋을 두고 18년 동안 직장 맘으로 있으면서 포기하지 않는 끈기와 인내로 눈물의 박사 학위를 9년 만에 얻게 된 것이다.

지금이라도 늦지 않았다. 이제 진짜 내가 좋아하고 잘하는 일을 찾아야 할 시기이다. 나와 같은 세대를 함께 걸어온 많은 분들이 사회의 통념에 따라 얻은 직업이나 학위가 아니라 내가 원하는 배움을 시작해 보는 건 어떨까? 내돈내산으로 다양한 강의를 수강하는 것도 좋지만 인풋만으로 나를 채워 가지는 않았으면 한다. 40대에 아웃풋 할 수 있는 분야의 학위와 자격증에 도전했으면 한다. 앞으로 남은 인생은 내가 하고 싶은 일을 하며 살아야 하지 않을까? 여태껏 원하지 않는 주입식 교육으로 대학수학능력시험 점수에 맞춰 대학과 학과를 선택하고, 꿈꾸던 직업은 아니지만 생계를 위해 어쩔 수 없이 직장 생활을 했다면, 다시 도약할 시간을 가져야 할 때이다. 내가 꿈꾸는 배움을 시작하고, 나만의 무기를 장착할 기회를 만들어야 할 시기가 마흔 이후가 아닌가? 딱 2년만 하고 싶은 공부에 투자하고 학위와 자격증을 취득했으면 한다. 20대 여자 히키코모리 그리고 취업 전까지 대인 기피증으로 사람들 만나는 것에 많은 거부감을 가지고 있던 소심했던 내가, 전문대 출신에 가난한 가정 형편으로 재수조차 할 수 없었던 운명을 한으로 품었다.

결국 운명을 바꾸기 위한 나의 부단한 움직임은 20대 후반 누구나 꿈꾸던 신의 직장에 입사할 수 있게 만들었다. 타고난 운명을 선택할 수 없는 보통 사람인 내가 40대에 아이 셋을 둔 18년 차 워킹 맘으로 해낸 가장 큰 일은 끝까지 배움의 끈을 놓지 않았던 것이다. 늦깎이 러너로 시작해 보자. 늦깎이 러너가 늦깎이 위너가 되는 그날을 꿈꾸며 좋아하고 잘하는 일에 도전해 보자.

3
86kg 뚱보 애미에서 성장하는 애미로 가는 길

2021년 '뚱보 엄마' 타이틀로 공중파 방송에 출연을 시작하게 되었다. 2020년 5월부터 발 담그기 시작한 인스타그램을 통해서 작가에게 디엠이 날아왔다. 디엠 내용은 다이어트 건강 정보 프로그램에 출연해 달라는 요청이었다. 인스타를 시작한 지 4개월밖에 되지 않았을 때다. 다이어트를 선언하면서 뚱보 엄마 사진을 올렸을 뿐이었고, 그 당시 86kg의 내 몸뚱이를 보정도 없이 스포츠 탑과 스포츠 레깅스를 입은 채 앞뒤로 찍은 사진을 올리기 시작했던 때였다. 여러 번 도전했으나 다이어트는 작심삼일에 그쳤다. 하지만 다시 마음을 잡고 인스타그램에 사신을 올렸으나, 이 뚱보 엄마 사진은 뚱보 몸뚱이가 필요한 전문가들에게 홍보 프로필이 된 셈이었다. 생각지도 못한 꿈의 지도를 그리게 되었다.

스팸이 아닐까 하는 의심도 들었던 디엠 한 통으로 TV조선 〈내 몸 플러스〉, 〈가족관계증명서〉, 〈위대한 유산〉, SBS 〈모닝와이드〉, 〈톡톡 정보 브런치〉, MBC 〈오은영 리포트〉, JTBC 〈한 번 더 리즈시절〉 등 TV 출연을 7번이나 경험하게 되었다. 첫 출연 때는 가족 모두 즐거워했으나, 여러 번 뚱보 엄마로 출연하다 보니 창피하다고 그만 출연하라는 원성이 높아졌다. 원성이 높아질수록 나는 더 즐겁게 참여해 보려고 노력했다. 내 꿈의 시작이라고 생각했기 때문이다.

내가 하는 일, 전공과는 무관한 뚱보 엄마라니? 하지만 나는 시작할 때부터 이 길이 내 꿈의 첫 도전이라 생각했다. 5년 전 어느 날, 나는 노트에 TV에 부동산 전문가 패널로 출연할 거라며 목표를 쓰기 시작했다. 가족들에게는 "나 TV 출연할 여자야."라고 확언을 하고 다녔다. 그래서 뚱보로서의 엄마 TV 출연은 언젠가 전문가로 활동하게 될 기회의 문이라고 여기며 즐겁게 촬영에 임할 수 있었다.

내게 TV 출연의 기회는 "어떤 제안이라도 무조건 OK!", "좋아."라고 대답하자는 마인드 컨트롤을 통해 실현 가능했다. 《1년만 나를 사랑하기로 결심했다》의 저자 숀다 라임스(드라마 〈그레이 아나토미〉의 작가)의 책은 지금의 '이 모습 그대로 내 몸을 사랑해 보자.'라는 멘털 장착에 큰 힘이 되었다. "뚱보면 어떠냐!", "나는 뚱보다!" 국도로 달리든 고속도로로 달리든 포기하지 않고 내 목적지를 향해 천천히 나아간다면 꿈은 반드시 이루어질 거라고 믿었다. 연락을 주시는 작가님과 PD님께 "저는 부동산 전문가로의 TV 출연을 꿈꾸고 있어요.", "저 이번이 뚱보 엄마 마지막 출연이에요.", "다음엔 꼭 전문가 패널로 출연시켜 주세요."라고 매번 부탁을 드렸다. 이 책을 집필하는 와중에 나는 또 다른 도전을 시작했다. 다이어트 과정에서 과도한 스트레스로 인한 정수리 탈모 사례자로 TV조선 〈속설검증 고민잇쇼〉의 스튜디오 촬영도 이어졌다. 웃픈(웃기면서 울고픈) 이야기지만 이 또한 나의 꿈의 여정으로 나아가기 위한 과정이라고 생각한다.

우연한 기회로 '텔레비전에 내가 나왔으면'이라는 꿈을 이루어 가기 시작한 것이다. 부동산 전문가로 출연하냐고요? NO! 이번에도 뚱보 엄마 이야기다. 꿈은 이루어진다고 했다. 나는 부동산 투자와 직장 생활을 병행하는 전쟁 같은 하루하루를 보내며 잃은 것이 있었다. 얻는 것이 있으면 잃는 것도 있듯이 내 앞머리 숱은 날이 갈수록 빠져나가고 있었다. 강연의 즐거움과 나의 못난 부분도 치유하기 위해 앞머리 가발을 준비해서 쓰고 벗고 하며 강연 때마다 "저 가발 써요."라고 웃음 폭탄을 던지곤 했었는데, 탈모로 고생하는 엄마로 촬영에 섭외를 의뢰받았다. 좀 모자라면 어떤가? 한평생 살아가는 인생 남다르게 살아 보는 계기가 되고 있다. 지금 나는 훈련 중이다. 이것저것 닥치는 대로 OK!를 외치며 다양한 경험을 쌓아 내가 꿈꾸는 그곳을 향해 걸어가고 있다.

나의 꿈의 시작은 2019년 3월 셋째 임신 중에 온라인 커뮤니티에서 김미경 작가님을 만나 이룰 수 있었다. "딱 5년만 공부해라. 5년 후엔 나도 놀랄 정도로 내 위치가 변해 있을 테니까."라고 말씀해 주셨기에 작심삼일을 반복하며 도전과 실패를 통해서 성장해 나갈 수 있었다.

브랜딩 전과 후

2019년 그 당시와 지금의 나는 비교할 수 없을 만큼 성장하여 내가 좋아하고 잘하는 분야에서 활동할 수 있게 되었다. 뚱보 엄마로서 여러 번의 TV 출연을 계기로 개인 브랜딩의 중요성을 깨닫기 시작했다. 인스타를 시작할 초기에 나의 개인 프로필은 책 리뷰와 아이 셋을 둔 다이어트하는 애미 타이틀을 달고 다녔지만, 지금은 부동산 공부하는 애미, 부동산 공부 습관으로 꿈벌이하는 애미, 부동산 사업가를 꿈꾸는 애미, 부동산 지식 디자이너 등으로 하나둘씩 프로페셔널하게 퍼스널 브랜딩을 시작할 수 있었다.

이 글을 읽고 있는 엄마들에게 이야기해 주고 싶다. 다양한 플랫폼 안에서 내 일상의 소소한 이야기들을 사진과 영상으로 정리하고 짧은 글을 쓰면서 '나'라는 존재를 널리 알리기를 바란다. 내가 잘할 수 있는 것, 내가 좋아하는 것, 운동, 음식, 옷, 생활, 여행, 책, 육아 등 양말과 속옷 정리하는 모습이라도 좋다. 설거지부터 시작해서 살림 잘하는 노하우 등등 작은 일상의 기록으로 나만의 자료를 축적한다면 엄마표 브랜딩이 될 수 있다. 내가 직접 몸으로 체험했기에 가능하다는 것을 알려 주고 싶다. 나는 프로페셔널한 멋진 프로필보다도 뚱보 엄마가 그냥 좋다. 뚱보라서 뚱보만이 할 수 있는 것들에 대한 기회를 얻었기 때문이다. 탈모로 마음고생을 하고 있던 나였지만 탈모 사례자로 멋진 경험을 하게 되었다. 아름답고 잘 사는 모습은 SNS를 통해 누구나 꾸밀 수 있다. 역발상하여 지금 모습 그대로 나의 단점을 강점으로 상품화해 보는 건 어떨까? 예를 들면 못생기고 못난 발을 공개하고 손발 관리를 하고 있다는 사진과 이야기, 각질이 많은 발 사진을 찍고 발을 관리하고 있다는 스토리도 좋다. 키와 손, 발이 너무 커서 기성복과 기성화가 맞지 않는다면? 평생을 감추고 부끄러워하고 고민했던 단점이지만, 그런 단점을 극복하고 강점으로 만들기 위해 부단히 노력하는 이야기를 나만의 스토리 아름답게 만들어 가는 건 어떨까? 요즘 SNS로 성공하는 사람들을 보면 타고난 금수저로 성공하기보단 오히려 자신의 물질적, 신체적인 운명의 한계를 극복한 인플루언서들이 많다. 대중은 자신과 상대를 비교하며 내가 극복하지 못한 것들을 이뤄 낸 사람들에게 열광한다. 우리는 이제 남에게 열광할 것이 아니라 나의 단점을 강점으로 연결할 수 있는 분야에 열정을 쏟아부어야 할 시기이다.

나의 인스타그램 피드는 현재 430일이 넘는 '확언'과 '독서 필사'와 '종이 신문으로 하는 부동산 공부 습관'이라는 세 가지 콘셉트로 장식해 나가고 있다. 한 분야에서 능력을 갖추었다면 내가 가진 것을 SNS에서 나눌 수 있다. 보통 사람인 우리는 늘 부족하다. 그러한 단점을 극복하기 위해 노력하는 모습들을 기록해 나가며 유니크한 나를 만들어 나갈 수 있다. 잘난 건 너무 식상하다. 못난 사람도 못난 대로 잘 살아 갈 수 있다고,

나라는 사람을 널리 알리며 퍼스널 브랜딩을 시작해 나가야 한다. 브랜딩은 곧 나 자신이라는 것을 명심하자.

　나의 일상을 과감하게 오픈해 보려는 노력부터 시작해 보자. "나를 팔아라.", "내 몸을 팔아라.", "내 모습을 있는 그대로 날것으로 보여 줘라." 현재 내 모습이 가장 아름다운 모습이라 생각한다. 나는 지금도 86㎏의 뚱보 엄마다. 보이는 게 전부가 아니듯, 내 멘털은 내 몸을 비너스라고 생각하고 가장 가치 있는 상품이라 생각한다. 나는 오늘도 언제든지 나를 비싼 값에 팔 수 있도록 준비하고 있을 것이다. 날것이 새것이 되는 그날을 위하여 천천히 준비해 보자.

4
나의 족쇄를 풀 수 있었던 기회의 열쇠

나는 결혼 전과 결혼 후에도 반지하 단칸방, 다락방, 옥탑방, 원룸을 오가며 생활했다. 집 없이 떠돌아야만 했던 어린 시절과 결혼 후 4년간을 빈지하와 원룸 월세, 낡고 오래된 단독 주택의 10평 남짓한 2층집에서 집 없는 설움을 겪어야만 했다.

내 집을 갖고 싶은 간절함과 아이를 갖고 싶은 절박함 덕분에 나에게는 꿈이 생겼다. 단독 주택을 갖고 싶은 로망을 가지고 내 집 마련에 전력을 다했다. 결혼 5년 만에 장만한 엘리베이터 없는 빌라 4층에서 첫째 아이를 임신하게 되었다. 그리고 둘째 임신 중에 우리 동네에서 버림받았던, 쓰레기 더미로 뒤덮인 단독 주택을 소유하게 된다.

2015년 단독 주택으로 이사를 하고, 월급 이외의 수익 파이프라인을 만들어 10년 동안 남편과 내가 꿈꾸었던 미국 유학길에도 오를 수 있었다. 내 집 마련으로 입사 후 15년 만에 첫 육아 휴직을 신청할 수 있는 경제적 자유를 선물받게 된다. 부동산은 나의 15년간의 월급쟁이 인생의 족쇄를 풀어 준 기회의 열쇠였다. 월급 받는 월급쟁이에서 월세 받는 월

세쟁이가 된 나는 직장에서의 노예 같은 생활을 잠시 정리할 수 있었다. 복직 후에도 관리자나 후배들의 눈치를 보는 것이 아니라, 주인의식을 갖고 일하게 되었다. 먹고살기 위해 억지로 직장 생활을 하는 게 아니라. 마음의 여유를 가지고 직장 생활을 하다 보니 관리자나 후배들에게 너그러워질 수 있었다. 빡빡한 월급을 받아 가며 생활을 유지해야 하는 상황이었더라면 아마도 직장에서 듣는 잔소리와 업무 지시들은 나를 힘들게 했을 것이다. 하지만 경제적 여유가 생기니 마음의 여유가 생기고, 후배들에게도 밥 잘 사 주는 누나로 인정받을 수 있었다.

  마음의 여유는 곧 직장 생활에서도 조급하지 않고 지시받는 월급쟁이가 아니라 지휘하는 월급쟁이로 생활할 수 있는 원동력이 된다. 직장을 그만둬도 얼마든지 자립할 수 있다고 생각하니, 자신감과 자존감이 높아지고 주인 의식을 가지고 일할 수 있었다. 그저 하루하루 시간을 보내는 무의미했던 직장 생활에 활력이 넘쳐 나고 업무에 대한 소명 의식까지 생겨났다. 내 직업에 대한 소중함을 느끼고 고객을 대하는 자세도 바뀌기 시작했다. 고객의 불편함을 해소해 주고자 최대한 할 수 있는 범위까지 도와주려고 노력하며 직장 생활에 대한 즐거움도 느껴졌다. 월급 이외의 수익 파이프라인의 구축으로 나는 여유로운 직장 생활을 할 수 있었고, 그 여유로 인하여 내가 좋아하는 일이 무엇인지를 찾을 수 있는 시간의 자유도 주어졌다. 먹고사는 데 급급하지 않아도 되니 자연스레 나란 사람의 정체성을 찾아 나가기 시작한 것 같다. 나의 경력 이동의 마스터키는 결국 시간의 자유를 얻을 수 있었던 부동산 공부와 실행력 덕분이었다.

  월급쟁이, 전업주부로 혼란스럽고 불안한 인생의 위기를 겪고 있는 보통 엄마들을 돕고 싶었다. 내가 가진 마스터키를 이용해 그녀들도 경제적, 시간적 자유를 가질 수 있다고 희망의 씨앗을 나누고 싶어졌다. 부동산 투자는 고독하고 외로운 나와의 싸움이다. 역경을 이겨 내고 시간의 자유를 얻기까지 내가 흘린 눈물과 땀, 고통, 열정, 인내, 도전에 관하여 몸으로 써 내려간 지식과 지혜를 알려 주는 선한 영향력을 가진 사람이 되고 싶다. 왜? 나만 알기엔 너무 아까우니까! 지금 이 글을 쓰고 있는 이유 중에 하나다. 지금도 나는 플랫폼 안에서 엄마들의 성장을 돕기 위해 부단히 노력하고 있는 중이다.

5
가난한 아버지 덕분에 월급쟁이가 아닌 사업가가 되기로 결심하다

나는 열쇠쟁이 딸이다. 누가 열쇠쟁이 딸 아니랄까! 아버지의 가업을 살리기 위해 열쇠 2급 민간 자격증을 취득하게 된다. 어느 날 아버지 가게에 잠시 들르게 되어 "아빠, 하루 수입이 얼마야?"라고 물었더니 아버지께서 "장사 안 되면 5천 원 벌 때도 있어."라고 하셨다. "장사도 안 되는데 왜 맨날 나와 있어?"라고 물으니 "나오면 마음 편하잖아. 집에 있으면 뭐 해."라고 하셨다. 금이빨도 매입하신다며, 금니 무게를 재는 손바닥만 한 계량기를 꺼내셨다. 금니를 가져오면 무게를 재서 산다고 하셨다. 나름대로 다양한 방법으로 수익 창출을 하고 계신 아버지, 근데 우리 아버지는 가난하다. 평생을 일했지만 평생을 가난하게 살고 계셨다. 아버지 사업을 살려 봐야겠다고 다짐하게 된 계기다. '좋은 기술로 왜 수익 창출을 못 할까?'라는 고민을 하며 내가 직접 배워서 사업으로 키워 보고 싶었다. 인터넷으로 검색하여 용인에 위치한 열쇠기술학원에 1달 수강료가 250만 원인 강의를 신청했다. 고민도 하지 않고 열쇠 학원이 있는 용인으로 왕복 4시간 종일 수업을 받으러 다니기 시작했다. 아침 9시부터 4시까지 이론과 실기 수업을 한 달 과정으로 마스터하고, 한국 열쇠 2급 자격증을 취득하게 되었다.

그리고 과감히 열쇠 사업에 도전장을 냈다. 아버지 명의의 사업자 등록증을 발급했다. 가장 싼 열쇠라는 의미로 "가쌈"으로 상호를 만들고, 가쌈 로고가 새겨진 티셔츠를 2장 주문했다. 전문직처럼 보이려고 공구 가방도 007가방으로 멋지게 준비했다. 첫 오더를 받고 가슴 뛰는 현장에 아버지와 함께 출동하게 되었다. 내가 발 담그고 있는 지식산업센터 커뮤니티를 운영하시는 대표님께서 나에게 첫 의뢰를 해 주셨다. 첫 시공은 우여곡절 끝에 성공한 듯 보였다. 아버지 혼자 나가셨는데 지식산업센터 신축 건물에 디지털 도어를 설치하는 일이었다. 하지만 아버지는 그동안 오래된 빌라나 아파트에만 디지털 도어락을 설치하셨고 잠긴 문을 열어 주시는 노후한 실력을 가진 기술자셨다. 두 번째 시공 이후 나는 받은 금액보다 더 많은 금액을 고객에게 돌려줘야만 했다. 아버지께서는 인테리어 필름지를 입혀 놓은 새 도어를 긁어 놓은 채 시공을 마무리하셨다. 내가 주가 되어 참여할 수 없기에 열쇠 사업자로의 길은 포기했다. 네일 아트도 등록해 보고, 한국어 교사 자격증 2급도 취득해 보고 사회복지사 수업도 수료하고, 열심히 사업자의 길을 걸어 보려고 노력해 보았다. 무데뽀로 일을 지르는 나에게 어머니가 늘 걱정하며 하시는 말씀이 있다. "네가 잘하는 거나 해.", "분수껏 해라.", "너 먹는 거 좋아하니까 차라리 요리를 배워.", "한식 자격증이라도 따 놔.", "넌 꾸미지도 못하면서 네일 아트가 너에게 어울리기나 하냐!"

나는 강의를 통해서 많은 분께 "이제 우리는 사업가다."라는 마인드를 심어 드리고 있다. 나는 사업자가 되려고 노력했던 시간을 후회하지는 않는다. 실패를 통해서 진정한 사업가의 마인드를 얻을 수 있었다. 또한 내가 잘할 수 있고 좋아하는 일, 내가 직접 컨트롤할 수 있는 사업을 해야 한다는 깨달음을 얻게 되었다.

여러분들의 지식을 이용하여 무자본으로 창업하려면 계획적으로 기획을 하는 사업가 마인드 세팅을 해야 한다. 월급쟁이는 아침에 눈을 떠서 직장으로 갈 때 다리가 떨린다고 한다. 하지만 사업가는 눈을 뜨면 가슴이 설레고 떨린다. 오늘 새로운 사업 기획과 아이디어를 찾기 위해 자기만의 시간을 갖고 도전하는 삶을 살기 때문이다. 나는 여러 가지 다양한 방법으로 새로운 배움과 기술을 시도해 가며 월급쟁이가 아닌 사업가의 꿈을 키워 나가고 있다. 내가 좋아하는 일, 잘하는 일로 온라인 강의를 진행하고, 강의를 판매하기 위해 스마트 스토어도 배우고, 글쓰기를 하는 등 지식 창업자로의 경력 이동을 위하여 나와 그리고 시간과의 싸움을 하고 있다. 몸으로 체득한 지식을 파는 무자본 창업이라는 사업에 도전하고 실행을 위해 오늘도 새벽 기상을 시작으로 하루 일과를 시작하고 있다. 실패를 통해 얻은 경험으로 월급쟁이 노예가 아니라, 내 지식을 포장하는 기획, 마케팅 그리고 판매, CS까지 처리할 수 있는 1인 사업가로의 성공 경험을 부단히 쌓고 있는 중이다.

6
낯선 만남, 낯선 장소에서 기회의 끈을 놓지 않다

인스타그램에 한참 관심을 가지고 브랜딩을 하고 싶은 마음이 생겼을 즈음 단순히 팔로워를 늘리고 싶다는 생각에 인스타그램 관련 전자책을 구매하게 되었다. 저자와 만날 수 있는 1:1 코칭권을 함께 구매하였다. 온라인 커뮤니티에서 함께 활동했던 동기가 전자책을 출간했기에 축하해 주고 싶은 마음이 더 컸었다. 나는 1:1 코칭을 받기 위해 저자를 만나러 가족과 함께 1박 2일을 계획하고 서울에서 대구로 향했다.

대구 스타벅스에서 오전 7시에 만난 저자와의 대화 중 "정말 하고 싶은 게 뭐예요?"라는 질문에 "저는 13년 동안 부동산 투자를 경험하면서 소액으로도 투자가 가능한 사례들을 경제적 자유와 시간의 자유가 간절한 엄마들에게 알려 주고 싶어요.", "그동안 제가 흘린 눈물과 땀을 모아 경험을 전달하고, 제 경험을 간접 체험 하는 엄마들은 눈물을 조금만 흘렸으면 해요."라고 대답했다.

"그럼 강의해 볼래요?" 저자의 인스타 팔로워들에게 무료 나눔 강의 공지를 하고 사람을 모아 볼 테니 도전해 보라고 권유해 주셨다. 낯선 장소에서 낯선 만남으로 나눔 강의를 진행해 보라는 생각지도 못한 꿈의 그림을 그릴 기회를 얻을 수 있었다.

인스타그램 팔로워로 본인을 브랜딩하고 있는 모습이 너무 좋아 보이기도 하고 축하하는 마음으로 만났을 뿐인데 이 만남을 통해 강의를 할 수 있는 기회의 문이 열린 것이다.

낯선 장소에서 낯선 사람을 만나는 한 걸음을 내디뎠고, 나는 그 기회의 끈을 꼭 잡았다. 준비된 것도 없는데 무조건 OK! 라는 마인드 컨트롤을 지속적으로 하고 있었기에 가능했다. 무작정 달려간 대구에서 생각지도 못한 꿈의 지도를 그리기 시작하게 된 것이다.

마흔, 육아와 직장 생활의 갈림길에서 퇴사냐, 휴직이냐를 매일 고민하는 직장 맘들과 전업 맘들이 시간의 자유를 누렸으면 하는 바람이다. 시간의 자유를 얻게 되면 육아 고민도 덜어 내게 되고, 스무 살에 꾸었던 꿈을 이뤄 나갈 수 있는 기회를 가질 수 있다. 내 지식과 몸으로 체험한 성공과 실패 사례를 나누며 그녀들이 시행착오를 덜 겪고 성공하기를 바란다. 나 혼자 알고 있기에는 너무 아까운 몸 테크 전략을 알려 주고 싶었다. 세상 모든 부모가 부동산을 도구로 시간의 자유를 누릴 기회를 만들었으면 하는 간절한 바람이 있었을 뿐이다.

부동산 공부와 투자를 병행하면서 '왜 그땐 몰랐을까?'라는 의구심을 품게 되었고 잃어버린 10년을 되찾고 싶었다. 주변의 가족들이나 어른들이 나에게 레버리지를 할 수 있다는 귀띔이라도 해 줬더라면…. 10년 전,

같은 돈으로 많은 레버리지를 일으켰을 수 있었을 텐데. 은행 대출이나 세입자의 전세금을 통한 레버지리를 이용해서 내 집 마련을 해 보라는 권유만 해 줬어도 더 빨리 이뤄 나갔을 경제적 자유 말이다. 지금 생각해 보면 10년 전 나에게 어느 누구도 레버리지 전략에 대해서 알려 주지 않았다. 아니, 내가 스스로 부동산 공부를 할 생각조차 하지 못했다. 월급을 꼬박꼬박 모아서 내 집 마련을 해야만 하는 줄 알았다. 14년 전 빌라를 매수할 수 있는 종잣돈으로 아파트를 사야 한다고 누구도 알려 주지 않았다. 심지어 부모님까지도 내 집 마련으로 빌라를 매수한다고 하니, 집 가까워서 애들 봐 주기 편하다고 좋아하셨다. 전세를 끼고 빌라를 매수했는데 그 정도 현금 투입이라면 서울에서는 소형 아파트도 살 수 있었던 금액이었다는 걸 아는데 10년이나 걸렸단 말이다. 세월을 탓하고 환경을 탓하기 전에 나 자신의 무지를 깨닫고 개선하려고 노력해야만 했다. 돈에 대한 두려움과 돈을 벌려면 어떻게 해야 하는지 알고 싶지 않았던 나의 무지가 제일 큰 문제였다고 생각한다. 나 스스로 환경을 변화시키고 도전하려는 자세가 부족했던 탓이다. 지금 생각해 보면 그 누구도 원망해서는 안 되는 시간이다.

신혼 시절 나처럼 집에 대한 로망은 있으나, 제대로 된 정보나 방향을 잡지 못해 전세살이를 계속하고 있는 엄마들, 아니면 지금 살고 있는 집에서 상급지로의 이동을 꿈꾸는 엄마들에게 누군가가 경험에 대한 조언이라도 해 준다면 소액으로도 좋은 기회를 잡을 수 있다. 나보다 좀 더 빨리 이를 알고 실행할 수 있도록 도울 수 있는 방법을 알려 주는 것이 내가 베풀 수 있는 선한 영향력임을 깨닫고 나눔 강의라는 기회의 끈을 놓지 않았다. 내 지식을 나눈다는 설렘을 가득 안고 직장 생활과 병행하며 매일 하루도 쉬지 않고 강의 준비를 내 방식대로 천천히 해 나갈 수 있었다. 지금도 내 집 마련과 투자의 갈림길에서 두려움과 도전 앞에 방황하고 있을 그 누군가를 생각했다. 나의 체험적 지식이 길잡이의 역할을 할 수 있다는 설렘은 열정의 원동력이 되어 갔다. 무슨 일이든 기획하고 시작할 때 타인의 아픔과 상처를 치유해 줄 수 있는 마음으로 시작하길 바란다. 돈으로 평가받는 게 아니라, 타인을 돕고 그들의 불편함을 해소해 준다는 마음가짐으로 도전한다면 우연한 기회들이 여러분들을 향해 걸어올 것이다.

7
태어나 처음으로 배워서 남 주자를 기획하다

2022년 3월 난생처음 나눔 강의를 시작하게 되었다. 온라인 커뮤니티 찬구와 함께한 북클럽 회원들과 1:1 인스타 떠먹여 주기로 코칭을 해 준 멘토 덕분에 19명으로 시작을 할 수 있었다. 준비된 거라곤 그간의 투자 경험과 투자를 준비하면서 흘린 눈물, 공부, 지식, 지혜 그리고 실행력과 식지 않는 열정뿐이었다. 난 디지털과 거리가 멀고, PPT 작업도 자신이 없었고 익숙지 않았다. 18년 직장 맘이라고 하기에는 너무나도 부족한 디지털 문맹이었다. 나눔 강의의 준비는 그동안 모아 둔 현장 사진과, 매매 계약서, 등기부등본 등 서류들을 찾아 정리했다. 모은 자료들은 시간 순서대로 매매 금액, 전세 금액, 현재 시세 그리고 이 물건들의 장단점, 지역의 호재와 해당 아파트를 선택한 이유 등을 내가 가장 다루기 쉬운 엑셀 프로그램을 사용해 표로 만들었다. 표 아래에는 현장 사진 삽입까지 하여 내가 할 수 있는 가장 쉬운 방법을 사용했다. 다른 준비로는 클리어 파일을 만들어서 아파트 매수 순서대로 관련 서류를 정리해 나갔다. 자료 정리를 꾸준히 해 나가며 매달 2번씩 나눔 강의를 진행하게 되었다. 강의에 필요한 ZOOM 아이디도 없던 나는 다른 사람들이 열어 주는 ZOOM

을 이용해 강의를 시작했다. 내가 참여하고 있던 다양한 커뮤니티의 리더들께서 이런 나의 진심을 알아주었고 나눔 강의를 홍보해 주겠다며 내 손을 잡아 주었다. 카카오 단톡방에 무료 나눔 강의를 듣기 위해 모인 엄마들이 2022년 5월까지 90명을 넘게 되었다. 강의를 들어 주는 그녀들이 너무 고마웠고, "현장이 답이다."라는 현장 중심의 교육을 위해 오프라인 임장 모임을 한 달에 한 번 추진하게 되었다.

오프라인 모임은 내가 좋아서 하는 일이고, 도움을 꼭 주고 싶은 마음으로 추진하였다. 오프라인 모임에 참여해 주는 것 자체만으로도 너무 감사했기에 짜장면 한 그릇이라도 대접해야겠다는 마음이 절로 생겼다. 처음 했던 모임이 기억난다. 우리 집 1층 사무실에서 옹기종기 13명 정도 모여 내 이야기에 집중하며, 눈을 반짝이던 그녀들의 모습을 잊을 수가 없다. 모임이 진행될 때마다 다시 모인 엄마들은 무료 음식 대접에 미안함을 표시하면서 그녀들이 나를 대신해서 스스로 점심값도 걷고 계산도 해 주었다. "이러는 거 아니야.", "회비 걷어서 오프라인 모임 해."라고 조언도 해 주는 따뜻한 배려를 받았다. 진심은 통했다. 첫 임장 때 참석한 회원이 남긴 하나의 글은 나의 지식 나눔에 대한 동기 부여를 강하게 해 주었다.

남에게 주니 나도 배가 부르고, 받는 이들도 그 마음을 알아주는 아름다운 모임이 되어 갔다. 따뜻한 인간애가 흐르는 걸 느낄 수 있었다. 코로나로 인해 다들 마스크를 착용하고 모였지만 마스크 안에 가려진 그녀들의 미소가 아직도 생생하게 기억난다. 지금도 잊을 수 없는 따뜻한 경험들이다. 태어나 처음으로 내가 배운 지식을 남에게 줄 수 있었고, 태어나 처음으로 처음 보는 사람들에게 밥 한 끼를 대접할 수 있었던 귀한 경험이었다.

박사보다 더 높은 건 '밥 사!'라는데 박사보다 '밥 사!'를 경험하며 느끼는 인간애보다 더 좋은 건 없는 듯하다. 남에게 주면서 흐르는 뇌의 행복 도파민의 분비로 나의 열정과 도전의 씨앗은 점점 싹이 튀어나오기 시작했다. 앞으로 더 나아가기 위한 발걸음을 부단히 할 수 있는 기회가 배워서 남 주는 일이고 벌어서 밥 사는 일이다. 밥 사는 일이 사치나 과시가 아닌 나의 가치와 상대의 가치를 함께 살 수 있는 좋은 기회라는 걸 깨달았으면 한다.

8

SNS로 만난 그녀들과의 '접속'으로 짜장면 한 그릇에 꿈을 담다

25년 전 온라인 채팅으로 번개는 많이 해 봤지만, 마흔이 넘어 SNS에서 만난 사람들과의 오프라인 모임은 처음이었다. 우리 집 1층, 6평짜리 작은 사무실에 간이 의자 10개를 준비하고 책상이 모자랄까 봐 야외용 테이블을 추가로 주문하며 그녀들을 기다리던 그 설렘을 잊을 수가 없다. 영화 〈접속〉의 전도현과 한석규와의 첫 만남을 비유하고 싶을 정도의 기쁨과 설렘이었다. 이날은 내가 6평짜리 작은 사무실에서 13명에게 짜장면과 탕수육을 대접한 날이었다.

설렘과 떨림을 가득 안고 시작한 2022년 5월 오프라인 첫 모임 후 한 회원이 모임 후기를 아래와 같이 감동스럽게 남겨 주었다.

"부동산은 억! 소리 나게 자산이 있어야 가능하다고 생각하고 지난달까지 살았습니다. 하지만 작은 단위의 종잣돈으로도 가능하다는 부자애미님의 줌 강의를 듣고 이게 무슨 이야기인지 더 알고 싶어졌고, 임장이라는 단어 뜻도 모른 채 첫 모임에 참석했습니다. 깨닫게 되네요."

"해 볼 수 있겠다. 해 봐야겠다. 이 언니들처럼 되고 싶다. 마음의 빚

장을 다 열고 나눠 주시는 마음이 제게 와서 닿았습니다. 초보인 저에게 "300억 벌 수 있어요. 저보다 더 잘할 수 있어요."라고 이야기해 주신 부자애미님과 멋진 언니들 덕분에 벌써 300억 부자가 된 듯한 기분도 들었답니다. 저처럼 왕생대왕 초보도 해 봐야겠다. 할 수 있겠다. '나도 10년 뒤에 꼭 짜장면 한 그릇으로 누군가의 가슴을 뛰게 만들고 싶다.'라고 생각이 들게 한 건, 엄청난 모임이고 엄청난 분들임이 확실합니다. 소중한 시간과 마음을 내어 주신 부자애미님과 함께해 주신 분들께 진심으로 감사드립니다. 들은 대로 열심히 언니들 쫓아가렵니다. 함께해요!"

 강의를 통해 만난 회원들이 종종 남겨 주는 후기를 읽고 나면 나의 정체성을 바로잡고 커뮤니티를 운영하는 데 큰 힘이 된다. 짜장면 한 그릇으로 맺은 인연 덕분에 나는 온오프라인으로 만나는 사람들에 대한 태도 또한 바뀌게 되었다. '오는 사람 안 막고 가는 사람 안 잡는 게 아니라, 오는 사람은 환영하고, 가는 이도 잡는다.'라는 온라인 세상의 인간관계를 터득하게 되었다. 온라인 커뮤니티에서 활동하다 보면 꾸준히 함께하던 이도 떠날 때가 있다. 무언가 섭섭함이 있었을 거란 걱정이 앞서 내가 기억하는 분들께는 따로 연락을 드리기도 한다. 무엇이 불편했을까? 무슨 문제라도 있나? 모든 이들에게 정성을 다할 순 없지만, 최소한 내가 할 수 있는 데까지는 해 보려고 노력중이다. 아마도 나는 오늘 떠나가는 이들을 위해 내일 다이얼을 누르고 있을지도 모른다. 온라인에서 만난 이들을 허투루 생각하지 않는 나의 작은 마음이다.

 오프라인 모임 후 짜장면 한 그릇으로 꿈을 담은 그녀들 덕분에 내가 해야만 하는 일이 생겼다. 보통 엄마들에게 선행 학습의 노하우를 전달하고 행동에 옮길 수 있도록 용기와 희망을 주는 일을 '내가 해야겠다.'라는 동기 부여를 받았다. SNS와 오프라인으로 회원들을 만날 때마다 그녀들의 절실함과 간절함을 느꼈고, 나의 스토리를 통해 시작은 미약하나 작게라도 도전하여 경제적 자유를 얻는 데 작은 불씨를 피워 줄 수 있다면 그것이 내가 진짜 해야 할 '사람 경영'임을 알게 되었다. 세상에 태어나서 처음으로 내 경험을 디자인하고 실전에서 체득한 지혜를 필요로 하는 사람들에게 나눌 기회에 행복을 느꼈다. 그로 인해 선한 영향력을 배우고 실천할 수 있는 기회를 얻게 되었다.

내가 돈을 좇으며 수익화를 위한 강의에만 초점을 맞췄더라면 나와 연을 맺은 사람에 대해 감사함과 관계의 중요성을 깨닫지 못했을 것이다. "이윤보다는 사람을 남기는 장사를 하라." 《육일약국 갑시다》의 저자 김성오 작가님의 말씀이 현실에 그대로 적용된다는 사실을 나이 마흔이 넘어 알게 되었다. 나의 진심을 느낀 엄마들은 나를 지지해 주었고, 우리 커뮤니티 안에서 이탈하지 않고 꾸준히 서로의 정보를 교환하며 새벽 기상과 오늘의 명언, 오늘의 확언, 독서 필사를 함께해 나가고 있다.

나는 온라인 커뮤니티 90명을 시작으로 나눔 강의와 오프라인 만남을 이어 갈 수 있도록 하고 있다. 나의 반복되는 부자 습관 기르기를 통해 동행하는 애미, 애비님들이 서로의 신뢰를 바탕으로 가치(같이) 성장을 하였으면 한다. 좋아하는 일에 열정을 세우고, 돈 버는 일에 시간을 투자하여 벌어서 남을 도울 수 있는 마음 부자로 가는 길에 돈기 부여(돈에 대한 동기 부여)가 되길 진심으로 바란다.

9
내 몸값은 0원에서 시작했다

나의 0원 나눔 강의는 직장 생활과 병행하면서 진행했다. 평일 새벽 5시나 평일이 어려울 땐 토요일 새벽 5시에 줌으로 강의를 했다. 수강생들은 여전히 나에겐 정말 귀한 사람들이다. 전문가도 아닌 나의 강의를 들어 주느라 모여 준 회원들 덕분에 0원 강의를 지속할 수 있었다.

마음을 다해 함께 성장하는 것을 목표로 했으며, 금전적인 대가를 바라지 않았다. 2022년 3월부터 5월 말까지 0원 강의를 진행하고 나니 놀라울 정도로 자료가 정리되기 시작했다. 0원 강의를 하지 않았다면 그저 내 책장 어딘가에서 서류철로 잊혔을 자료들이 새 생명을 얻어 강의 자료로 거듭나기 시작했다. 엑셀 시트에 물건 하나하나를 다 정리하다 보니 결국 나에겐 어마어마한 자료 축척의 기회가 되었다.

배워서 남 주자! 벌어서 남 주자! 의 마음가짐은 보통 직장 맘인 내가 개인 브랜딩을 시작할 수 있는 계기가 되었다. 무료 나눔 강의를 통해 드디어 무자본 지식 창업이라는 도전을 할 수 있게 된다. 0원은 영원하지 않다. 0원으로 시작된 나의 몸값은 이제 무한대의 가치를 올릴 수 있는 기회의 시작이었다.

10
지식 디자이너로 나의 가치를 무한대로 끌어올리다

나눔 강의에 도전하기 전에 많은 질문을 나 스스로에게 던져 보았다. '내 삶의 체험이 너무 부족하지 않을까?', '누구나 다 할 수 있는 것이 아닌가?', '누구나 다 가진 게 아닐까? 내 경험이 과연 타인의 아픔을 치유할 수 있는 체험적 지식이 될 수 있을까?', '나의 스토리가 가치 있어 보일까?' 이러한 반문으로 반신반의 의구심을 가지고 시작하게 된다.

하지만 500여 명에 가까운 엄마들을 대상으로 강의를 진행하면 할수록 내 지식을 필요로 하는 사람들에겐 가치 있는 지식이 될 수 있다는 것을 깨닫게 되었다. 강의를 듣고 강한 돈기 부여(돈에 대한 동기 부여)를 받은 분들께서 감사를 표하며 나와 같은 방법으로 실행하려고 노력하는 회원들이 하나둘씩 늘어났다. 내가 가진 평범한 지식을 잘 가공해서 필요한 사람들에게 전달하게 되면 그 지식은 무한대의 가치를 지닌다.

돈이 나를 선택하는 것이 아니라 돈이 여러분을 선택하게 되는 것이다. 나는 어떤 사람인지 생각해 봐야 할 필요가 있다. 남은 쌀 한 톨도 자신이 차지하려고 머리를 굴리는 사람인지, 타인과 함께 상생을 추구하는 사람인지. 부를 얻으려는 이유와 그 태도에 진실이 있어야만 진정성 있는 지식을 가치 있게 전달하는 사람이 될 수 있다. 내 몸값 0원에서 시작한 나눔 강의는 내 지식의 한계를 극복하고 다른 이들의 아픔과 슬픔의 치유를 돕는 가치 있는 지식으로 탄생하게 되었다. 앞으로 나의 지식을 무한한 가치로 만들어 내고 더불어 나란 사람의 가치도 끌어올릴 수 있다는 자신감이 생겼다. 이렇게 무한대로의 가치를 올릴 수 있는 무자본 지식 창업에 대한 노하우를 나 혼자만 알기엔 너무 아깝지 않은가? 나와 같은 월급쟁이 인생으로 쳇바퀴를 돌고 있는 많은 분께 그 방법을 나누고 싶어졌다.

앞길로 가다 또다시 옆길로 가게 되었다. 나의 지식을 전달하는 강의를 통해 나의 가치를 확인하고, 수익화로 연결함으로써 1인 무자본 지식 창업자로의 도전을 할 수 있는 희망의 글을 쓰기 시작했다. 지식 창업이라는 도전으로 직장을 그만둔다면 내가 세상에 어느 정도의 가치를 전달할 수 있는지를 체험할 수 있다. 당장의 수익이 중요한 게 아니다. 무자본 지식 창업의 도구로 강의를 선택했고, 강의를 통해 1인 지식 창업자가 준비해야 할 것들과 시장에서 어떻게 살아남을 것인가를 고민하게 되었다. 이러한 고민들을 하면서 기획과 마케팅을 공부할 수 있었다. 커뮤니티를 운영하는 리더가 됨으로써 지식 창업의 확장 가능성과 기회를 엿볼 수 있었다. 마켓팅이나 경영에 대한 서적을 찾아서 책상에 앉아 공부한 것이 아니다. 내 몸을 던졌다. 던지니까 걷어 올리게 되더라. 낚싯대를 던질 때 어떤 물고기가 잡힐지 예상하고 던지는가? 아니다. 걸리는 대로 걷어 올리면 된다. 걷어 올린 것 중에 살아남는 것만 골라서 담아내면 된다. 살아남지 못할 것들은 버린다. 내가 세상에 맨몸으로 던져졌다고 상상해 보자. 맨땅에 헤딩하는 것이 아니라, 지금까지 경험하고 체득한 지식을 가지고 무한 경쟁의 시장에서 1인 지식 창업자로서 어떻게 살아남을 수 있을지를 경험해 볼 수 있다. 나는 다양한 기획을 시도하며 나만의 필살기를 무기로 장착했다. 그리고 싸울 수 있는 준비된 자로서 세상에 한 발을 내딛는 경험을 쌓을 수 있었다. 당장 직장을 그만두거나 집안 살림을 모두 전폐하고 하고 싶은 일에 몰두하라는 것이 아니다. 생계형 노동으로 가족을 위해 일하고 있다면, 한 번쯤은 무자본 지식 창업의 경험을 쌓아 봤으면 한다. 남들이 쉽게 성공한 것처럼 보일지도 모른다. 하지만 그들도 수많은 도전과 실패를 통해서 얻어 낸 부산물들 중에 가치 있는 것들을 취사선택하여 성공한 것이다. 지금 하고 있는 일과 새로운 도전을 병행하며 나의 시장성과 가치를 확인해 볼 수 있는 좋은 기회가 누구에게나 다양한 방법으로 열려 있다. 특별히 전문가들에게만 열려 있는 문이 아니다. 그것이 바로 무자본 지식 창업이라는 것이다. 누구든지 다양한 방법으로 진입할 수 있다.

《손자병법》을 쓴 손자는 싸움에서 이기는 두 가지 방법이 있다고 했다. 하나는 적과 싸워서 이기는 것이고, 또 다른 방법은 적과 싸우지 않고 이기는 것이다.

손자는 적과 싸워서 이기는 것보다 적과 싸우지 않고 적을 굴복시키는 것이 더 낫다고 했다. 싸워서 이기는 것은 중요하지만 싸우지 않고 이길 수 있는 방법이 있다면 그것을 따르는 것이 더 현명한 방법이라는 것이다.

싸우고 이길 수 있는 방법을 선택할 것인가? 싸우지 않고 이기는 방법을 선택할 것인가? 그러나 고민하지 말자. 중요한 것은 이겨야 한다는 점이다. 즉시 세상에 나를 던져 보고 나의 가치를 인정받고 백전백승을 거둬들일 준비를 하였으면 한다.

11
지식 디자이너, 무자본 지식 창업자로 수익화하고 싶다면?

나는 20대에 여자 히키코모리로도 살아 보고, 대인 기피증에도 시달렸었다. 30대에 결혼 후에도 가난한 흙수저 생활을 이어 왔다. 어렸을 적 반장 한번 해 보지 못했던 내가 지금은 커뮤니티 리더로 활동하고 있다. '부동산 공부하는 애미애비' 430명의 커뮤니티와 '배워서 남 주자'라는, 배움과 나눔을 실천하기 위한 800명이 모여 있는 커뮤니티 2곳을 이끌어 가는 지식 창업자로의 경력 이동을 하는 중이다.

네트워크 공동체를 이끌어 가는 협력자도 생겼다. 2020년 10월 책 쓰기 반에서 만난 정미영 작가님의 큰 도움을 받아 현재 부애미부애길(BMK) '지식 품앗이 서비스', '배워서 남 주자' 커뮤니티를 지속할 수 있었다. 혼자가 아니라 함께라서 가능했다. 흔히들 말하는 보통 사람들의 자료와 지식을 축적하면서 개인의 장점을 강점으로 살리는 브랜딩과 함께 무자본 지식 창업이 가능하다. 나 같은 평범한 엄마도 개인의 장점을 강점으로 살리는 브랜딩과 함께 수익화를 할 수 있다는 체험적 이야기를 나눠 주고 싶다. 나의 지식을 무기로 무자본 창업에 도전한 이야기를 시작해 보려고 한다.

콘텐츠(Contents)는 내 삶의 흔적이다

자, 이제부터 시작해 볼까? 무엇을 재료로 삼아야 하는가? 콘텐츠에 대한 이야기다. 표준국어대사전에 나오는 콘텐츠의 의미는 "인터넷이나 컴퓨터 통신 등을 통하여 제공되는 각종 정보나 그 내용물. 유·무선 전기 통신망에서 사용하기 위하여 문자·부호·음성·음향·이미지·영상 등을 디지털 방식으로 제작해 처리·유통하는 각종 정보 또는 그 내용물을 통틀어 이른다."이다.

표준국어대사전에 나온 콘텐츠라는 의미를 개인에게 적용해 보자. 각종 정보나 그 내용물은 삶의 희로애락이라는 경험을 바탕으로 한 지식이며, 삶의 경험을 디지털 방식으로 제작, 처리, 유통하는 과정은 글쓰기와 강연, 유튜브, 인스타그램, 블로그, 스마트 스토어, 클래스, 커뮤니티 카페, 단톡방 운영 등을 이야기한다.

'각종 정보와 그 내용물 즉 삶의 경험을 바탕으로 한 지식을 어떻게 만들어 나가나요?'라고 물어보는 분들이 계신다. 내 이야기를 스토리텔링으로 구성하면 된다. 인생에 실패와 성공이라는 쓴맛과 단맛을 경험해 보지 않은 사람들은 없다. 인생 자체가 콘텐츠다. 나태하고 게을렀던 나의 과거, 다른 사람을 행복하게 해 주었던 기억, 슬픔과 고통으로 얼룩졌던 어두운 과거까지 끌어와 그것을 어떻게 극복해 나가고 있는지에 대해 사유해 본다. 지금의 나는 어떠한 성장 과정을 거쳐 여기까지 왔는지에 대해 과거를 10대 뉴스 토픽처럼 구성한다. 예를 들면, 10대에는 공부 못하는 외톨이, 20대 초반에는 외롭게 생활하던 히키코모리, 20대 후반에 공기업에 입사, 30대에는 가난한 남자와 결혼, 40대에 비로소 내가 좋아하는 일을 찾다. 이런 식으로 내 인생의 토픽이 될 만한 사건들로 구성을 해 보는 것이다. 과거의 나를 되돌아보고, 미래에 있을 나의 모습을 상상하며 기록하는 것부터 시작해 본다. 누구나 겪는 일이고 보잘것없어 보이지만 그 안에서 나만의 장점을 찾아낼 수 있다. 이것이 내 삶 자체를 콘텐츠로 만들어 가는 과정이다. 콘텐츠를 만들어 컨테이너에 잘 포장하여 배송한다면 내 지식이 유통되기 시작한다.

예를 들어 동네 마트에서 파는 막걸리를 생각해 보라. 막걸리 하면 어떤 것이 떠오르는가? 파전, 주전자, 선술집, 슈퍼, 검은 봉지… 동네 아저씨들이 식사 대신 먹는 맛나고 값싼 술로 떠오르는가? 막걸리를 검은 봉지에 담아 생일 선물로 줄 수 있겠는가? 막걸리가 콘텐츠가 되어 가는 과정을 상상해 보자. 가치 없어 보이는 플라스틱 포장 용기를 바꾸고 선물 세트처럼 예쁘게 포장하여 가치 있는 상품으로 제직한다. 그리고 백화점에 유통시킨다. 와인처럼 선물하기 좋은 가격대의 막걸리로의 변신이다. 동네 슈퍼에서 값싸게 팔리던 막걸리가 백화점 막걸리가 되는 과정이다. 동네 마트에서 팔리던 4천 원짜리 막걸리가 백화점 선물 세트 코너에서 3만 원 이상의 가치 있는 상품으로 팔리기 시작한다.

그런 의미에서 문제에 부딪친 사람들에게 도움이 될 수 있도록 가치를 담은 지식으로 디자인하면 된다. 출생 시부터 사망 시까지 사람의 표준적인 일생을 살펴보면 '출생 → 성장 → 결혼 → 육아 → 노후'의 과정을 거치게 되는데 이를 '인생 주기'라고 한다.

　인간의 인생 주기는 비슷한 과정을 겪는다. 물론 개인마다 차이는 있지만 다들 이러한 과정 중에 고통과 행복을 경험하고 성장을 반복하게 된다. 내가 걱정하고 불안해하는 것들은 남들도 걱정하고 불안해하는 것들이다. 내가 좋아하고 하고 싶었던 일들 또한 남들이 욕망하는 것들이다. 내가 경험했던 것들 중에 '이것만큼은 꼭 전해 주고 싶다.', '나만 알기에는 너무 아깝다.'라는 삶의 해결책들이 있을 것이다. 나와 같은 행복을 찾거나, 나와 같은 고민을 하는 사람들의 공통분모를 찾는 것이다. 그 공통분모를 가지고 수학 문제 풀듯이 풀이 과정을 찾아 주는 마음으로 콘텐츠를 만들어 나가는 것이다. 내가 처해 있던 문제를 해결하는 방법을 전달했을 때 상대방이 편안해지고 행복해질 수 있을까 하는 상상을 해 보자.

　예를 들어, 집 안에서 키우던 반려견을 잃어버렸다. 처음 반려견을 잃어버리다 보니 너무 당황스러웠다. 아이들은 빨리 찾아 달라고 울고불고 아우성이다. 나는 애가 타기 시작했다. 어디서부터 어떻게 찾아야 할지 너무 난감했다. 인터넷을 서치하기 시작했다. "잃어버린 강아지를 찾아 주세요."라는 문구를 만들고, 전단지를 출력하기 위해 동네 인쇄소로 달려가야만 했다. 전단지를 빠른 시간 안에 동네 구석구석에 붙이려고 하니 사람도 구해야 했다. 처음 겪는 일이라 시간도 많이 걸렸고 우왕좌왕하는 사이에 반려견을 찾을 수 있는 골든 타임을 놓칠 수밖에 없었다. 이 일을 겪으면서 '강아지를 찾아 주는 원스톱 대행 사업이 있었으면 좋겠다.'라는 생각을 하게 되었다. 전화 한 통으로, 인터넷 신청 한 번으로 강아지를 찾아 주는 명탐정 서비스가 있으면 얼마나 좋을까? 애가 타는 반려견 주인들의 마음을 헤아리고 골든 타임을 놓치지 않게 신속하고 빠르게 일사천리로 일을 진행해 주는 서비스가 있다면 얼마나 좋을까? 여러 가지 문제에 봉착한 사람들의 마음을 헤아려 주고 도와준다면 서비스를 신청하는 고객은 돈을 주고 충분히 이용할 수도 있겠다는 아이디어가 떠올랐다. '잃어버린 강아지를 찾는 가장 빠르고 쉬운 방법'을 알려 주는 강의 콘텐츠도 만들 수 있지 않을까? 예시를 반려견으로 했지만, 이를 토대로 생각해 보면 고객의 마음을 헤아리고, 그들의 아픔과 고통, 불안감을 해소해 주고 필요로 하는 서비스를 제공하는 것이 바로 무자본 지식 창업의 콘텐츠가 될 수 있다는 이야기다. 다음은 내 콘텐츠를 제작, 유통하는 과정이 필요하다.

내 콘텐츠를 제작, 유통하는 과정에서는 초심이 중요하다. 일단 내 지식을 팔아서 돈을 벌어야겠다는 마인드가 아니라 내 지식을 잘 포장해서 선물한다는 마음가짐을 갖는 것이다. 사람들의 문제가 해결되고 행복했으면 좋겠다는 마음으로 스토리가 구성되었다면 이제 잘 포장하는 과정이 필요하다.

대부분의 사람들은 '제가 어떻게 강의를 해요?', '전 스피치 실력이 없어요.', '처음이라서 뭘 해야 할지 모르겠어요.'라고 걱정을 하는 게 당연하다 가끔 나와 상담하는 회원 중에는 대부분이 이렇게 이야기를 시작한다. 만약 여러분이 전문가였다면 이 글을 읽고 있지 않을 것이다. 보통 사람들은 프로의 세계에서 경쟁하는 것이 아니다. 프로가 되기 위해 아마추어끼리 시작하면 된다. 아마추어끼리 모여 프로답게 성장하는 것이다.

내가 전달할 지식이 완성되었다고 가정하자. 그럼 누군가가 내 지식을 구매할 수 있는 플랫폼이 필요하다.

내 지식을 유통하는 플랫폼은 다양하다. 많은 사람들이 사용하는 유명한 강의 플랫폼을 이용하면 수수료가 최대 80%까지 적용되기에 재주는 곰이 부리고 돈은 왕 서방에게 갈 수도 있다.

다양한 수수료로 서비스가 제공되는 플랫폼들이 많지만 보통 엄마인 내가 실제로 이용한 사이트만 소개해 보도록 하겠다.

단독으로 클래스 플랫폼을 이용하여 홍보하게 되면 결제 수수료랑 플랫폼 이용 수수료만 지출하게 된다. 거의 90% 또는 100% 본인 수입이 될 수 있다. 온라인 무자본 지식 창업은 사무실 임대 비용이 필요 없고, 나만의 스토리를 기획하여 줌(유료)을 통하여 강의하기 때문에 적은 투자금으로 도전이 가능하다. 또한 월급쟁이처럼 소속이 되어 일하는 게 아니고, 독자적인 브랜드를 가질 수 있다. 특히 누구나 할 수 있다는 게 장점이다. 외모와 나이를 불문하고 시간과 장소에 구애받지 않을 수 있어 전업주부든 직장인이든 다 가능하다.

'온라인 강의 사이트를 어떻게 만들어요?'라고 가끔 묻는다. 나는 홈페이지 제작도 할 줄 모르는 비전문가다. 앞서 말했듯이 컴퓨터와 친하지 않아 컴포자도 자처했던 사람이다. 그렇다고 전문가에게 비용을 지불하고 제작하기에는 아직 수익성이 확보되지 않았다는 가정하에 시작해 보자. 내가 직접 하지 않고 전문가에게 제작을 맡긴다면 강의 판매 전 그 유지 비용에 따른 금전적 어려움으로 포기할지도 모른다. 최근에는 강의를 판매할 수 있도록 누구나 손쉽게 만들 수 있는 다양한 플랫폼들이 판매되고 있다. 얼마나 쉽냐고 묻는다면, 카페 개설, 블로그 작성, 인스타그램 등의 플랫폼을 사용하는 분들이라면 충분히 가능하다. 지식을 판매하는 플랫폼은 사용자들이 쉽게 작성하고 운영할 수 있도록 서비스를 제공해 준다.

나는 블로그 작성만큼 쉬운 라이브 클래스(LIVEKLASS)를 추천한다. 강의 플랫폼을 자체 제작하거나 강의 큐레이션, 티처블, 워드프레스 자체 제작, 사이트 외주 제작 등은 영어와 결제 장벽 등 생각보다 복잡하고 어려움이 있으며 특정 사이트에 콘텐츠가 종속되어 수수료도 많이 든다. 내가 사용하는 라이브 클래스는 블로그나 인스타그램 정도만 다룰 줄 안다면 누구나 쉽게 온라인 강의 사이트를 만들 수 있다. 콘텐츠 판매를 기획한다면 자동화 시스템이 필요하다. 일일이 수수료를 입금받고, 수강생을 체크하는 시간에 너무 많은 시간을 할애하다 보면 강의 전부터 많은 시간과 에너지를 사용해야만 한다.

또한 수강생 관리와 학습 진행 상황, 진도율 체크, 결제, 줌 강의, 동영상, 교재도 자유롭게 올릴 수 있으며 단톡방 및 커뮤니티의 유입도 가능하다. 장점은 수수료도 저렴하고, 초보 강의자가 온라인으로 강의 사이트를 손쉽게 만들 수 있다는 점이다. 나 같은 컴포자들도 사용할 수 있을 만큼 쉽게 제작이 가능하다. 내가 이미 제작하여 판매를 경험하였던 라이브 클래스를 벤치마킹해 보길 권한다. 창조는 새로운 것을 만드는 게 아니라 기존에 있던 것을 내 것으로 만드는 것이다. 사이트를 만들 수 있도록 무

료 체험이 제공되니 도전해 보자. 무료 체험에 가입하여 내가 작성한 커리큘럼이나 형식을 복사해서 그대로 붙여넣기부터 시작하자. 그리고 그 안에서 나의 커리큘럼으로 바꿔 나가며 수정, 보완하여 나만의 라이브 클래스 주소를 소유하기를 바란다. 내 집만 소유할 게 아니라 온라인 사이트 하나를 내 집처럼 드나들 수 있도록 소유해 보길 바란다. 나의 강의 클래스는 아래와 같으니 접속하여 확인해 보도록 하자.

마지막 종착지. 하이라이트 과정인 홍보 및 마케팅

여러분들을 전혀 모르는 사람들에게 강의 링크를 홍보하면 과연 몇 명이나 신청할까? 강의나 전자책 등의 판매를 위해 홍보를 시작한다고 블로그나 인스타그램, 커뮤니티, SNS 등을 활용하게 될 것이다. 크게 실망할지도 모른다. 단 1명도 결제하지 않을 수도 있다. 지식 생태계는 냉정하다. 나를 전혀 모르는 사람들이 자신의 소중한 돈을 지불하고 강의나 전자책 등을 구매해 줄 것이라 생각하지 말자.

강의 플랫폼까지는 만들었는데 그럼 홍보와 마케팅은 어떻게 해야 할까요? 상품을 어디에 홍보해야 하나요? 여러 가지 난관에 부딪힐 것이다. 홍보(Public Relations)는 단순히 제품이나 서비스를 판매하는 것이 아닌, 회사 또는 브랜드의 제품 및 서비스를 알리기 위해 대중들과 긍정적인 관계를 형성하는 활동을 뜻한다. 홍보(Public Relations)라는 영어 단어에서 관계(Relations)라는 부분을 주목해야 한다. 한마디로 나를 알리기 위한 목적이라고 볼 수 있다. 홍보 시작 전에 꼭 당부하고 싶은 이야기가 있다. 무자본 지식 창업 전에 내 인생의 스토리를 만들기 위해 꾸준함을 실천하는 과정이 필요하다. 나의 꾸준함을 알리고 신뢰 있는 사람으로 인정받기 위해 커뮤니티와 동반 성장 해야 한다. 맨땅에 헤딩할 수는 없다. 마케팅을 홍보할 수 있는 채널을 찾아야만 한다. 온라인 마케팅의 종류를 대표적인 채널로 구분해 보자면, 네이버와 인스타그램, 카카오 오픈채팅이 있다. 이를 통해 광고대행사 없이 혼자서도 홍보가 가능하다. 나는 마케팅 전문가도 아니고, 블로그나 인스타그램 인플루언서도 아니다. 오직 내가 가진 무기는 커뮤니티 안에서 내 인생의 스토리를 만들기 위해 꾸준함을 실천했던 게 전부였다. 판매, 즉 마케팅을 시작하기 전에 나를 알리기 위한 나만의 원칙을 세워야만 한다. 나에게는 369법칙이 있다. 100일만 실천해 보자. 100일 이후에 또 100일 그리고 다음 100일을 넘기며 그렇게 1년을 노력해 보자. 나는 2019년부터 새벽 기상을 시작했다. 3시에서 3시 반 사이에 기상하고, 확언 필사와 독서 필사 그리고 감사 일기 작성 및 종이 경제 신문 보기로 새벽을 시작했다. 6시면 하루 일과를 마감하고, 새벽 기상을 위하여 9시에서 10시 사이에 취침한다. 하루하루 부자 되는 작은 습관들을 만들어 가며 신뢰받는 인플루언서로 활동해야 한다.

내가 전달할 지식을 공유할 수 있는 커뮤니티에 무조건 가입하거나 입장한다. 같은 목적을 가진 사람들끼리 서로 성장할 수 있도록 도우며, 커뮤니티 내에서 나라는 존재를 인정받고 스스로 성장해야만 한다. 지식 생태계에서 나와 함께 협업하며 지속 가능한 시너지를 줄 수 있는 사람들과 함께해야만 한다. 매일같이 콘텐츠를 제공하고 나라는 사람의 존재를 알리기 위해 꾸준한 노력이 필요하다. 그리고 '아! 부자애미' 하면 '부자 습관 확언 필사, 부동산 정보 전달' 이런 식으로 나의 닉네임이나 이름을 떠올리면 생각나는 것들을 제공하며 소통해야 한다. 소통하지 않으면 모든 것이 쓸모없어진다. 제아무리 좋은 콘텐츠로 지식 전달을 하려고 해도 소통이 이루어지지 않는다면 전달할 방법이 없는 것이다.

관심 분야의 다양한 커뮤니티에서 활동하며 자신의 맘에 안 든다고 달면 삼키고 쓰면 뱉는 이기주의적 행동을 해서는 안 된다. 나는 커뮤니티를 운영하며 꾸준함을 이겨 내는 사람들을 가장 존경하게 되었다. 들락날락거리며 자주 왕복하는 사람들은 소통할 자격이 없다고 생각한다. 커뮤니티에서 탈퇴하고, 여기저기 왔다 갔다를 반복하면 결국 나의 이미지는 사라져 버린다. 새벽 시간이든, 점심시간이든, 저녁 시간이든 같은 시간에 같은 내용으로 매일 나의 이미지를 알릴 수 있는 인증을 시작해 보자. 우리는 홍보나 마케팅을 전문적으로 하는 기업도, 프로도 아니다. 다만 우리가 돈 안 들이고 할 수 있는 꾸준함을 무기로 나를 알리기 시작하는 것이다. 나라는 사람의 홍보는 결국 여러분의 지식을 판매할 수 있는 마케팅 시장을 확보하는 기회가 될 것이다.

12
부자애미의 무자본 지식 창업자 준비를 위한 창과 방패 10가지

① 꿈을 명함으로 파기

2019년 김미경 작가님께서 온라인 커뮤니티 활동을 시작하실 때 하셨던 말씀을 실행에 옮겼다. "미래의 나를 명함으로 만들어 보라."라고 하셨다. 나는 그 일을 2021년에 실행했다. 내 꿈을 함께 응원해 준 정미영 작가님께서 나에게 명함을 선물해 주셨다. 놓치고 싶지 않은 나의 꿈이기에 내 책장 곳곳에 잘 보이도록 놓아두고 가끔씩 보며 언젠간 이

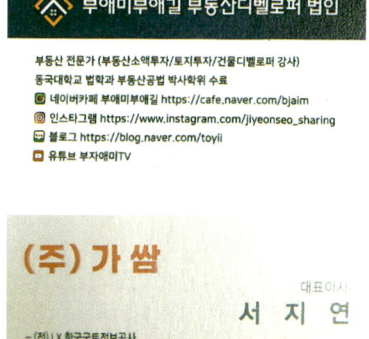

명함을 주고받으며 나를 소개할 기회가 올 것을 꿈꾸며 소중히 간직했다.

명함을 내 지갑 속에 가지고 다니며 꿈꾸면 이루어진다는 자기 확언을 통해 결국 미래를 만들어 갈 수 있는 동력을 얻게 됐다. 2022년, 나는 드디어 박사 학위를 받게 되었다. 2023년 11월, 드디어 직장 생활 18년 9개월이라는 긴 터널에 종지부를 찍었다. 2024년 1월, 월급쟁이가 아닌

1인 기업의 대표가 되어 있지 않은가? 오늘 당장 내 꿈을 명함으로 만들어 보자. 명함을 만드는 데는 기껏해야 책 한 권 사는 데 드는 만 오천 원이면 된다. 지금은 2021년에 만든 명함을 새로운 모임에서 만나는 사람들에게 꺼내어 나를 소개하고 있다. 3년 만에 모든 것이 바뀌었다. 그동안 내가 가지고 있던 직위, 만나는 사람, 생각, 행동, 라이프 스타일 모든 게 전과는 다른 삶을 살고 있다.

② **나에게 들어오는 모든 제안에 OK! 마인드셋!**

원고 작성 중에 SBS 작가에게 연락을 받았다. 오은영 선생님의 강의에 남편과 함께 출연하여 방청객 및 인터뷰를 할 수 있느냐는 제안이었다. 이곳저곳 방송국에 여러 번 출연하다 보니 이제는 출연료까지 체크할 수 있다. "출연료는 얼마예요?" "죄송하게도 이번엔 없습니다." "그래도 좋습니다." 나는 작가의 방송 출연 제의에 수락하며 늘 부탁하는 것이 있다. "저는 부동산을 공부하고 있어요. 부동산 전문가 패널로 출연을 꿈꾸고 있습니다. 다음번엔 제 분야의 전문가로 꼭 불러 주세요."라고 부탁을 드린다. 나는 아직 공인된 전문가 타이틀을 갖지 못했다. 하지만 앞으로 한 분야의 전문가가 될 꿈을 꾸고 있다. 닥치는 대로 나에게 들어오는 제안은 수락한다. 도덕적으로 문제가 되지 않는 일이라면 무조건 OK! 무조건 나아가는 거다. '닥수!(닥치는 대로 수락한다.)'라는 'OK! 마인드셋'을 통하여 또 다른 기회를 얻을 수 있을 것이라고 믿기 때문이다. 2023년 연말에도 나는 JTBC 〈한 번 더 리즈시절〉에 출연하게 되었다. 지금도 제안이 계속 들어온다. 2024년 3월에는 MBC 〈최강백세〉에 출연했다. 똥보 엄마가 건강을 위해 다이어트하는 콘셉트로 출연해 달라는 작가들에게 연락이 오면 거절하지 않는다. 다만 하고 싶어도 못 할 뿐이다. 우스갯소리지만 같은 주제로 다른 프로에 출연하려면 6개월이 지나야 가능하다는 원칙이 생겨서 제안에 OK! 하더라도 출연할 수가 없다. 하지만 나는 이제 자유롭다. '부자애미TV'라는 유튜브 채널을 개설했기 때문이다. 전문가가 아니더라도, 누군가 불러 주지 않아도 소통할 공간이 생겼다. 내가 작가이고 프로듀서가 되는 유튜브 채널로 얼굴을 드러내 놓고 혼자 촬영하고 방송할 수 있다. 유튜브 방송 채널로 2024년에는 얼굴까지 오픈했다. 이러한 자신감은 풍보 엄마 출연 제의에 망설임 없이 여러 번 수락했던 경험 덕분이었다. 촬영하는 즐거움과 어려움을 경험해 보았기에 가능했던 일이다. 여러분들도 나에게 들어오는 제안이 있다면 뭐든지 수락해 보는 '닥수(닥치는 대로 수락)' OK! 마인드셋을 실행해 보기를 바란다.

③ **부자애미의 독서 3법(필독, 실독, 협독)**

마흔을 넘긴 우리들에게 공부는 책 읽기다. 1일 1독을 목표로 하는 분들도 있고 3일 1독, 한 달에 한 권, 일 년에 12권, 이런 식으로 목표를 잡고 책을 읽는 권수로 공부의 양을 늘리려고 한다. 나는 다독보다는 정독을 추천한다. 독서를 단순히 책을 많이 읽는 것이라 생각하지 말자. 독서는 저자와 1:1로 만나 대화하고 저자의 생각을 나의 삶에 적용하는 시간이다. 저자의 생각 그리고 나의 생각이 일치되는 순간에 밑줄을 긋고 그것을 간단하게 기록하며 내 생각을 메모하는 독서법으로 바꿔 나가야 한다. 저자의 생각과 내 생각이 만나는 그 지점에서 우리는 남다른 지식을 출산할 수 있다. 나는 읽고 기록하는 것을 반복하며 많은 양의 책을 읽는 것보단, 한 권의 책을 정독하는 것을 권한다. 내가 경험해 보지 못한 세계를 체험하며 내 지식과 지혜로 만들어 나가기 위해 매일 하루도 빠짐없이 한 문장씩 성공 확언과 긍정 확언을 만들어 나가고 있다. 나는 이러한 나만의 독서 3법을 통해 위기와 고난의 시간들을 이겨 나갈 수 있었다.

6년 동안 꾸준히 실천한 독서 3법을 소개해 보겠다. 2023년 11월 나는 인생의 터닝 포인트를 맞이하게 된다. 18년 9개월을 근무한 직장을 잃게 되었다. 20대에 간절히 원했던 나의 꿈의 일부였던 직장을 잃게 되는 순간이었지만 좌절하지 않았다. 울고 싶었지만 울 수 없었다. 모든 걸 포기하고 싶었지만 포기할 수 없었다. 위기의 순간을 이겨 낼 수 있었던 나만의 독서 비법이 있다.

첫 번째, 필독이다. 필독은 필사하는 독서를 의미한다. 나는 2020년부터 간헐적 필사를 시작했다. 그리고 유명 인플루언서들이 공개하는 긍정 확언 따라 쓰기를 반복했다. 이렇게 하면 꿈을 이룰 수 있다기에 믿고 따라 해 보았다. 해를 거듭할수록 필사에 빠져들게 되었고 점점 진화를 시작했다.

처음에는 무작정 따라 쓰기를 시작했고 다음 스텝으로는 긍정 확언을 나만의 언어로 바꿔서 다시 작성해 보았다. 그리고 다음 해 자기 계발 독서를 통해 필요한 부분을 읽고 필사하며 부자 습관에 관련된 나만의 긍정 확언을 만들어 나갔다. 긍정 확언을 100번까지 쓰기엔 너무 무리라 생각하고 10번을 써서 노트를 채워 나갔지만, 그다음 해에는 하루 일과 중 마주치는 평범한 일들에 대한 나의 이야기를 기록하기 시작했다.

자기 계발 책과 읽고 싶은 책 2권을 새벽 독서를 통해 기억하고 실천해야 할 부분은 노트에 기록을 해 나갔다. 특히나 2021년부터 부동산 투자에 전투적으로 올인할 때 새벽 시간을 깨우기 위한 도구로 독서와 필사를 이용하여 나의 잠든 뇌를 깨우기 시작했다. 잠이 오면 허벅지를 꼬집기도 하고 내 뺨을 때려 가며 새벽 시간을 활용해야만 했기 때문이다. 직장인의 애달픈, 고달픈 시간이었기도 하다. 직장 생활 중에 이렇게라도 하지 않으면 투자 공부를 하는 시간을 만들 수가 없었다. 주말부부인 나는 저녁 퇴근 시간이면 세 아이의 육아 전투를 이어 나가야 했기에 새벽 시간에 깨어 있지 않으면 공부할 시간이 없었기 때문이었다. 이렇게 2022년, 2023년, 2024년의 시간을 반복했다. 특히나 2023년 여름부터 직장을 잃을 수도 있다는 두려움을 극복해 나가기 위해 새벽 시간 독서와 필사에 더욱더 필사적으로 매달렸다. 위기의 순간마다 해결책을 찾기 위해 고군분투했다.

문제 해결을 위해 도움이 될 만한 책들을 중고 서점에서 한 박스씩 주문하였다. 한 박스를 다 읽으려고 주문한 것은 아니었다. 온라인 중고 서점의 특성상 책 가격은 저렴하나 배송비가 3,000원씩 붙기에 같은 판매자의 책들을 여러 권 주문하여 배송비를 아낄 생각이었다. 심지어 500원, 1,000원 하는 책들을 여러 개 주문하기도 했다. 이렇게 중고책으로 주문하다 보면 어느새 한 박스로 배송이 되어 오기도 한다. 저자들의 성공 경험담, 인고의 세월을 토대로 나와 비슷한 상황에 어떻게 대처해 나갔는지를 찾아보고 문제 해결을 위한 방법들을 꾸준히 필사하며 내가 해결해야 할 것들을 하나씩 처리해 나갔다. 아마도 그때 그 시절 새벽 필사를 지속하지 못했다면 나는 지금의 1인 무자본 지식 창업에 도전하지 못했을 것이다.

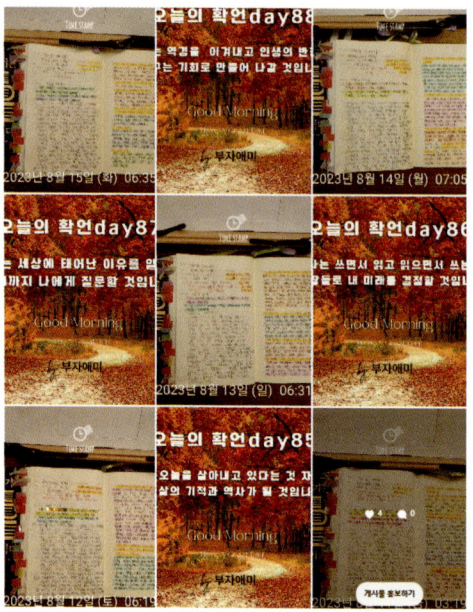

부자애미의 2020년~2023년 필사와 부자습관 확언 명언 사진

두 번째, 실독을 추천한다. 실독은 책을 읽고 실천하는 독서를 의미한다. 나는 위기를 극복하는 방법으로 실독을 택했다. 매일 읽고 기록하며 실천하지 않는 독서는 권하지 않는다. 책 속의 내용을 한 가지라도 꼭 실천하기를 바란다.

내가 지금 당면한 문제가 있다면 관련 분야의 책을 찾아 해결책 모색하며 실천해야만 한다. '책 속의 저자가 이야기하는 내용을 실천하면 문제가 해결이 되나요?' 하고 가끔 묻는다. 바로 내 앞에 직면한 문제를 해결하는 게 중요한 게 아니다. 나보다 먼저 고난과 고행을 겪고 성공을 이루어 낸 사람들의 방법을 따라 실천했을 때 나에게 닥쳐 온 위기를 극복할 수 있는 아이디어와 행동법을 찾게 되는 계기를 마련할 수 있다. 실패했다면 거기서 멈추지 말고 다시 나아갈 수 있도록 실천하는 독서법을 실행하기를 바란다. 작가들이 행동으로 나아갔던 이야기들을 나에게 적용하며 '나는 안 돼.'라는 생각에서 '나도 할 수 있어.'라는 자신감을 얻을 수 있다. 우리가 성공한 사람들처럼 되지 못하는 건 그렇게 시도하지 않았기 때문이다. 실패했더라면 다른 성공자들이 적용한 방법과 법칙을 따라 다시 시작해 보는 것이다. 이것이 실독의 가장 큰 힘이다. 나의 예를 들자면 강의를 오픈했는데 기대했던 인원만큼 수강생이 없었다. 이때 나와 타인을 원망하기보다 지식 창업으로 성공했던 성공자들의 방법을 따라 해 봤다. 어디서부터 문제였을까를 고민하고 지식 창업으로 성공한 유명인이 책에서 알려 주는 홍보 방법을 따라 했다. 인스타그램 릴스도 활용하고, 유튜브도 촬영하며 다양한 방법을 사용해 내가 이루고자 하는 목표 지점에 도달한 적도 있다. 2022년 하반기부터 부동산 임대 시장이 어려울 때 나 또한 몇 개월의 공실로 인하여 어려움을 겪는 시간이 있었다. 하지만 거기서 굴복하지 않았다. 책을 통해서 만난 저자의 성공 이야기를 벤치마킹하여 가만히 앉아서 임대인을 기다리는 게 아니라 내가 찾아 나서야 한다는 것을 깨달았다. 바로 실행에 옮기기 시작했다. 저자들은 "무조건 밖으로 나아가라.", "몸을 움직여라.", "생각에 생각의 꼬리를 물고 고민만 할 것이 아니라 몸으로 부딪혀 내라."라고 이야기했다. 성공자들의 마인드로 다시 세팅하고 움직이기 시작했다. 인테리어를 하는 담당자들과 최대한 소통하고, 견적서를 여러 번 요청하면서 남들과는 차별화된 인테리어를 기획하였다. 비싼 인테리어보다는 다이소에서 천 원짜리 소품으로 공간을 장식하고, 부동산에 직접 들러 코팅한 A4 용지를 돌리며 홍보를 시작했더니 원하는 시기에 임대를 맞출 수 있었다. 내가 사용했던 이전의 성공 방정식과는 다른 방식으로 바꿔 나가며 전진하다 보면 결국에 원하는 것을 이루는 해답을 찾게 될 것이다. 실독(실천하는 독서)을 통해 해답을 찾아 나서는 과정을 실천해야만 하는 이유이다.

세 번째, 협독이다. 여러 명과 함께하는 독서를 의미한다. 2021년부터 무료 나눔으로 온라인 커뮤니티 내에서 무료로 진행하는 북클럽 리더를 지원하게 되었다. 현재는 내가 직접 운영하고 있는 부애미부애길(BMK) 커뮤니티 내에서 연회원으로 모집하는 돈모아 북덕방이라는 독서 클럽을 이어 가고 있다. 2024년 1월에 첫 '돈모아 북덕방'을 오픈하여 1년 연간 유료 회원제를 시작하여 협독을 하고 있다. 처음 무료 독서 클럽을 운영하며 얻은 노하우로 협독을 통해 많은 아이디어도 이끌어 낼 수 있었다. 혼자 읽고 혼자 생각하면 못 했을 일들도 해냈다. 부자를 꿈꾸며 부와 관련된 도서들로 무료 독서 클럽을 진행하며 경매 책을 함께 읽고 나누는 와중에 돈독경(돈 되는 돈독한 독서와 함께 경매 강연) 경매 수업반도 오픈할 수 있었다. 경매 책은 전문적인 서적이라 혼자서 이해하기에 어려움이 많았지만, 목차를 중심으로 챕터별로 파트를 나눠 정리해 오는 식으로 한 권의 책을 3달 동안 2번씩 파트를 바꿔 돌아가며 완독할 수 있었다. 협독을 통해 배운 지식을 어떻게 나눌 수 있을까를 고민하게 되었다. 어떻게 하면 내가 배운 지식을 쉽게 가공하여 더 많은 엄마들과 함께할 수 있을까 하는 고민을 하게 되었고, 그 아이디어는 새로운 유료 콘텐츠 '돈독경'을 생산하는 일에 도전할 수 있었다. 협독은 나의 생각과 다른 이의 생각까지 더하여 더 많은 상상을 하게 하고 기획력을 끌어올린다. 혼자 상상하면 한계가 분명히 있다. 협독을 통해 함께 상상하고 나누는 시간은 나의 한계를 뛰어넘는 도전을 할 수 있는 아름다운 시간이다.

④ 한 가지 주제로 모든 플랫폼을 브랜딩하라

나의 카카오 단톡방과 네이버 카페는 부동산 공부 하는 애미, 애비들을 위한 네트워크다. 부동산 공부를 비롯해서 다양한 수익 파이프라인을 꿈꾸는 분들을 위해 동기 부여를 할 수 있도록 매달 나눔 강의도 기획하고 있다. 습관 장착을 위한 새벽 기상, 감사 일기 쓰기, 확언 필사를 통해 부자의 원칙을 지켜 나가려고 노력하고 있다. SNS 수익화를 위해 활동하다 보면 넘쳐나는 플랫폼 시장에서 많은 어지러움을 느낀다. 주제가 있긴 한데 다 돈 버는 주제에 너무 많은 홍보와 강의로 정신이 없을 정도이다. 지속 가능한 SNS로 수익화하고 플랫폼을 유지하고자 한다면 유니크한 주제로 넘쳐나는 지식 정보 생태계에서 모든 걸 주려고 하지 말자. 단 한 가지 주제로 다양하게 업그레이드해 나가며 유지할 수 있는 플랫폼을 브랜딩해 나가야 한다. 내 지식을 나누고자 할 때 함께하고자 하는 이들의 아픔을 치유해 줄 수 있는 일관성 있는 주제로 플랫폼을 구축해 보자.

⑤ 뇌 혁명, 뇌 쓰기를 위한 책과 인덱스, 형광펜을 준비해라

무자본 창업이라고 돈이 안 들어서 좋다? 이건 새빨간 거짓말이다. 무자본 창업도 최소한의 투자는 필요하다. 무엇이 필요한가? 자본금이 없다면 뇌 혁명, 뇌 쓰기를 해야 한다. 내 뇌를 회전시켜야만 한다. 그럼 뇌 쓰기는 어디서 나오느냐? 뇌를 쓰면서 쓰기를 병행해야 하는데

도움을 주는 인덱스와 형광펜을 꼭 준비하라고 이야기하고 싶다. 나는 이제 인덱스와 형광펜 없이는 책 읽기 준비가 안 될 정도이다. 오나가나 꼭 챙겨 가는 게 인덱스와 형광펜이다. 관심 분야에 있는 베스트셀러 책을 다 읽고 나면 시중에 나와 있는 책은 이제 읽을거리가 없다? NO! 아니다.

이제 인문학과 철학으로 갈아타기를 해야 한다. 나는 부동산을 공부하면서 시중에 나온 베스트셀러 책은 다 읽었고, 부동산 공부 다음으로 부동산과 인문학의 만남을 위해 인문학과 철학책을 읽으려고 애쓴다. 부동산 인문학을 꿈꾸며 말이다.

⑥ 반복의 힘을 기억하라

무언가를 매일 반복하는 꾸준함은 상대와 신뢰감을 쌓을 수 있는 가장 쉬운 방법이다. 내가 필사를 하며 관심사 SNS 방에 새벽에 인증을 올리면 개인 톡으로 연락이 오는 분들이 꽤 많았다. 필사하는 노트는 뭐죠? 필사하는 책은 뭔가요? 필사하면 좋은 점이 뭐예요? 필사를 하면서 얻는 게 있을까요? 하는 질문이다.

일일이 시간이 될 때마다 다 답변해 드렸다. 필사를 하기 전, 2019년도 온라인 커뮤니티 활동을 시작했을 때, 같이 새벽 기상을 하던 미국에 계신 언니 두 분이 매일 새벽 3시 반에서 4시 사이면 어김없이 필사 인증을 하는 걸 보면서 '이런 걸 왜 하지? 이렇게 힘들게 써야 하나? 이 시간에 책을 하나 더 읽는 게 낫지 않을까?'라는 의문을 가지고 지켜보았다. 독서 필사를 시작하면, 일단 새벽 기상을 하느라 졸린 눈을 비벼 가며 필사를 시작하면서 잠이 깨고, 고통과 고난의 순간에 큰 위로가 된다. 힘들 땐 눈물을 흘리며 필사를 한 적도 있다. 일이 잘 안 풀릴 때, 문제가 해결이 안 될 때, 마음처럼 사는 게 쉽지 않을 때 그리고 행복할 때마다 필사는 나의 힘, 나의 의지를 강력하게 재부팅하는 기회를 주곤 했다. 지금도

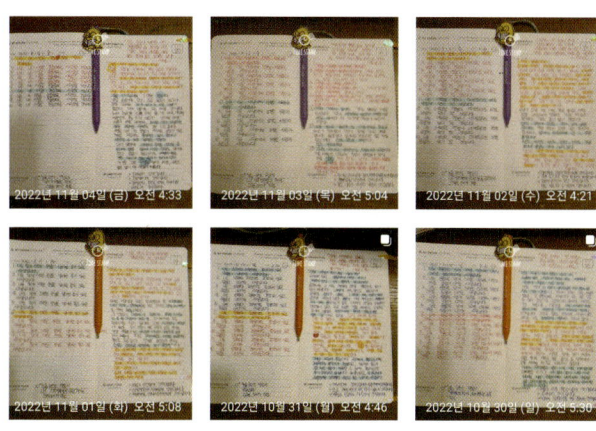

매일 하루도 빠지지 않고 쓰고 있다. 주말도 쉬지 않고 매일같이 반복의 반복을 거듭하고 있다. 내 확언 필사와 성공 필사를 기다리는 커뮤니티의 엄마들이 있기에 이제는 그녀들과의 공감과 교류를 향한 나의 언어로 한 장 한 장 채워 나가고 있다. 3년이 넘는세월을 지속하면서 매일 인증을 하다 보니 그것이 다른 사람들로 하여금 나에 대한 신뢰감을 형성할 수 있었던 큰 계기가 되었다. 신뢰가 바탕이 되어야 지속적인 개인 브랜딩도 가능하다. 신뢰는 꾸준히 반복하는 사람에게 오는 가장 큰 선물이다.

⑦ 낯장, 낯사, 낯만을 시작하라

낯선 장소에 가고, 낯선 사람을 만나고, 낯선 사유를 하며 기획력과 아이디어를 샘솟게 하는 것이다.

처음 가 보는 장소와 처음 만나는 사람과의 만남의 힘으로 지식 창업자로의 성장을 꿈꿨으면 한다. 온라인 교육을 오픈하고 오프라인 모임을 추진하게 되면 전국 방방곡곡에서 올라오는 열정적인 그녀들을 만나며 나 또한 동기 부여가 되고 자극이 된다. 내가 운영하는 커뮤니티의 회원들은

전국 방방곡곡에 있는 분들이다. 내가 가장 기쁠 때는 그분들이 새벽 기차를 타고 나의 사무실로 한분 한분 찾아오는 일이다. 한번은 참석 못 한다고 연락을 미리 주었던 그녀가 당일날 갑자기 멀고 먼 군산에서 나를 찾아왔다. 그녀가 내 앞에 나타났을 때 나는 눈물이 날 정도로 그녀가 사랑스럽고 반가웠다. 의도치 않은 만남, 낯선 장소에서 낯선 만남이라는 건 기쁨과 행복, 다른 도전을 꿈꾸게 하는 생명력을 준다.

나는 그녀들과 만날 때 한 가지 주제로 1분 스피치를 요청한다. 그녀들의 1분 스피치를 동영상으로 찍어 나보다 더 열정이 가득한 삶을 살아 내고 있는 엄마들을 기억할 수 있다. 처음 오프라인으로 만나는 엄마들의 이야기를 들으며 꿈과 목표가 있는 엄마들을 위하여 '내가 무엇을 할 수 있을까'를 고민하면서 새로운 기획과 아이디어가 샘솟는다. 이러한 사유들은 낯선 장소에서 낯선 사람들을 만나야 가능하다. 발바닥으로 뛰고 함께 움직이며 그녀들의 이야기를 듣는다. 이야기를 나누다 보면 무엇을 줄 수 있을까를 고민하며 문제 해결을 위한 아이디어가 생겨난다. 그녀들은 나를 만나서 힘을 얻고 행복해진다. 나에게 지식 창업자로 살아가야 하는 이유를 다시 한번 되새기는 기회가 되는 낯선 만남이다. 낯선 장소와 낯선 세계, 낯선 만남을 지속해야만 새로운 기획과 아이디어가 샘솟기 시작할 것이다.

⑧ 네트워크 플랫폼 안에서 인간관계를 만들기

지식 창업자는 내 강의를 듣고 행복해야 할 대상이 있어야 한다. 그래서 플랫폼 안에서의 인간관계를 유지해 나가는 일은 오프라인에서 만나는 관계보다 더 어렵다. 커뮤니티를 운영하며 새로 만나는 분들, 또 떠나시는 분들을 다 관리하기란 어려움이 많다. 1,000명이 넘는 많은 인원을 이탈 없이 지속적인 모임으로 함께할 수 있을까? 얼굴조차 보지 못한 분들이 거의 대부분인 온라인 커뮤니티 안에서 지속적인 모임을 할 수 있는 방법은 단 한 가지다. 진심을 다해라. 온라인 안에서 활동하다 보면 꾸준히 함께하다 갑자기 안 보이는 분들이 계시기 마련이다. 어떻게든 연락을 취하도록 노력해 봐야 한다. 그렇다고 다 연락드릴 순 없다. 오프라인 모임도 정기적으로 추진하도록 한다. 온라인에서 전하지 못하는 마음을 전할 있는 건 오프라인 모임이다.

정기적인 오프라인 모임으로 커뮤니티 안에서 꾸준히 활동하시는 분들과의 진심을 다하는 관계를 유지할 수 있도록 노력해야 한다. 한 분 한 분을 정말 소중한 관계로 여겨야만 한다. 위 글 중에 짜장면 한 그릇에 큰 꿈을 담은 회원분에게 최근 연락을 드렸다. 지속적으로 함께하다 어느 순간 카톡 글이 보이질 않았다. 내 첫 오프라인 모임에 나와 주었던 회원이기에 관심을 가졌다. 계속 함께하고 싶었고, 지속하고 싶었다. 회원분의 성공으로 짜장면 한 그릇을 꼭 얻어먹어야겠다는 간절함이었다. 전화 한 통으로 그간의 안부를 간단히 서로 주고받았고, 상대가 지금 당장 필요한 게 뭔지 알아차리고 솔루션을 제공해 줄 수 있도록 했다. 다음 날 바로 카톡에 새벽 인사가 올라왔다.

이것이 온라인 모임의 관계 만들기다. 의도하지 마라. 작정하지 마라. 자연스럽게 친구에게 연락하듯이 안부 정도만 물어도 상대는 큰 감동을 받는다. 여러분들이 온라인 플랫폼으로 성장하고자 한다면 인간관계부터 돈독히 하려는 노력을 해야만 한다. 수익화에만 집중하지 않았으면 한다. 한 분 한 분을 단순한 고객으로, 아니 돈으로 보지 말아야 한다. 돈을 좇지 말고 사람을 좇아야 하는 이유이다.

⑨ 가장 쉬운 성공 습관부터 만들어 나가자

여러분에게 가장 쉬운 성공 습관은 무엇인가? 나는 새벽에 기상하여 긍정 확언, 성공 확언을 만들어 부애미부애길 카페 게시판에 공유한 지 4년이 되어 간다. 그리고 종이신문을 펼쳐 부동산 관련 기사에 형광펜을 그어 가며 공부한다. 매월 한 주는 새벽 5시에 〈종이신문으로 부동산 흐름 공부하기〉라는 주제로 나눔강의를 지속하며 인사이트를 전달하고 있다.

지금도 내가 공부하는 방(아이들 놀이방)에 신문이 쌓여 있는데, 친정 엄마는 생선을 구울 때마다 신문을 가져오란다. 그럼 모아 놓은 종이 신문 중에 형광펜을 긋지 않은 다른 뉴스 면을 꺼내다 드린다. 참 재미있는 이야기다. 친정어머니께서 "다 내다 버려."

라고 가끔씩 잔소리하신다. 나는 버리지 못하는 수집 병이 있는 편이다. 얼마 전부터는 내가 새벽에 읽은 부동산 관련 종이 신문을 사진으로 찍어서 카페와 블로그에 올리고 있다. 저 종이 신문을 다 오려서 스크랩을 하려니 엄두가 안 나고 안 할 것 같아서 다른 꾀를 내었다. 역시 온라인 커뮤니티가 좋은 게 혼자였다면 폐지로 버려졌을 종이 신문이지만, 카페 부동산 경제 뉴스란에 스크랩 대신에 사진을 찍어 올리며 블로그에도 공유하니 자료 수집도 가능하고 함께 공유할 수 있어 활용하기 참 좋다.

좋아하는 작가의 책을 선택하여 기억하고 싶은 문장에 형광펜과 인덱스를 붙여 놓고 필사하는 데만 한 달이 걸린다.

한 달 동안 한 권의 책을 소화해 내고 있다. 거북이처럼 느려 보이지만 다독보다는 완독, 정독을 통해서 작가가 전하려고 하는 메시지를 온몸으로 느끼려고 노력한다. 이렇게 하다 보면 작가의 지식이 남의 지식이 아닌 내 지식이 되고 지혜가 되어 간다. 멘토가 되는 작가의 지혜를 현장에 바로 적용해 보고 다시 나의 지혜로 만드는 과정을 통해서 나의 지식에 지혜라는 색을 새로이 입히게 된다. 한 번도 만나 보지 못한 작가와 나의 관계가 점점 더 가까워지는 전율을 느낄 수 있다. 나 같은 보통 엄마도 할 수 있는 가장 쉬운 일이기에 누구든 할 수 있는 일이다. 내가 특별해서 하고 있는 습관이 아니다. 내가 할 수 있는 가장 쉬운 습관이기에 가능하다. '내돈내산'으로 구입한 책과 강의들을 오롯이 내 것으로 만드는 과정이라 생각하며 내가 할 수 있는 가장 쉬운 습관에 도전해 보자.

⑩ 협업 팀과 나누기

  큰 업적들 중 단 한 사람의 노력으로 이루어지는 것은 거의 없다. 대부분은 여러 사람의 노력으로 이루어진다.

  "혼자서는 멀리 가지 못한다."라는 말을 수없이 듣고 살았다. 성공학에서 말하는 혼자! '나는 혼자가 편한데.'라고 생각하는 사람도 있을 것이다. 하지만 혼자는 옛말이다. 이젠 어떤 업무든 협업하지 않는다면 도태되는 세상이 되었다. 지금은 지식 산업이 빠르게 변화하고 수용해야 할 정보가 넘쳐흐르기 때문에 내가 가진 지식으로 혼자서 모든 걸 하려고 하다 보면 한계에 도달하게 된다. 나 또한 그랬다. 혼자 강의를 준비하려면 몇 주 동안 뼈를 갈아 넣어야 할 정도로 준비해야 했다. 강의 자료를 준비하려면 많은 에너지와 지식의 양이 필요하다. 지식의 양은 한정되어 있다. 지식은 단순히 읽고 아는 것에서 끝나는 것이 아니다. 지식은 경험을 바탕으로 체험적 지혜로 전달해야만 한다. 지식을 체험적 지혜로 나누려면 혼자만의 경험으로는 충분하지 않다. 하지만 4~6명 정도의 관심사가 같은 그룹과 함께 팀을 구성한다면 실전 경험을 사례로 나눌 수 있는 지식과 지혜의 양은 배가된다. 이 글을 쓰고 있는 시점에 나는 '부애미부애길' 커뮤니티에서 협업 강의를 진행하고 있다. 처음으로 협업 강의라는 모임을 시도했다. 커뮤니티 안에서 꾸준히 활동하는 회원들에게 협업 강의를 위해 한 분 한 분께 연락드리며 팀을 만들었다. 협업 나눔강연으로 19명 정도의 보통 엄마들이 강연을 마쳤고, 나눔강연을 통해 공동저자로 책도 출간하는 작가로의 경력 이동을 하게 되었다. 비록 지금은 무료로 나눔 협업 강의를 진행하고 있지만, 40세에서 70세를 넘나드는 엄마들이 모인 협업 드림팀들도 책과 강연을 통해 수익화로 전환되는 계기가 될 것이다. 협업 강의뿐만 아니라 강의 후에는 공동 저자로 글쓰기에 참여할 수 있도록 제안을 하게 되었다. 글쓰기를 해 보지 않은 보통 사람들이 혼자서 300페이지에 달하는 책을 쓴다는 일은 거의 불가능에 가깝다. 하지만 5명~6명이 한 챕터씩만 나누어 자신의 경험을 바탕으로 지식을 나누면 몇 달 안에 책 한 권이 완성될 수 있다. 이러한 확신은 지금 쓰고 있는 글이 공동 저자 6명이 모여 책으로 완성되어 가고 있기 때문이다. 혼자서 가는 길은 두렵고 어둡고 막막할 수 있다. 협업 팀을 꾸리고 싶다면 주변에서 같은 목표로 함께 꾸준히 나아갈 수 있는 네트워크 동료를 찾아보라. 협업 팀을 꾸리고 팀워크를 이루어 함께 플레이를 할 수 있도록 도전해 보자. 개인적으로 성공하는 것도 뿌듯하겠지만, 성공적인 팀의 일원이 되는 것은 혼자 하는 것과 비교할 수 없는 특별한 성과와 기쁨을 줄 것이다.

13
무자본 지식 창업의 꽃은 협업이다

나는 무료 나눔 협업 강의와 글쓰기 나눔 코칭을 시작으로 무자본 지식 창업에 도전하였다. 현재는 협업 팀을 구성하여 '돈독경 11기(돈독한 돈 되는 독서와 경매 강연)'와, '돈모아(있는 돈 없는 돈 다 모으는)' 팀을 구성하여 1기와 2기를 유료로 운영 중에 있다. 정보의 무한 지대에 서 있는 우리는 누구든 혼자서는 꾸준히 가기 어려운 환경이다. 협업을 통해 부족함을 채우고 자신의 재능을 나누는 꾸준함을 실천하기를 반복하니 진심을 느낀 커뮤니티 회원들 또한 꾸준히 강연에 참여해 주는 결과를 낳았다.

① 무료 나눔 글쓰기 코칭

협업의 일환으로 6명의 공저자들과 함께 글쓰기 나눔 코칭을 통해 내 생에 처음 글쓰기 감수를 할 수 있었으며, 글쓰기에 참여한 보통 엄마들은 드디어 그녀들의 인생의 역경을 글로 남기는 역사를 이루어 내었다.

공저자들과 함께 생애 첫 출판 기념회라는 큰 행사도 개최했다. 역경을 뒤집어 경력으로 만든 엄마들의 인생 2막이 어떻게 펼쳐지고 있는지를 나눌 수 있는 행사를 교보 광화문에서 열 수 있었다. 이 모든 일들은 혼자서는 해낼 수 없는 시나리오다. 내 인생에 없던 시나리오를 그녀들과 함께 써 내려가고 있다. 협업이란 내가 혼자서는 도저히 할 수 없는 일들을 할 수 있는 일로 만든다. 《알라딘》에

2024년 2월 출간된 《역경을 뒤집어 경력으로 만든 엄마들의 이야기》 사진

내 생에 첫 출판 기념회 홍보 피드 사진

서 나오는 마법의 요술 램프에서 '지니'를 불러내는 일이다.

  요술 램프를 꺼내 들고 지니와 함께 신비한 협업이라는 아름다운 동행을 꿈꿔 보는 건 어떨까? 여러분들도 지니의 주인이 될 수 있다는 꿈과 희망을 가져 보아라. 협업이라는 시스템을 통해 꿈을 이뤄 나가는 신비한 마법의 주인공이 되었으면 한다.

② 돈독경과 돈모아 협업 팀

  협업 팀의 구성으로 부동산 공부와 돈 모으기에 집중하며 자기계발을 하고 있는 커뮤니티 회원들과의 만남은 의미가 있다.

  '부애미부애길(BMK)'에서 함께하는 엄마들은 특별하다. 그녀들은 일

명 아줌마라고 불리는 평범한 엄마들이다. 나는 이렇게 정의한다. 아줌마라는 이름을 '아름다운 새벽 줌 미팅을 매일 하는 마더들'. 줌을 통해 서로의 지식을 나누고 공유하며 공감대를 형성하는, 꾸준히 자신의 목표를 이루고자 노력하는 일명 '줌마(줌 미팅을 매일하는 마더들)'들이다. 온라인에서 강연으로 만나고 오프라인 모임으로 서로의 마음을 나누는 따뜻한 세상을 만들어 가는 협업 팀이 있기에 우리는 3년이 넘도록 온라인 플랫폼 안에서도 서로의 꿈을 지지해 주고 응원해 주며 울고 웃는 관계가 되었다. 온라인 공간에서의 만남은 한 번 만나서 헤어지는 일회성 만남이 아니다. 평생을 동행하며 함께할 수 있는 마음이 통하는 따듯하고 인간적인 희망이 가득한 공간이다.

  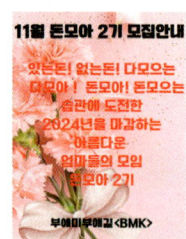 
   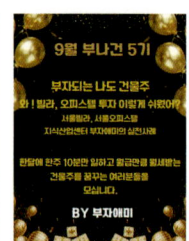

협업 팀 구성으로 유료 컨텐츠 강연 사진

14
Right now! 지금 당장 할 수 있는 무자본 지식 창업

지금까지 나의 무자본 지식 창업에 대한 이야기를 전달했다면 이제부터는 이 책을 손에 쥐고 있는 여러분들이 낭장 무자본으로 창업할 수 있는 것들이 무엇인가? 에 대해 이야기 나누고자 한다. 여러분들이 가장 쉽게 할 수 있는 공부가 관심 분야 책 읽기다. 지금도 여러분들은 이 책을 읽고 있다. '무자본 지식 창업' 보기만 해도 듣기만 해도 뭔가 대단한 사람들이 하는 창업이란 생각이 들지도 모른다. 부자애미처럼 경력이 있어야 하나? 능력이 있어야 하나? 특별한 재주가 있어야 하나? 특별한 사람들만이 해낼 수 있는 것처럼 느꼈을지도 모른다. 내가 적극적으로 추천하고 싶은 지식 창업은 독서 클럽이다. 나는 1년간의 연간 회원으로 구성된 독서 클럽을 운영 중에 있다. 1년 연간 회원으로서 함께하는 엄마들을 모집할 때 이런 생각을 했다.

나의 독서 습관과 방법을 '돈모아 북덕방' 독서 클럽 회원들에게 나누고 싶었다. 1년 동안 나와 독서 클럽을 함께 하면서 독서 클럽 운영을 벤치마킹하고 그녀들도 독서 클럽 리더가 되었으면 하는 바람이었다. 관심 분야의 책을 읽고 있다면 관심 분야 독서 클럽을 운영하는 리더로서 무료 나눔으로 시작해 보길 바란다. 돈을 벌고 싶다면 내 시간과 에너지를 투자해야 한다. 지식 창업에는 돈이 안 들지만, 그만큼의 나의 소중한 시간과 에너지를 투입해야만 한다.

    처음부터 입맛에 맞는 것을 고를 수 있는 것이 아니다. 우린 그냥 보통 직장인 보통 엄마이기에 전문적인 주제로 강의를 만들어 무에서 유를 창조하는 것에 큰 부담을 느낄 수 있다. 하지만 무료로 나누는 독서 클럽 정도는 부담 없이 시작할 수 있다. 내 생각 내 의견을 내놓기보다는 함께하는 회원들의 이야기를 들어 주고 한 분 한 분 자신의 이야기를 꺼내 놓을 수 있도록 진행을 맡아 주면 되기 때문에 쉽게 접근할 수 있다. 이렇게 독서로 만나 오프라인 모임도 진행해 본다. 나와 뜻이 같은 사람들을 만나려는 도전을 시작하다 보면 새로운 콘텐츠도 발견하는 계기가 될 것이다. 나 또한 무료 독서 클럽 운영과 무료 나눔 강의를 시작으로 무자본 지식 창업을 할 수 있었기에 내 경험을 토대로 자신 있게 추천해 줄 수 있다. 독서 클럽이라는 커뮤니티를 운영하며, 다른 사람들에게 무엇을 나누어 주었을 때 행복한지, 어떻게 기쁨을 줄 수 있는지를 알게 되고, 리더로서의 자질도 키워 갈 수 있다. 무료 지식 창업은 리더의 자리에 서게 되는 기회이다. 리더로서 함께 하는 사람들을 어떻게 관리하고 지속하게 할 수 있는지에 대한 스킬도 키워 나갈 수 있다. 처음부터 달고나처럼 달달한 수익을 기대하지 말아라. 나눌 수 있는 자세를 키움으로써 1인 무자본 지식 창업이라는 의미 있는 꿈을 키워 나갈 수 있다.

15
무자본 지식 창업은 나눔으로 시작하라

여러분들의 지식을 나눌 때 진짜 행복해질 수 있다. 처음부터 돈벌이 수단으로 생각하지 말고 무엇을 나눌 수 있을지를 고민해 봤으면 한다. 나는 무료 나눔 강의를 통해 커뮤니티를 시작했고, 유료 콘텐츠로 나아가기까지 시행착오를 겪어야만 했다. 유료 콘텐츠로 강의를 진행하며 2022년도부터는 매달 수익금의 일부를 미혼모, 미혼부에게 기부하기 시작했다.

최근 '그루맘(미혼모를 돕는 사단법인)'에서 담당자로부터 전화가 왔다.

"기부를 하시는 이유가 있으신지요?"

"저는 엄마들에게 유료 강연을 통해서 강연료를 받고 있어요. 제가 창업할 수 있도록 도와준 엄마들을 대신해서 기부를 할 뿐이에요."

"다음 달에도 계속 기부를 하시나요?"

"네, 강의를 통한 수입은 지속적으로 기부에 쓸 예정입니다."

기부를 통해 유료 콘텐츠 혹은 무료 콘텐츠로 강연을 지속해야 하는 의미를 더하게 되었다. 얻으면 나누는 실천을 지속함으로써, 무자본 지식 창업으로부터 얻음으로써, 나눔으로써 얻는 따뜻함을 경험하며 더욱더

HABIT 메신저

성장하는 계기가 되었으면 한다.

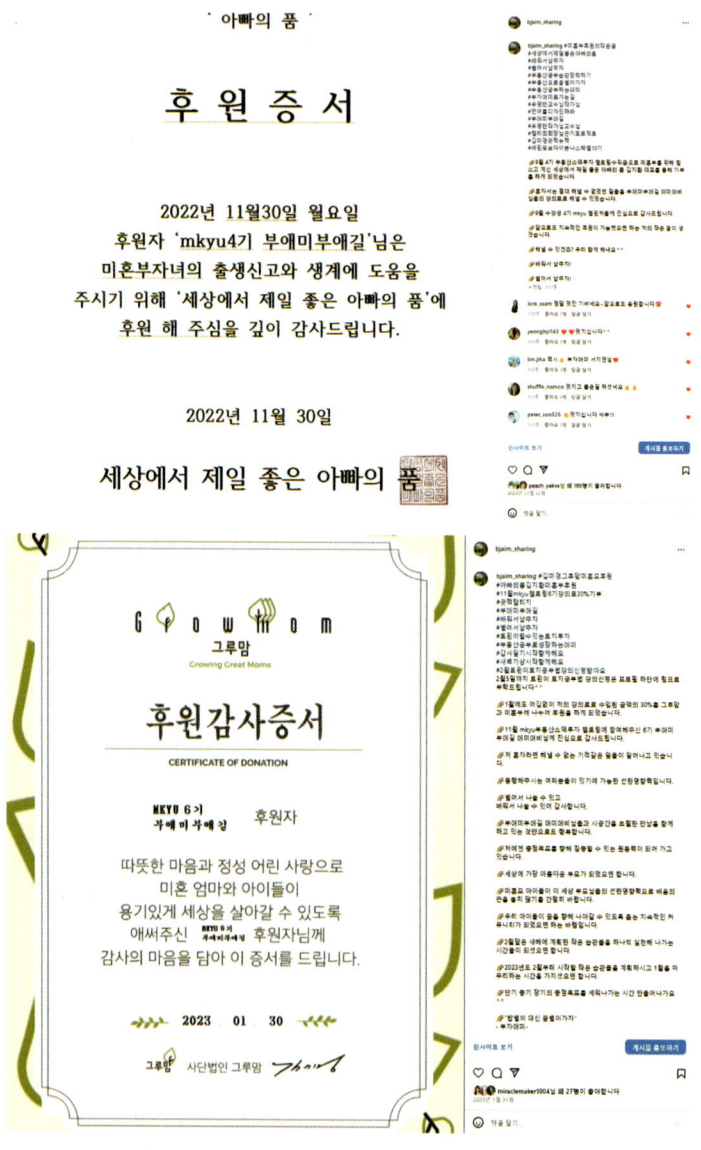

2022년~2024년 현재까지 미혼모, 미혼부에게 강의 수익금 기부한 사진

16
40대 지식을 무기로 전쟁터에 나갈 준비를 하는 엄마들에게

지금부터 지식 소비자가 아닌 지식 생산자로의 삶을 선택해 보는 건 어떨까? 돈 주고 배운 여러 가지 지식을 종합해서 내가 질할 수 있는 강점을 찾아서 집중하고 잠재력을 발휘하는 데 모든 에너지를 써 보도록 했으면 한다. 여러분들이 아직 꺼내 쓰지 못한 잠재력을 발휘할 시간이 왔다. 기회가 왔다. 온라인 교육 플랫폼이 보통 사람인 우리들에게도 기회를 주었고, 코로나19라는 역병이 오프라인 중심의 교육 생태계를 완전히 바꿨다. 지금이 기회다. "때를 놓치면 몸에 때만 낀다."라는 유영만 교수님의 말씀처럼 때를 미루지 말고 지금 바로 시작해 보자. 여러분들이 겪은 많은 경험들을 나눠 주고 그 기쁨을 맛보았으면 한다.

무자본 지식 창업에 도전한다면 무료 강의를 통해 나를 알리고, 천천히 내 지식을 유료화함으로써 지식을 돈으로 바꾸어야 한다. 단돈 1만 원이라도 벌어 보자. 1만 원이 10만 원이 되고 20만 원, 50만 원, 100만 원이 될 테고, 아마도 이 작은 습관과 도전은 기하급수적으로 나를 성장시킬 테니까 말이다. 나라는 사람을 모르는데 누가 내 강의에 카드값을 지불하겠는가? 무료 강의는 결국 마케팅의 일종이라 생각하면 된다. 무료 강의 후 나의 유료 강의를 신청하는 인원수를 보면서 여러분들은 자신의 능력을 가늠할 수 있을 것이다. 당장! 여러분이 배운 지식들과 좋은 습관들이 돈이 되는 경험에 도전해 보자. 무자본 창업으로 할 수 있는 사업이라면 어떤 것이든 좋다. 스마트 스토어, 인스타그램, 블로그, 유튜브, 전자책, 글쓰기 등 새로운 기술을 익히고 나에게 맞는 방법으로 도전해 봤으면 한다. 이 책을 손에 쥔 당신이 좋은 습관으로 돈 버는 언니들이 되길 진심으로 응원한다. 40대에 같이 성장해 나가자. 다양한 플랫폼에서 활동하려면 혼자서는 오래갈 수 없다. 협업하는 시스템으로 함께해야 성공할 수 있다. 세상이 변할 때 나도 변화해야만 한다. 이제는 천상천하 유아독존이라는 낡은 사고방식을 버려야 할 때다. 함께 돈 벌러 가자! 학사, 석사, 박사보다 높은 학위는 봉사다. 돈 벌어서 봉사하는 삶을 살 수 있도록 가치 있는 돈에 도전해 보자. 나는 오늘도 애미, 애비님들의 성장을 위한 협업 강의를 진행하기 위해 커뮤니티 안에서 무료 나눔 강의와 유료 강의 콘텐츠를 기획하고 있다. 왜? 혼자 가면 멀리 못 간다. 같이 가야 멀리 갈 수 있으니까! '부애미부애길(BMK)' 커뮤니티 안에서는 다 같이 성장을 목표로 하기에 모두가 시간과 열정을 쏟아 기획하고 있다. 나는 이 순간에도 역경을 경력으로 이겨 낸 엄마들의 제2의 드림팀을 꿈꾸며 꾸준히 커뮤니티에서 활동하고 있는 엄마들에게 협업 강의와 글쓰기를 제안하고 기획하고 있다. 협업 강의에 참여하고 싶은 분들은 도전하길 바란다. 언제든지 환영한다.

피치약사 최희진 인스타그램

피치약사
최희진

아줌마 약사의 뒤뚱뒤뚱 SNS 성장기

1
1.8평 미니 약국 탈출의 여정

오전 10시 반. 어김없이 약국이 위치한 쇼핑몰의 문이 열린다. 약국에 들이치는 오전 햇빛은 길 건너 거대한 DDP 빌딩의 반사로 더욱 쨍하다. 대로변 약국은 위치가 좋다. 우리 약국을 햇살 맛집이라고 한다. 볕을 쬐면서 하는 커피 한 잔도 안온하고 포근하다. 하지만 단 1.8평 미니 약국은 너무 답답하다. 안에서 걷는 걸음 수가 도합 이십 보가 안 되니 말 다했다.

길을 가다 컨테이너 박스에서 구두 수선을 하시는 분을 보면, 나만큼 불편하시겠다, 싶은 생각이 든다.

약국 지하의 넓은 라운지에서 하던 예전의 중국 사업 공간은 코로나19로 폴더 폰 접히듯이 접히고 남은 것은 1.8평의 답답함이다. 그래도 약국 생활은 나름 재미있다. 환자 임상에 바로 적용되는 질환 공부는 파도 파도 끝이 없다. 환자들이 호소하는 증상이 원인에 들어맞는 약으로 좋아지면 너무나 감사해한다. 나도 행복하다. 그런데 사람의 에너지는 신묘하고 미묘하다. 내 마음이 기쁘고 날아갈 것 같으면 저절로 친절해지고 손님들

표정도 환해진다. 이런저런 걱정으로 마음이 가라앉으면 손님들은 잠잠하게 약국을 나가신다. 그럼 어떻게 되는가? 매출에도 영향을 미친다.

또 '아줌마, 여기 박카스 얼마예요?' 이런 식으로 문 열고 물어보는 사람도 몇 달에 한 명은 있다. 나도 아줌마이지만, 불편한 말투에 대한 응수는 경어를 잘라먹은 단답형 대답이다. '나 이대 나온 여자인데.' 하고 속으로 씩씩거리다가 아차 싶어 마음을 추스르고 두 손을 모아 기도한다. 그리고 '나는 환자의 증상과 원인을 친절하게 치유해 준다.'라는 긍정 확언과 기도를 드린다. 이렇게 나의 몸과 마음을 시시각각으로 잘 다스려야 한다.

여하튼 오래전부터 이 좁지만 위치 좋은 약국에 날개를 달 만한 그 무언가가 무엇일지 계속 생각하였다. 좁은 약국 안에서 나만 움직이지 않고, 내 제품이, 움직이면 좋겠다. '좋은 제품을 약사 이름 걸고 브랜딩하면, 외국에도 팔려 나가겠다.' 싶었다. 이렇게 용감무쌍하게 2020년 약국 밑 지하 라운지에 터를 잡고 액상 상처 밴드와, 비타민C 메가도스 요법, 건강 기능 식품을 공동으로 만들었다.

2
인스타그램에 점 하나를 찍다

　많은 우여곡절을 거쳐 드디어 제품이 나오기 시작한 2020년 말, 직원들이 인스타그램을 미친 듯이 시작했다. 무슨 말을 하는지 용어가 도통 이해가 안 된다. 며칠간 점점 뻘쭘해진 나는 무슨 도움이라도 되어야겠다 싶어, 인스타그램을 깔고 계정을 만들어 보았다. 'SNS는 인생의 큰 낭비이다.'라는 말을 붙잡고, 그 근처에도 안 간다는 지조가 있었다. 하지만 이 상황에는 뭐라도 같이 어깨 걸고 나가야겠다는 심정에 일단 시작하고 본 것이다. 김 대리가 "팔로잉, 이 버튼을 막 누르면 안 된다." 하고 알려 준 기억이 난다.

　이렇게 계정을 만들어 놓고 제품 사진 하나 올리고 보니, 외딴섬에 홀로 놓인 거 같기도 하고, 점 하나는 찍은 것도 같다. 지금부터는 편의상 인스타그램을 운영한 기간을 3년으로 두고, 그간의 나의 좌충우돌 이야기를 해 보려고 한다. 인스타그램을 하고 싶지만 엄두가 안 나는 분들 그리고 열심히 운영하고 있는 분들도 재미있게 참고하실 만한 내용을 실어 보겠다.

팔로워 20명을 만들고는 도대체 무엇을 해야 할지 모르겠다. 일 년 동안 사진 몇 장 안 찍는 나였다. 제품 홍보 사진도 찍고, 내 사진도 준비해야겠다고 생각했다. 스튜디오에 찾아가 처음으로 프로필 사진이란 것을 찍게 된다. 한참 홍보 중이던 마스크도 쓰고 찍고, 제품을 들고도 찍어서 올려 봤다.

그리고 피드에 올리고 유료 광고라고, 하루 몇천 원 드는 홍보를 해 봤다. 그리 나쁘지 않은 반응과 홍보 효과로 팔로워 수백 명이 늘어 살짝 고무되기도 했다. 이제는 또 무슨 내용을 올려야 하나.

1차 목적은 제품 홍보이지만 팔로워도 없는 상황에서 허공에 대고 제품 홍보를 하는 것이 효과도 미미하고, 호응도 약할 것이라는 생각이 들었다. 실은 내가 혼자서 뻘쭘해한 것이 더 컸을 것이다.

그러면 무엇을 올려야 하는가. 남들 하는 대로 따라서 한 일은 카페나 전시회에 가서 사진 찍고 올려 보는 것.

그러면서, 먼저 팔로잉도 하고 올라오는 글, 그림, 사는 이야기 등 피드를 구경하는 것에 재미가 생겼다. 그런데 자꾸 '인친'이라는 용어가 나온다. 인친이 인천에 있는 친구인가 하면서, 5달 후쯤 1,000팔로워를 만들었다. 그래도 나름 공들여서 만든 수치이기에 기뻤다. 이 기회에 제품 홍보도 할 겸 비타민C 제품 등에 대한 나눔 이벤트를 하였다.

이때에도 나는 약사 계정을 운영할 생각을 못 하였다. 정보성 콘텐츠에 대한 개념도 없었다.

  큰 그림이나 방향성 없이 하지만 너무나도 큰 막막함과 두려움을 가지고, 이것저것 해 보던 나에게 그래도 참 수고했다는 말을 전한다. 이 글을 보시는 분들도 어떤 콘텐츠를 올려야 할지, 어떤 방향으로 가야 할지, 시야가 뿌연 분들도 있으실 것이다. 내가 그랬으니깐. 그냥 일단 생각나는 거, 하고 싶은 거 올리고, 소통하라고 말씀드리고 싶다. 이런저런 경험과 시행착오가 쌓여야지 '통하는' 콘텐츠에 대한 인사이트와 자신감이 올라오는 것이 당연하기 때문이다. 홧팅이다.

3
화면 저 너머에 사람이 있다

시간이 만만치 않게 들어가 버리는, 원래라면 진작에 그만두었을 인스타그램은 팔아야 할 제품에 대해 홍보해야 한다는 생각과, 막연한 기대가 합쳐져서 지속되었다. 그 와중에도 뭔가 보이기 시작한다. 서서히 올라오는 피드들에 본인만의 결이 숨 쉬고 있음이 느껴지게 되었다. 그리고 어슴푸레하게 정이 가는 계정들이 생겨난다. 하지만 여전히 깜깜한 상태이고, 그저 관전 모드이다.

코로나19 백신을 맞아야 한다는 정부, 아니 왜 맞느냐는 부추김, 코로나19 백신이 약이다, 독이다 하고 시끄럽던 시절이 왔다. 백신 반대론에 분기탱천한 나는 왜 백신을 맞아야 되는가 하는 구구절절한 내용을 일주일간 준비해서 올리기 시작한다. 그리고 내가 약사라고 말하면 더 믿어주겠지 하고 올렸다. 약사 계정으로서 활동은 인스타그램 시작 6개월 만에 처음이었다. 그때는 모두가 백신을 맞으면 코로나19가 종식되는 줄 알았다. 난생처음으로 SNS에, 그것도 민감한 이슈에 불도저처럼 다짜고짜 올린 내용에, 나의 인친들은 그래도 호기심 섞인 나쁘지 않은 반응을 보여 주었다. 예나 지금이나 한결같이 너그러운 인친님들이다. 정보 콘텐츠 발행의 의미도, 브랜딩의 개념도 부족했지만, 제품 홍보보다는 도움 되는 정보를 올리며, 계정을 키워야겠다고 마음먹었다.

그러면서, 너무나도 낯설었던 인스타그램 세상에 나도 의미 있는 소통이라는 것을 하게 된다. 배운 원칙 같은 것은 없었지만, 달리는 댓글들에 꼬박꼬박 대댓글을 달며 함께하는 계정들이 생겨났다. 남 같지 않고 친숙해진다.

그러면서, 인친현친이라고 인친과 최초의 오프 미팅도 하게 되었다. 그때 만난 분이 굴지의 화장품 회사의 김상무 님이다. 비즈니스 감가이 매우 뛰어나고 본인의 일에 그야말로 올인하는 스타일이다. 그분과 나의 제품 협업도 하기 시작하면서, 드디어, 인스타로 비즈니스에 대해서 도움을 주고받기 시작한다. 나처럼 비즈니스 목적을 가지고 시작한 사람도 재미있게 해 볼 수 있겠다는 생각이 들었다. 결국 사람 대 사람의 쌍방향 소통이 인스타를 지속하는 힘이었다. 이렇게 물꼬가 터진 인친현친은 계속 이어지게 된다.

'흥 많은 언니들'이라고 이름 붙인, 같이 의기투합해 〈떴다 떴다 비행기〉 재즈 버전을 합주하던 5명. '약사님 맞죠?' 하고 약국에 들러 인사 건네고 디디피로 촬영 가셨던 작가님, 또 팔로우는 하지 않으면서 궁금한 것은 꼬박꼬박 디엠으로 물어보는 약국 위 4층의 남성복 가게 사장님. 그리고 자주 못 만나도, 친숙하다고 하는 오랜 친구와 지인들과 가끔 방문해서 스몰토크 하다가 약 구매해 가시는 인친님들. 온라인 세상도 별다르지 않다. 기쁨과 슬픔, 여유로움과 조급함, 기대감과 불안이 교차하는, 사람 사는 세상이었다. 특별해 보이는 인플루언서도 알고 보면, 애정과 격려를 갈구하는, 속이 말랑말랑한, 보통 사람이었다.

 규모가 커지면 내 이야기를 긴하게 듣는 팔로워들이 많아지고, 살짝 쌍방향에서 일방으로 내 이야기, 내 정보를 정말 많은 이들에게 전달하게 된다. 이렇게 가다 보면 영향력 있는 인플루언서가 되겠지 싶다. SNS로 연결되는 관계가 앞으로 어떻게 발전할지 흥미진진해지고, 재미있어졌다.

4
커뮤니티의 힘
맞잡은 동아줄이 두꺼워지다

목표를 이루는 과정에, 혼자서도 얼마든지 꾸준히 멋지게 해 내는 사람이 있다. 또, 같이 손잡고 숙제처럼 과제를 수행하는 것이 맞는 사람이 있다. 나의 성향은 후자인 셈이다. 커뮤니티 안 챌린지들을 디딤돌 삼아 서로를 북돋우고 같이 커 가는 것이 맞는 타입인 것이다.

지금이야 소중하고 편안한 인친들이 있지만, 처음부터 그랬을 리가 없다. 인스타그램 시작 이후 9개월째 같이 팔로우를 늘려 가는 프로그램에서는 "퍼텐셜은 좋으나, 입고 있는 옷이 별로이다."라는 조언도 받는다. 쉽게 불리는 닉네임이 있어야겠다 싶어 '피치약사'로 이름 짓고 ID도 @peachyaksa로 바꾸었다. 피아노 치는 약사라는 뜻인 피치약사로 네이밍했는데, 복숭아 피치라는 의미까지 들어가서 나름 만족스러웠다. 프로필 수정도 해 보니, 한 단계 업그레이드된 듯하고 이제 좀 뭐가 되려나 싶다. 하지만 챌린지 이후에는 마음속 잠시 뜨거웠던 열정도 사그라들고, 다시 관전 모드로 바뀌었다.

워낙, 다른 이들의 피드를 구경하는 것은 재미있고, 소통도 나름대로 즐겁다. 그런데 정작 나의 콘텐츠를 잘 계획하여 정연하게 올리는 것에는 열심이지 않았다. 바쁘다는 이유로, 자꾸 후순위로 밀리게 되니 정보성 계정을 키우는 열성이 10% 부족하였다. 생각해 보면 중간에, 유튜브와 블로그를 시작하면서, 인스타그램은 멀어져 갔던 때가 수개월 이상 갔던 것 같다.

인스타그램 시작 후 일 년이 조금 지났을 때, 길을 잃은 인스타그램을 접고 블로그로 방향을 선회할까, 생각하고 있었다. 그 와중에, 나와 이름이 같은 인친 약사님의 강력한 조언을 따라 인스타그램 그룹 과외를 등록했다. 당시에는 친정 엄마도 입원하시고, 약국도 복잡하여, 마음이 참 어려웠다. 스산하고 움츠러든 나에게 1시간 예정되었던 전화 컨설팅이 2시간 넘게 뜨겁게 달궈졌다. 과외 샘인 조은 샘은 나의 계정 상태가 "샤넬백을 검정 비닐봉지 속에 들고 다니는 것과 같다."라고 하셨다. 그래도 안에는 샤넬이 들어 있다니? 샤넬백 좀 끄집어내 구경이라도 해 볼 수 있겠나? 나도 다시 해 봐야겠다는 마음이 들었다. 창밖으로 눈이 펑펑 내리는 2월의 양재역 스타벅스에서의 솟아나던 의욕과 감동은 지금도 박제되어 있다. 메마르고 갈라진 마음에 마중물을 부어서 다시 일어서려던 그때의 나에게 안쓰럽다. 수고했다고 토닥여 본다.

그렇게 들어간 한 달간의 챌린지에서 모양을 좀 더 가다듬었다. 성장하는 계정은 어떤 모양새를 띠고 어떤 주제를 어떤 방식으로 올리는가에 대해 눈이 떠진다. 콘텐츠의 타깃은 뾰족해야 한단다. 내가 누구를 바라

보고 이 콘텐츠를 발행하는가. 일단 성인병과 건강 앞에 겸손해지는 시기가 도래한, 날씬하고 싶지만 입 터짐 막기 어려운, 우울감이 덮치다가 좋아졌다 하는 중년 여성을 타깃으로 잡았다. 하지만 늘어난 감에 비해서, 3천 명 초반대의 팔로워는 별로 늘지 않는다. 같이 수강한 두꺼비약사 님(인스타 이름)은 아예 계정을 새로 팠는데도, 릴스라는 새로운 영상 폼으로 무섭게, 소위 떡상하였다. 그런데 세상을 살아 내느라 분주했던 나는 챌린지 중에도, 피드 발행도 몇 개 안 하고, 릴스는 엄두도 못 낸다. 엉거주춤하게 엉덩이를 반만 걸치고 앉아서, 인스타그램도 어려우니 유튜브를 더 열심히 할까, 블로그를 더 열심히 하면 나을까, 아니면 다 접을까 했다. 그냥 부럽기만 하고 자존감 떨어지는 엉성한 챌린지 기간이었다.

그래도 같이 수강하며 정든 동기분들과 선생님과 어쩌다 주말 오프 모임을 하게 되었다. 씨온공방 님의 공방에서 오후 5시 반부터 새벽 4시까지 지치지 않고 이야기를 나누었다. 그다음 날 단체 릴스라는 것도 찍으며 함께 거닐던 양양 바닷가는 여전히 내 마음 한구석에 멋진 추억으로 자리하고 있다. 출장은 많이 다녔지만, 구체적인 설명 없이, 홀로 집 떠나 자고 오는 것이 처음이었던 것 같다. 남편은 그 후에도 주말에 양양까지 가서 무엇을 하고 왔는지 가끔 궁금해했지만, 사진을 보여 주거나 소상히 알려 주지는 않았다. 사랑하고 그리운 낭군님아. 세상에는 SNS를 접하고 이해하는 사람과 그렇지 않은 사람이 있어서 말을 안 한 것이었다.

정기적으로 최신 인사이트를 수혈받는 '진심기행' 북 모임에서도 책과 SNS와 커뮤니티가 한데 같이 섞여 있었다. 가랑비에 옷 젖듯이 최신 트렌드가 보이게 되었다. 수다 떨고 같이 맥주 마시면서 점점 더 편해지기도 했다. 리더이신 진심 작가님과의 인간미와 비즈니스 감각 인스타에 대한 통찰력도 자연스럽게 수혈받는다. 그리고 가장 소중한 이 책을 같이 쓴 '나도작가' 팀, 2년 가까이 같이 줌 미팅을 하고, 이야기를 쌓으면서 이제는 찐친이라고 생각한다. 이루고 싶은 서로의 꿈에 대해 엄청 진지하게 논하며 희망을 품어 본다. 누가 보면, 아줌마들 하릴없이 노닥거린다고 하거나, 허황된 이야기라고 하기 딱 좋지만, 각자 발전하고 있는 상태는 상당히 괜찮다. 서로의 찌질한 실패담들을 털어놓아도 창피하지 않은 마음은 덤이다.

결국은 사람이 답이다. 사람이 있는 곳에 희망이 있고, 기회와 돈도 있다. 같이 맞잡은 동아줄이 두꺼워지고 힘이 생기는 곳이 커뮤니티이다. 커뮤니티는 두 가지로 생각해 보았다.

먼저, 생각만으로도 좋은 첫 번째 커뮤니티는 굳이 직접 만나거나 정식으로 결성할 필요도 없고 온라인에서의 나를 둘러싼 친밀하고 따스한 기운의 응원군을 의미한다. 넓은 온라인 세상 안에서 내가 들고 있는 모자이크 조각과 맞는 조각을 가진 사람들은 의외로 많다. 서로 지켜봐 주고 칭찬해 주고, 나의 세계를 깨뜨리기도 하고 강화해 주기도 하는 사람 말이다. 오프라인의 한정된 시공간에서 만나는 사람보다도, 제한이 없는 온라인에서 조각 맞추기를 하며 함께 성장하는 재미가 있다. 내 계정이 커가고 나의 피드에서 에너지와 용기를 얻는 사람이 많아진다면 그것은 넓은 범위에서 나의 커뮤니티가 아닐까.

두 번째 커뮤니티는 내가 결성한 커뮤니티이다. 인스타그램에서 파생된 카페, 밴드, 오픈채팅방 등 구체적인 형태를 띠고 있을 것이다. 물론 내가 창출하고 키워 가는 가치와 목적에 따라 비슷한 생각을 가지시는 분으로 성원들은 구성될 것이다. 요즘은 커뮤니티 시대라고 한다. 왜 커뮤니티를 지향하는가. 이것은 사람들에게 답이 있다. 나와 비슷한 관심사와 이루고 싶은 것이 비슷한 공통점이 있는 사람들끼리 서로 정보만 나누는 것이 아니라 정을 나누고 위해 주는 공간이라고 생각한다. 내가 추구하는 건강과 뷰티 꿀팁 전수의 공간이자, 구성원들이 서로서로 본인의 사례를 나누고 서로 위해 주고 보듬어 주는 공간일 것이다.

이 글을 써 내려가는 와중에 라이브 방송을 처음으로 켰다. 350여 명의 인친들이 와 주셨다. 내가 글을 다 보지 못하여도, 서로서로 답변을 해 주신다. 너무너무 감사했다. 순간 행복하다.

이렇게 내가 라방 중에 미처 다 보지 못하고 답을 일일이 하지 않아도, 답변을 주시는 분들과 그 답변에 감사하다고 댓글을 다시는 분들. 이런 분들에게 내가 무엇인가 해 드리고 있다는 것이 순간 뭉클하고 차오르는 느낌이 들었다.

아, 진짜 내가 원하는 것을 이 글을 쓰면서 알아내고 있었다. 내가 원하는 커뮤니티는 먼저, 젊을 때보다 더 건강하고자 하는 분들과 건강할 수 있는 방법을 공유하는 곳이다. 또, 나이 들면서 나를 찾아가는 아름다움을 발견하는 곳이다. 또한, 감정이 다운될 때에도 잠깐잠깐 해소하고 끌어울릴 수 있는 자양분을 주는 곳을 만들어 보고 싶었다.

현재는 인스타그램 이외에, 좀 더 자세한 자료를 만들어서 공유할 수 있는 밴드와 카카오톡 비즈니스 채널을 오픈하였다.

5
온라인 약국 개설

우리나라는 이슈가 생기면 전국을 삽시간에 관통하여 온 국민이 영향을 받는다. 약국 또한 마찬가지이다. 한가한 시간도 좋지만, 1시간째 손님이 안 들어오시면 에너지 레벨이 슬슬 내려간다. 이때 디엠이 띠링 울리고, 인친들의 건강 문의와 함께, 구매를 하시면 다시 에너지 업.

이런 것이 온라인으로 확장된다는 것일 것이다. 실은 우리 약국은, 중국 채널에 의존도가 높았는데 코로나19 광풍 이후, 잠잠해졌었다. 이 엄혹한 시기를 지나면서, 이런저런 상황에 휘둘리지 않고 나를 브랜딩하여 비즈니스에 도움을 받고 싶은 생각이 어찌 안 들겠는가.

또한, 우리나라처럼 병원 문턱이 낮은 곳이 드물다. 아프면 병원 가서 처방전을 받는다. 그 약을 먹고 증상이 가라앉거나 수치가 조절될 때 다 나았다고 생각한다. 병원에 너무 의지하고 기댄다. 그런데, 늘어난 수명에 비해 건강 수명은 그다지 늘지 않았다. 인스턴트 음식과 불규칙한 생활, 스트레스로 젊은이들의 건강 상태도 별로이다.

암과 난치성 질환은 왜 그렇게 흔해졌는가. 환경으로 인한 호르몬과 나를 둘러싼 크고 작은 어려움은 그렇게 많은 암과 자가 면역 질환들을 만들어 내고 있다.

음식, 운동, 스트레스 조절 등의 생활 습관 이야기, 약 이야기, 천연 물질을 바탕으로 만든 제품들을 맞게 복용할 때, 내 몸의 치유가 비로소 시작되는 것 등의 이야기를 알려 주고 싶다.

실제로, 약국에서 처음 만나는 환자분들에게는 이런저런 이야기를 해 드릴 시간이 충분치 않다. 온라인에서 이야기를 풀어놓으면 진심으로 귀를 쫑긋하고 들어 주시는 느낌이 따뜻하다.

요즘은 인친들이 심심치 않게 방문해 주신다. 처음 뵌 분들이지만 반갑고 감사하다. 뿌듯한 것은 인스타그램과 블로그에 있는 이러저러한 글들, 진통제나 수면제, 다이어트 약 등 현재 약제의 문제점들에 대해 격정적으로 써 놓은 글까지 글을 잘 읽었다고 하셔서 좀 기뻤다. 이렇게 온라인에 건강 이야기와 정보를 쌓아 올려서, 온라인으로 고객을 확장하고 있다. 또 이 내용을 다시 약국에 오시는 손님들에게도 공유하고 싶다.

이는 약국뿐 아니라 다른 제품과 서비스에도 당연히 적용되겠다. 온라인사업, 온오프라인 상점의 믹스, 온오프라인 비즈니스의 믹스, 혹은 온라인 비즈니스만으로도, 사업을 일구고 크고 작은 성과에 기뻐한다. 결국 온라인으로 향하는 이 세계에서, 내 상품과 서비스를 판매하시는 분들이라면 가급적 온라인의 창구를 좀 더 열어젖히고, 두려울 수도 있지만 시도해 보시기를 바란다. 나 또한 너무도 두렵고 막막한 시간을 거쳐 왔기 때문에 더욱 권해 드리고 싶은 마음이다.

6
릴스를 시작하다

나는 캔바 등의 프로그램에 능숙하지도 않지만, 영상 편집은 더더군다나 그랬다. 릴스라는 걸 처음 만들어 볼 때 대학 입시 준비하는 것처럼 부담스럽고 막막했다. 릴스 단기 과외에 또 들어가서, 울며불며 하나씩 따라가고, 또 따로 줌까지 하면서 가르쳐 준 그분도 고생 많았다. 마음도 여전히 스산한 때 찍었던 초기의 릴스는 뿌옇고, 이른바 '귀신 릴스'였다고, 친해진 '나도작가' 팀이 나중에 놀리기도 했다.

그렇게 처음 릴스를 만들고 한 달쯤 지났을 때, 변변치 못한 릴스에 기회가 찾아왔다.

유튜브에서는 산부인과 의사가 팬티를 안 입으면

질염이 훨씬 덜 생긴다고 한다. 통풍이 잘되니깐 당연하지 않은가? 브라도 안 입으면 편하고 혈액 순환도 잘되는데. 여권신장에 맞춰서, 서구에서는 좀 더 흔하게 노브라로 생활한다. 그래서 약국에서 노브라 노팬티 콘셉트로 한 번 만들어 보았다. 이것은 심상치 않게 올라가다가 48만 뷰가 나왔다. 당시에는 참 괜찮은 숫자였다. 덩달아 올리는 피드들도 활성화가 되어서 계속 조회수가 높아지고 팔로우 유입이 되기 시작한다. 이때, 좀 더 열심히 자주 콘텐츠를 올렸어야 했는데, 크게 살리지도 못하고 사그라들었다. 남는 것은 아쉬움과 배움이다.

그래도, 요즘은 내가 정보 생산자라는 자아 정체감이 뚜렷해지고 있다. 예전에는 걸어 다니는 연예 사전이라고 불리기도 하고, 시사 프로그램에 빠져 있는, 소위 정치 고관여자로서 보낸 세월이 십수 년이다. 그러다가, 인스타그램 안의 많은 자기 계발 콘텐츠를 보면서, 공부를 하고 또 포스팅을 위해서 소위 열공을 하면서부터는 드라마를 정주행할 시간도 안 나고, 관심도 줄어든다. 어찌 보면 나의 성장과 발전에 시간을 쓰고 관심을 갖게 된 것 같다.

정보를 가공하고 만들 때에는 나름 뼈를 갈아서 하지만 나눠 주면서 기쁨이 커져 간다. 아무것도 아닌 것인데, 고맙다는 댓글에 마음이 또 춤을 춘다. 소통이라는 것이 이런 것 같다. 소곤소곤 때론 목소리 높여 이야기해 주고 건강하게 만들어 주고 싶은 마음. 그러려면, 많은 사람들에게 내 콘텐츠가 노출이 되어야 하고, 그러자면 인스타그램 알고리즘을 타고, 좀 더 밀어 주는 콘텐츠를 생산해 내야만 한다.

7
한 달 반 만에 420만 뷰로
만 팔로워에서 4만 5천 팔로워 되다

이 글을 쓰는 시점에 우연히 만든 영상이 소위 터져서 계정이 활성화가 되고 있다. 정확히 한 달 만에 5개의 피드에서 도합 420만 뷰가 조회되면서, 나의 팔로워도 1만에서 4만을 바라보며 소위 떡상해 버렸다.

한 달 가까이 하루에 500명에서 2천 명 정도의 팔로워가 늘게 된 것이다. 많은 분들이 궁금해하시고, 또 참고가 될까 싶어서 한번 기록해 보기로 하겠다.

23년 3월 말 만 팔로워 달성 이후, 무엇을 할까 하다가, 아무래도 피부 미용 쪽을 한번 해 볼까 싶었다. 약국용 약품이지만, 화장품보다 훨씬 퀄리티가 좋으면서 소위 '갓성비'를 이뤄 낼 수 있는 제품들이 있다.

그중에서 개인적으로 좋아하고 인지도가 있는 덱스판테놀 성분을 잡아 보았다.

많이들 모르시지만, 덱스판테놀이 비타민B5 성분인데, 사실상 매우 안전하다. 나는 평소에 소위 Off-label Use라고 해서 피부 관리에 써 왔고 저렴한 국산 제품은 5~7천 원대이니깐, 5천 원짜리 명품 크림으로 올려 봐야겠다는 생각이 들어서 곧바로 그 부분을 찍어서 한번 올려 보았다. 올리자마자 반응이 심상치 않게 올라간다. 이틀 만에 50만 뷰가 나온 것을 확인하고 짜릿했다. 이제 나도 저장도 많이 되는 그런 때가 다가오는 것인가.

이다음 피드는 또 피부 미용으로 한번 더 해 봐야지… 하는 생각이 절로 들었다.
두 번째 피드는 마데카솔 분말이 새살을 돋게 하고 재생 작용이 매우 탁월하니깐, 그걸 한번 올려 봐야겠다 하고, 논문과 참고 자료와 안전성 등을 다시 한번 꼼꼼히 들여다보았다.

원래 병원에서는 욕창 등 피부가 해지고 진물 나고 균열 생길 때, 덱스판테놀 크림과 마데카솔 분말 두 가지로 처치를 한다. 이 원리는 바로 피부 장벽 강화와 새살 돋는 피부 재생이다. 피부 미용에도 에스테틱 숍이

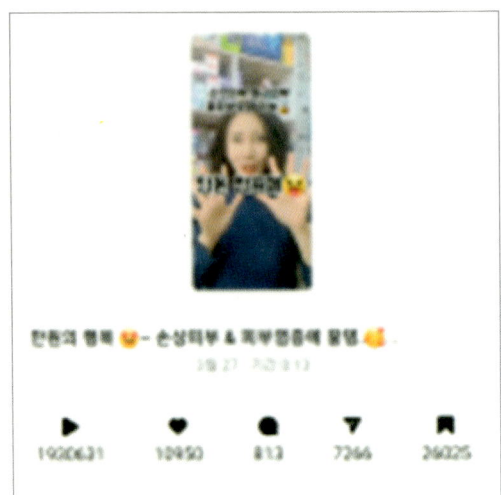

나 의료인들, 약사들도 알음알음으로 적용하고 있는 부분이다. 이미 마데카솔 분말을 만드는 회사에서 피부 재생의 원리를 따서 주원료를 섞은 화장품 크림을 내어서 시장에서 초대박을 친 바가 있다.

그때 마데카솔 분말을 바르면 되는데 고가의 화장품을 만들어서 비즈니스 잘하신다고 그 회사 연구원과 이야기 나눈 적이 있다. 즉, 마데카솔 분말을 조금씩 에센스에 섞어서 바르면 화장품보다 매우 낮은 가격에 그 이상의 효과를 보는 것이다. 또 부원료나 주원료에 대해서도 익히 잘 알고 안전성에 있어서도 자신이 있었기 때문에, 주름 개선에 적용해 보고 싶었다. 새살 돋는 것은 주름 개선과 일맥상통하지 않는가.

속으로 올려도 되나 하는 생각을 했지만, 부원료들을 훤히 알고 있고, 학술적 바탕 그리고 의료인들의 축적된 사용 경험하에 한번 만들어 보았다. 올리고 난 이후, 두 번째는 첫 번째 피드보다 조회수가 더 가파르게 성장한다. 결국은 200만 가까이의 뷰를 기록한다. 두 번째 피드를 올리고 나서부터는 하루에 천 명에서 2천 명 정도 팔로워 수의 증가가 이뤄진 것 같다. 하루하루 신기하고도 감사한 경험이었다.

두 번째 피드까지 뜨고 난 이후, '물 들어올 때 노 저어야 한다.', '이때 잘해야 한다.'라고, 친한 인친들이 말해 줬다. 물 들어올 때 노를 저으려면, 아무래도 비슷한 카테고리의 콘텐츠를 한 번 더 생산해야겠다는 생각이 계속 들었다.

그냥 단순한 피부 미용 콘텐츠를 올리는 것보다, 약국 템이 곁들여지는 것이 좀 더 약사의 정체성을 살리면서, 말하기도 편할 것 같은 생각이 들었다. 그래서 문득 생각해 본 것이, 예전 동네 아줌마들하고 수다 떨 때 나왔던 피부 미용 관리 꿀팁이다.

히알루론산과 바셀린을 비율을 잘 맞춰서 섞어 바르고, 그 위에 의료용 테이프를 붙이고 한 20분~30분 있으면 수분 공급이 잘되어 피부도 차오르고 팽팽해진 느낌이 든다. 일시적인 게 아니라, 그다음 날 아침에도 좋은 피부를 느낄 수 있게 한다. 예전에 가끔 했는데 지금은 잊어버리고 하다 안 하다 한 것이다.

그래서 관련 영상들을 찾아보니 그것을 그대로 시연해 주는 영상들도 있었다.

그래서 한번 준비해 보았다. 이번에도 조회수가 심상치 않다. 결국 지금까지는 125만 뷰에 저장이 2만

개 정도 되었다.

  그런데 댓글에 이 제품에 대한 공구를 해 달라는 요청이 상당히 늘어나게 되었다. 이걸 어떻게 해야 하나 하다가 내가 사서 묶음으로 해서 택배로 부쳐 드리면 되지 않을까 하는 생각이 들었다. 최근 늘어난 팔로워들에게 좀 보답해 보고 싶은 생각도 일어났다.

  그런데 넘어야 할 산이 많다.

  약국에서 바셀린과 의료용 테이프는 구할 수 있는데 시판되는 히알루론산 원액이 문제다. 다양한 제품들의, 여러 장단점들이 들어온다. 역시 관심을 가질수록 많은 것을 알게 된다. 무엇인가 좀 더 해 느리고 싶어서, 오래 사용 가능한 마스크도 따로 준비하는 등 만반의 준비하고 드디어 오픈을 하였다. 중간에 품절되는 작은 이슈도 있었지만 신나고 즐거웠다.

  단김에 라방도 해 본다. 라방하는 법을 배우고 할 이야기도 좀 정리해서 공지한 시간에 켜 보았다. 그런데 막상 혼자서 켜려고 하니, 이게 또 안 된다. 교감 신경이 항진되고 땀이 삐질삐질 나온다. '나도작가' 팀 에린 님에게 급히 전화해서 물어보고, 15분 있다가 겨우 켜게 되었다. 이 디지털 약자는 그렇게 정식 라방에 처음 데뷔하게 되었다. 라방에 350명 정도의 분들이 들어와 주셔서, 한 시간이 후딱 지나가 버렸다. 약국 템을 피부 관리에 사용하게 된 이유 그리고 실제 사용 방법 그리고 제품의 안전성이나 효능 등을 떠들었다. 처음 20분에는 댓글이 잘 보이지도 않다가, 30분 지나서는 댓글을 보고 답변도 해 주고 하면서 여유가 생겼다. 가장 감사한 것은, 내가 댓글을 읽고 답변하지 못하더라도, 다른 분들이 답변을 달아 주시고, 또 거기에 대해 고맙다고 인사를 하시는 것이다. 서로를 위해 주는 마음이다. 순간 너무나 흐뭇하고 기쁜 마음이 차올랐다.

이렇게 인스타 생활에 많은 변화가 생기게 되었다.
디엠도 상당히 많이 오는데, 가급적이면 늦지 않게 답변을 하려고 한다. 그런데 그렇게 답변해 주면, 이게 뭐라고, 고마워한다. 조금 뿌듯하기도 하고, 앞으로도 어떤 방법으로든 많은 도움과 에너지를 주고 싶은 생각이 든다. 또한 최근 인연이 된 팔로워들에게, 건강하고 예뻐져서 행복해지는 데에 도움을 주고 보답을 하고 싶다.

인스타그램을 열심히 운영하는 분들은 모두 계정이 잘되고 팔로워 수가 많아지길 바랄 것이다. 계정이 소위 뜨거나 대박을 내는 것의 사유는 다양하겠지만, 내가 경험해 보기로는 다음과 같다.

첫 번째로, 차별화되는 정보나 재미를 준다.
세상에 유일무이한 개인들이 정보만 주는 것도 한계가 있다. 훌륭한 정보는 어디든지 존재하는 것이니깐. 편안하고 쉽고 조금은 재미있게 해 주는 것이 낫다. 그 정보는 결이 비슷하면서도 구체적인 주제를 가지고 계정 주인의 정체성이 피드에 가급적 일관적으로 담기는 것이 좀 더 유리하다. 재미와 힐링을 주는 계정도 마찬가지이다. 계정 주인과 담긴 피드의 결이 같은 물결 위로 흐를 때, 다수의 공감과 팔로우 저장 등을 얻어 낼 수 있는 것 같다.

두 번째로, 양질의 콘텐츠를 단발성이 아닌, 지속적으로 발행하기 위한 기획력과 정보의 깊이를 가지고 있는 것이 좀 더 유리하다.

그냥 예쁘고 신기한 사진이나 일상을 올리는 계정은 이미 유명인인 경우를 제외하고는 지속적인 큰 반향을 일으키기는 어려운 것 같다. 사람의 마음을 움직이는 것은 쉽고도 어렵지만, 이 콘텐츠를 보고 어떤 정보를 활용한다든지, 혹은 감명을 준다든지, 나도 같이 따라 해 볼 수 있겠다는 의욕 등을 일으킨 경우가 계정이 활성화되기 쉽다. 그로 인해 팔로우 유입이나 저장 건수가 많아지는 것 같은 느낌이다. 최근 들어서 생긴 개인적인 느낌이고 다른 피드를 보고 아, 이렇게보다는 좀 더 다른 접근을 하면 노력 대비 훨씬 성과가 있지 않을까 하는 생각을 종종하곤 한다. 그러고 보니, 인스타그램에서 내가 얻어 낸 것이 정말 많이 있다.

세 번째로, 소통이다.

올리는 피드에 대한 댓글에는 가급적이면 대댓글을 달아 주고, 또 적극적으로 소통하는 것이 계정을 키워 가는 사람들의 공통점이다. 인지상정이라고 사람은 다 비슷하니까 말이다. 또한 디엠으로 오는 건강 정보에 대한 문의는 가급적 빼먹지 않고 답장을 주었다. 이것은 나의 방식이니깐 참고하시면 될 것 같다.

네 번째, 본인의 이야기를 풀어 낸다.

인스타그램의 특징은 쌍방향 소통이다. 멀리 있는 것 같지 않은 친근한 인친이 자기의 경험을 풀어 내는 것에 더 많은 관심과 귀를 기울이게 된다. 단순 정보나, 예쁜 사진보다는 콘텐츠와 어울리는 본인 경험담이나 이야기가 훨씬 생동감 있고 공감 가는 콘텐츠로 변모하는 것은 어찌 보면 당연한 이야기 같다.

이렇게, 나도 어느새 정보 생산자, 디지털 크리에이터가 된 느낌이다. 앞으로는 좀 더 소비자들이 원하는 정보를 약간 신박하게 풀어 내면서 정보 생산자로 더 커 나가고 싶다.

분야를 막론하고, 아마도 성공하는 SNS 계정의 핵심은 정보와 재미의 수혈이지 않을까 싶다. 이렇게 통하는 정보 생산자가 되면 인플루언서가 되고 수익화도 자연히 같이 오게 된다.

우리나라가 의료 강국이 되었다고 하지만 예전보다 사람들의 육체적·정신적 건강이 더 나아진 것은 아니다. 기대 수명은 올라갔지만, 건강 수명이 증진이 된 상태는 더더욱 아니다. 본인과 가족, 주위 사람들이 느끼는 스트레스, 생활 환경, 식습관 등을 생각하면 이해가 갈 것이다. 나는 사람들이 건강하고 행복해지는 데 기여하는 슈퍼 기버가 되고 싶다.

이 사람들이 SNS의 힘이다. 규모가 커지면서 내 이야기를 긴하게 듣는 팔로워들이 많아지고, 살짝 쌍방향에서 일방으로 내 이야기, 내 정보를 정말 많은 이들에게 전달할 것이다. 이렇게 점차 영향력 있는 인플루언서가 되고 있다. 지금 출간을 바로 앞둔 최근 겪고 있는 일이다. 팔로워 만 명 이하일 때, 댓글 주시는 분들의 삼분의 이는 내 인친 중에서도 어느 정도 상호 소통이 있는 분들이었다. 그런데 바로 이 글을 쓰고 있는 순간은, 댓글이나 디엠을 주시는 새로운 분들이 많이 생겼다. 나는 성의 있는 답장으로 소통할 뿐이다. SNS로 연결되는 관계가 앞으로 어떻게 발전할지 흥미진진해지고, 재미있어진다.

8
셀프 브랜딩의 여정

'팜투게더'라고, 인스타그래머 약사들의 작은 커뮤니티가 있다. 서로, 여러 정보와 응원을 나누고 있으며, 공동 콘텐츠를 발행한다. 그곳에는 메가 인플루언서 약사도 있다. 어느 날 인스타그램에 그분이 등장하는 광고가 보인다. 아는 약사의 출현이라 신기하기도 하고, 부럽기도 했다. 그러던 와중, 그분의 디엠이 왔다. 건강 기능 식품 회사에서 연륜과 임상 경험이 풍부한 약사님과의 협업을 원한다는데 혹시 관심이 있냐고 한다. 무슨 내용일까 너무나도 쫑긋해졌다. 이후 그 회사의 팀장님과의 진한 소통 이후, 나는 광고를 찍게 되었다. 스크립트를 처음 받아 보고는 입에 붙게 정성껏 고쳐 보았다.

처음에는 약국에서 촬영을 하는데, 영업시간에 지장을 주면 안 되기 때문에 새벽 5시에 시작하였다. 추운 새벽 5시에 피디님 말고는 처음 뵌 분들이었다. 다들 꽤나 피곤해 보였다. 나중에 알고 보니 새벽 5시에 모인 것은 처음이란다. 장비도 촬영도 생소하지만 유튜브 몇 편 찍어 본 경험을 살려서 해 봤다. 회차를 거듭할수록, 함께하는 분들과의 합이 들어맞는다. 즉문즉답이라는, 대본 없는 문답도 되는 것이 뿌듯했다.

하다 보니, 요즘 건강식품의 개발 트렌드 및, 마케팅 기법이 서서히 보이기 시작한다. 코로나19 이후의 건강과 면역의 중요성은 엄청 강조되고 있지 않은가. 역시 건강식품도 시장 성장 상황과 온라인 프로모션 등이 한 달이 다르게 진화하고 증대된다. 얼마 전 뵌 의약품 연구 개발 회사를 하는 지인이, 건강 기능 식품 산업 쪽으로 진출하고 싶다고 한다. 원료 개발도 마치고, 특허 출원 중이라는데, 그분이 고민하는 부분의 답을 쉽게 풀어 줄 수 있었다. 작은 조각들을 꾸준히 채우다 보면 전체 그림이 완성된다. 나도 조각들을 잇고 맞추면서, 건강 기능 식품 전문가가 되어 가는 것인가 하고 뿌듯했다.

강의도 긍정 연료가 되었다.

'하우파마시'라는 2,000여 약사들이 모인 커뮤니티의 리더 진심약사님과 연이 닿게 되었다. 협업 관련 전화 도중, 인스타그램을 잘 모르는 약사들에게 강의를 해 달라는 제안을 하셨다. 반갑게도 유료 강의란다. 예전 회사 다닐 시절이야 강의를 했지만, 지금은 좀 엄두가 안 났다. 그냥 지금까지 해 왔던 성장기를 풀어서, 인스타그램을 하고 싶지만 주저하거나, 방법에 대해 고민하는 분들에게 내 이야기를 해 달라는 요지이다.

일단 제목은 '나이 든 아줌마 약사의 인스타그램 도전과 작은 성공기'로 잡았다. 자료를 만들면서, 나의 성향과 SNS와의 궁합을 판단해 보는 약사 인스타그래머 인덱스도 만들고, 지금까지의 여정을 만들어 보니 시간이 후딱 갔다. 내용을 만들어 내는 재미가 쏠쏠했다. 자료를 만드는데 소풍을 가는 느낌이 드는 것이, 좀 신기하다. 막상 강의하는 날에는 어찌 시간을 다 채우나 싶고 떨렸지만, 그냥 내 이야기를 풀어 나갔다. SNS 안에서의 작은 성장 스토리 및 어려움을 동료 약사들에게 가감 없이 털어놓았다. 아무것도 안 하고 싶었지만, 할 수밖에 없던 상황, 릴스에 자막 다는 것도 낑낑대고 간신히 배우던 이야기, 지금도 익숙하지 않지만 브랜딩에 꿈이 생기게 되는 과정 그리고 습관을 이제 만들어 가고 있는 느린 걸음 등등.

인스타그램은 일대일 소통을 통해 서로 응원하는 찐팬층을 구축하는 것이 지속적으로 해 나가기에 맞다. 그런데 누구나 인스타그램을 할 필요는 없다. 본인 성향에 맞는 SNS 플랫폼을 하면 된다. 그런 차원에서 아래의 자가 점검표를 만들어 강의 때 공유하였다.

내가 인스타를 할 상인가? 인스타 자가 점검표(Instagrammer Index)

No.	증상	상태/정도				입력
		안 그렇다	약간 그렇다	보통 그렇다	매우 그렇다	
1	일주일 1~2회 이상 꾸준하게 정보 피드 업로드 무조건 가능(피드 작성 시간 초기 5시간 이상 소요)	0	4	8	12	
2	하루 1~2시간 정도를 인스타그램에 내어줄 용의가 있다	0	4	8	12	
3	보고서이든, 일기이든, 꾸준히 글을 써 왔다	0	2	4	6	
4	은근 재미있고 좀 엉뚱해서 튄다는 말을 가끔 듣는다	0	2	4	6	
5	전공 과목보다 교양 수업이 실은 더 좋았다	0	1	2	3	

6	불특정 다수의 사람 피드에 댓글 달고 시간 쓰는 것이 피곤하거나 아깝지 않다	0	1	2	3	
7	평소 일이 어그러져도 상관없다는, 어찌 되겠지 하는 마음, 혹은 넘어져도 다시 일어나는 회복 탄력성이 있다	0	2	4	6	
8	인플루언서를 보면 부럽고 나도 그리되고 싶은 마음이 있다	0	1	2	3	
9	브랜딩과 수익화라는 말에 가슴이 뛴다	0	2	4	6	
10	남들이 평가하는 것에 대해 별 개의치 않는다	0	2	4	6	
11	스트레스 받을 때, 주위 누군가와 상의하고 거기서 에너지를 얻는 편이다	0	1	2	3	
12	남들 사는 모습이나 인생에 관심이 많고, 오지랖이 넓은 편인다	0	1	2	3	
13	관심사와 집중하는 분야가 자주 바뀐다. 새로운 것에 흥미가 있다	0	1	2	3	
14	혼자 공부하기보다, 그룹 스터디와 남에게 설명해 주는 것을 선호한다	0	1	2	3	
	total					
기준 점수	– 15점 이하: 인스타 비추천 (블로그나 타 채널 추천) – 16~35점: 시도해 볼 만함 – 36~54점: 적합 – 55점 이상: 매우 적합				인친님의 인스타 인덱스	

SNS를 하는 것은 꼭 추천하지만 블로그나 유튜브, 인스타, 틱톡 등에서 본인과 맞는 것을 하면 된다. 위의 표는 인스타에 대한 자기 점검과 판단을 할 수 있게 하였다. 이 글을 읽으시는 독자분들도 한번 해 보시면 나의 성향 파악에 도움이 되실 것이다.

강의 후, 약국 마케팅의 일인자이지만, 친분은 없던 꼬기약사님이 "오랜만의 신박한 강의에 머리가 맑아졌다."라는 후기를 올려 주는 등, 여러 약사님들의 찐반응에 상당히 고무되었다. 이후로 재강의 및 타 약사 커뮤니티에서 비슷한 주제로 비슷한 내용의 강의를 했다. 앗싸, 나는 알려진 콘셉트와 정보를 약간 비틀고 섞어서 새로운 지식을 만들어 내는 지식 생산자가 드디어 된 것이다.

우리는 자수성가하기 가장 좋은 시대에 살고 있다고 한다. 최근 증가하는 소위 영앤리치족들은 대부분 자기 이름을 걸고 브랜딩에 성공한 사람들이다. 개개인이 주체가 되는 개인 브랜딩, 작은 브랜딩이 가능해진, 소위 힙스터 세상이 온 것이다. 트렌드를 선도하며 메가 인플루언서가 되지 않아도, 우리 모두는 셀프 브랜딩으로 나의 신념을 전파하고, 상품과 서비스를 홍보하고 판매한다.

그러면 개인의 브랜딩은 무엇으로 만들어지는가. SNS에서 나를 홍보하면서 사람들의 관심과 애정을 획득하는 셀프 브랜딩부터 시작한다. 셀프 브랜딩의 측면에서는 특히 인스타그램이 원탑의 위치에 서 있는 듯하다. 인스타그램은 숨을 쉬고 있다. 결국은 사람이 움직이고 있다. 감동과 재미를 주거나, 좋은 정보나 수익화의 기회를 주거나, 혹은 롤 모델이 되면서 내가 인플루언서가 되면 내가 하는 일에 당연히 날개를 달게 된다.

나 또한 약 5만 명의 팔로워를 바라보게 되었고, 인친들과의 상담을 통한 판매와 건강 기능 식품 회사와의 광고, 제약 회사 협업, 공동 구매 등으로 수익화를 이루고 있다. 또한 '팜투게더'라는 약사 인스타그래머 그룹에서 활동하고 있다.

요즘 특히 느끼는 점은 먹고 있는 약들이나 건강에 대해 사람들이 생각보다 찐으로 관심이 많다는 것. 많은 분들에게서 디엠이 많이 오고 있다. 이때 성심성의껏 답변해 주고, 같이 안타까워하고 그리고 대체 방안에 대해 조언을 해 주는 일이 아주 꽤나 만족스럽다. 디엠으로 성이 안 차고 급한 생각이 들 때는 전화 통화로 한참을 이야기하기도 한다. 끊고 나서는 필요한 조언이었지만, 필요 이상으로 단호하고 너무 나서지 않았나 하는 생각이 들기도 한다. 아, 나는 이렇게 오지랖과 참견의 본능이 있었지 하고 생각한다. 이 오지랖과 참견은 앞으로 또 많은 커뮤니케이션을 통해 '아차⋯.' 하는 순간을 넘어서 적정하고 편안한 나만의 조언 방법과 물 흐르는 프로세스를 가지게 될 것이다. 좀 더 거창하게는 소명 의식도 갖게 되고, 슈퍼 기버가 이렇게 되는가 하는 신나는 생각을 가지게도 된다.

이 셀프 브랜딩의 여정 속에 최근 나의 스토리가 《데일리팜》이라는 제약바이오업 1위의 신문에 실리는 영광도 입었다. 실시간 핫뉴스 4위에 오른 것이 어린아이처럼 기뻐서 캡처도 해 놓았다.

어찌 보면 내 인생의 중요한 부분인 커리어의 굵직한 부분들이 소개되었다.

기계 앞에서는 한없이 작아지는 디지털 문맹에 가까운 내가 편집 프로그램인 캡 컷 줌 과외를 받으면서, 진땀 흘리던 생각도 나고, 인정을 받은 것이 기쁘기도 하지만 앞으로 좀 더 책임감 있게 살아야겠다는 생각이 든다.

이렇게 나의 브랜딩만이 아닌 다른 회사나 제품의 브랜딩을 위한 협업 그리고 도움을 주는 일, 더 나아가 의미 있는 공익적인 일에 동참할 수 있으리라 생각하면 꽤나 설렌다. 자영업을 하거나, 작은 사업을 하시는 분 그리고 직장을 다니지만 언젠가는 내 일을 하고 싶으신 분들은 SNS를 시작해서 꾸준히 키우면, 본인의 일에 깜짝 놀랄 만큼 많은 도움을 얻을 수 있다. 실제 내가 본 사례를 들어 보겠다. A 씨는 직장인인데 SNS가 본인 취향에 맞으셨다. 온라인상에서 어떤 군단이나 단체가 아닌 느슨하면서도 서로 응원해 주는 친구 집단을 만들길 원했고, 댓글로 서로 소개도 많이 시켜 주었다.

심지어, 시인분의 시집 출간 기념 및 라이브 커머스를 발 벗고 나서서 직접 출연하기도 하였다. 도와주고 이어 주려는 마음이 강한 분이다. 그런 마인드를 가지고 적극적으로 도와주다 보니 주변에 인친들이 참 많다. 이제는 그분이 직장 생활을 접고 본인의 펜션 사업을 하고자 할 때, 인스타그램의 팔로워들이 정말 많은 응원을 해 주고 있고, 이 응원은 실제적으로 사업에 큰 도움과 든든한 뒷배가 되리라. 이런 경우는 음식, 의류 등을 막론하고, 모든 분야에 해당되는 것 같다. 결국 사람이 답인 것이다.

또한 내가 유독 끌리고 자주 보는 콘텐츠를 모아 보면 본인의 취향과 태도 등 몰랐던 나에 대해 알게 되는 것은 덤이다.

9
셀프 브랜딩에서 제품 출시로

제조 본능은 주머니에 집어넣은 송곳이 삐죽이 빠져나오듯이 다시 살아난다.

나의 법인과 '피치힐'이라는 브랜드와 제품이 나오게 되었다.

먹고 바르는 극세립의 비타민C 파우더인 피치힐비타씨3000과 피치힐 오메가3 두 가지이다.

물론 이 제품들이 나오기까지에는 많은 스토리가 있다.

회사에서의 건강 기능 식품 개발 경험, 약국에 오는 환자들과의 대화 및, 많은 임상 경험과 인스타그램 내에서의 상담 사례, 마케팅 환경에 대한 많은 고민이 바탕에 깔렸음은 물론이다.

나의 제품을 흔히들 자식이라고 하는 것이 매일 이런저런 상황에서 주저앉지 않게 만드는 점에서 그런 것 같다.

이것은 순전히 인스타그램이라는 플랫폼에서 나를 노출시키고 성장시켜 왔기 때문에 가능한 것이다.

나의 소중한 두 아이들을 키우기 위해 나름의 질주를 지속하고 있다. 책임감을 가지고 잘 성장시켜 봐야겠다.

10
불편의 다리를 건너 습관 장착 중

인스타를 시작한 절대적 이유였던 직접 만든 초창기의 두 가지 품목은 잘 됐었는가? 돌아보면 부끄럽다.

만들면 중국으로 척척 나가는 줄 알았던 제품이 코로나19라는 변수를 맞아 대박 행진과는 한참 거리감이 있게 뒤뚱뒤뚱 겨우 소진했었다. 심지어 다른 인플루언서분들에게 가지고 있는 제품의 공동 구매를 의뢰하고 협업을 하면서도 정작 나 자신은 직접 내 제품에 대한 공구나 제품 홍보를 한 적도 몇 번 없다. 들여다보면 뻘쭘하고 주저했던 내가 보인다. SNS 시작의 목적에 맞는 실행이 부족한 나에게 자책감도 시시때때로 올라왔었다. 그럼에도 불구하고 손에서 놓지는 않았다는 것. 그릿(Grit), 혹은 '졸꾸'나 '존버'를 했다고는 말하진 못하겠고, 사부작사부작 모드이다. 이 사부작과 사부작 사이에는, 영상 촬영과 편집의 미숙함으로 인한 정신적 '현타'와, 자료 가공을 위한 시간 확보의 부족 그리고 콘텐츠 구상에 대한 부담이 차 있었다. SNS에서도 인스타그램을 시작했다가 유튜브, 블로그까지 하면서, 선택과 집중도 잘 안되었다.

나는 학교 시험공부를 할 때에도 1시간 이상 한 과목을 하지 못하고 자꾸 바꿔 줘야 했다. 책도 끝까지 보지 않고, 이 책 저 책 바꿔 가며 들여다봐야 집중이 되었다. 다녔던 회사와 벌였던 사업의 개수를 합하면 열 손가락으로 부족하다.

가만히 생각하면 한 가지를 십수 년 파기보다는 너무 이것저것 한 것이 맞다. 그러다 보니 약간의 성공과 약간의 시행착오와 실패가 죽처럼 믹스되어 있다.

그런데 이어령 교수님께서 '엉망진창의 힘'이 미국을 살린 것이라고 했다는 글이 눈에 확 띄었다. 교수님께서는 미국으로 건너간 낙오자 다인종들의, 엉망으로 융합된 폭발적인 힘이 미국을 이끌었다고 말씀하셨다. 묘하게 안도감이 들었다. 여러 가지의 잘되기도 하고, 잘 안되기도 하고, 마무리가 되기도 하고 안 되기도 한, 다양한 어찌 보면 엉망진창의 경험들이 맞닿아서 무지개처럼 펼쳐질 것이라고 믿어 본다.

'아무것도 하지 않으면 아무 일도 벌어지지 않는다.' 가만히 두면 아무것도 안 했을 나를 일으켜 세워, 여기까지 끌고 온 나에게 수고했다 토닥여 준다.

하지만 갈 길이 정말 멀고 나에 대한 비판을 할라치면 끝도 없다. 2023년 중반까지는 의지의 영역에서 일주일에 한두 개 피드를 올려서 끌고 왔다. 2024년 초인 지금은 1일 1피드에 가깝게 콘텐츠 작성을 하는 일을 습관의 영역에 도달시키고 싶다. 습관이 장착되면 어떻게 되는가? 거대한 정보가 믹스된 실타래에서 신박하고 유용한 정보의 밑천이 되는 실이 뽑혀 나온다. 이후 잘 가공되고 벼려지면, 좋은 옷감으로 직조가 될 것이다. 블로그 콘텐츠나 인스타그램, 유튜브 콘텐츠가 생산이 되는 것이다. 이러한 가공의 프로세스는 레버리지의 법칙에 따라 혹은 눈덩이가 굴러가며 커지듯이 술술 탄력을 받아 가속이 생길 것이다.

이 글을 쓰면서도 궁싯거리고 있지만, 소중한 SNS상의 총 6만 명(을 바라보고 있는)의 팔로워와 더 많은 분들에게 더 나은 정보와 건강을 같이 만들어 낼 것이고, 이는 새로운 레버리지로 작용할 수도 있지 않을까.

그런 의지의 영역과 습관의 영역을 이어 주는 것은 불편함을 감수하고 매일 노력하는 것. 즉, 불편의 다리를 건너는 것이다. 누가 건너게 해 주는 것인가? '나'이다. 누가 건너야 하는가? 바로 '나'이다. 그것을 위해서 지금은 불편의 다리 초입을 놓고, 쉬면서 건너고 있다.

모두가 본인이 원하는 목표점과 처한 현 상황이 있을 것이다. 그 목표점에 도달하기 위한 불편의 다리가 모두 있다. 그 다리를 같이 힘내서 손잡고 건너가 보았으면 한다.

11
에필로그
SNS로 같이 성장하고 발전하자

요즘은 슈퍼 기버, 선한 영향력 이런 말이 점점 더 익숙하게 다가오고 생각하면 설렌다. 이 글을 쓰는 시점은 성공 스토리가 아니고, 어느새 50대가 된 아줌마 약사의 지난 3년간의 인스타그램 등정기이다. 요즘은 성공을 '우주에 흔적을 낸다.'라고도 말한다. 작대기 하나로 점을 찍어 보다가 지금은 선을 긋고 있다. 앞으로는 면을 만들어, 집을 그리고 또, 지어 보고 싶다.

또 남녀노소를 불문하고 사람은 소통에 목말라한다. 소통이 잘되는 사람이건, 어려운 사람이건 그렇다. 또한 우리나라 사람은 인정 욕구도 가장 높다는데, 인정과 공감은 같은 줄에 나란히 놓여 있다. 소통과 공감을 주고받을 수 있는 자리가 인스타그램이다. 이를 통해서 많은 사람들이 같이 성장하고 발전하기를 희망해 본다. 그리고 모두가 원하는 중요한 희망 사항은 수익화일 것이다. 내가 SNS를 시작한 이유도 셀프 브랜딩을 통한 수익화와 선한 영향력을 구축하고 슈퍼 기버가 되는 것이다. 각자의 영역에서 열심히 연구해 가면서 간절함을 가지고 꾸준히 한다면 무조건 가능이다. 이 글로 인해, 단 한 분이라도 크게 도움을 받고 성공하신다면 더없이 행복하겠다. 이 부끄러운 글을 내놓으면서도 격하게 응원하고 설레는 마음이다.

슈퍼땅콩 서정은

Transform my Life Plan, 나의 다이어트 성공기

1
먹는 데 돈 들고
빼는 데 돈 더 드는 여자

'나는 곧 풍선이 되어 날아갈 것 같았다.'

15살 이후로 정상 체중인 적이 없었다. 친정집에서 떡국을 한 그릇 먹으면 떡이 열 알도 들어 있지 않았다. 나의 부모님은 내 입에 들어가는 모든 것을 체크하시고 나의 복장, 행동거지 하나하나를 신경 쓰고 계신다. 누가 이렇게 우리 가족을 예민하게 만들었는가.

쌍꺼풀도 없는데 동그랗고 큰 눈, 어디 내놓아도 크게 뒤지지 않을 콧날, 정월대보름의 달처럼 동그랗고 귀여운 얼굴에 작은 체구. 인형이라는 소리를 들어 가면서 누구보다 예쁘고 밝게 자랐다. 그리고 이차 성징이 지나 대한민국 대부분의 여고생과 다르지 않게 조금씩 불어나기 시작했다. 열심히 공부한다는 핑계로 엉덩이가 커지고 배가 접히기 시작했다. 재수까지 겹쳐 일 년이 더 추가되었고, 결국 대학에 통통한 외형을 지닌 채로 진학하였다. 나는 148㎝의 작은 키이다. 그래서 통통하다고 하면 50kg 후반대가 될 것이다. 표준 몸무게보다 약 15kg 이상이다. 즐거운 대학 생활을 시작으로 연애까지 쭉쭉 해 나간 터라 다이어트는 뒷전이고 하루하루를 즐기기 시작했다. 누가 대학만 붙으면 살 빠지고 예뻐진다고 했는가. 결국 대학도 그대로 졸업했다. 이때까지만 해도 다이어트는 그저 나의 미학적인 도구일 뿐이었다. 조금 더 나온 배를 넣고 조금 더 커진 허벅지 둘레를 감추어야 할 뿐. 밝은 옷을 좋아했지만, 옷 색이 조금 어두워졌을 뿐, 사실 내 인생에서 크게 달라진 것은 없었다. "조금만 더 빼면 진짜 예쁠 텐데…."라는 말은 눈뜰 때부터 잠들 때까지 들어 왔던 말이다. 난 왜 이렇게 되었을까?

나의 부모님은 두 분 모두 교사였다. 할머니와 여동생까지 다섯이 함께 살면서 큰딸인 나는 가장 사랑을 많이 받고 자랐다. 여름에는 물놀이, 겨울엔 눈놀이. 때가 되면 여기저기 여행부터 많고 다양한 경험을 하면서 부족함 없이 자랐다. 특히 할머니께서 큰 강아지라고 하며 사랑으로 키워 주신 것을 지금도 내 인생 최고의 행운이라고 생각한다. 그래서 외향적인 성향에, 뒤에 있기보다는 앞에 나서는 걸 두려워하지 않고, 서슴없이 도전하는 사람이 되었다. 춤추고 노래하는 것도 즐기고, 사람을 좋아하여 인사도 곧잘 하고, 늘 많은 사람에게 관심이 있어 모든 것을 궁금해하기도 하고 기억도 잘했다.

그런데도 나는 늘 어딘가가 비어 있었다. 그 공허함의 본질은 바로 아빠였다. 왠지 모르지만 나를 부끄러워하시는 우리 아빠. 부모님의 직업 때문에 그랬던 것일까? 두 분의 주변에는 소위 잘 자란 자녀들이 많이 있었다. 누구는 몇 등을 했다더라, 누구는 어느 대학교에 갔다더라, 누구는 어떻게 자랐다더라. 그런 소식들에 비하면 당신의 자녀는 작고 초라해 보였을까. 밝고 쾌활한 성격도 마음에 안 들어 하셨고, 성적은 물론 공부하는 뒷모습도 탐탁지 않아 하셨다. 그런 아빠에 대한 반항적인 마음으로 나는 먹기 시작했다. 처음엔 막대 사탕을 하루에 5개씩 먹기 시작했고, 나중엔 컵라면을 하루에 한 개씩 먹기 시작했다. 그러면서 점점 먹는 양이 불어나기 시작했다. 살이 찌기 시작하고는 더욱 나를 부끄러워하시기 시작했다. 안 그래도 마음에 안 드는데 살까지 찌니 오죽 보기 싫으셨을까.

그래서 아빠의 잔소리와 눈초리에 힘든 엄마가 아빠 카드를 들고 내 다이어트에 개입하기 시작하였다. 덴마크 다이어트, 황제 다이어트 등의 식단 조절 다이어트는 기본이고, 집 앞의 국민 체육 센터에서는 안 해 본 운동이 없을 정도로 몇 년 동안 다양한 운동을 해 왔다. 그런데도 차도가 없던 우리는 한의원도 가고 병원에도 가서 약도 먹고 침도 맞기 시작했다. 그러나 여전히 별 차도가 없었다. 그때마다 나는 참다 참다 더 먹기 시작했던 것 같다. 그리고 점점 불어나 결국 68㎏가 되었을 때 마지막이라고 하며 새로운 도전을 한 번 더 하였다.

그 도전은 바로 PT였다. 그 당시 조금씩 부산에서도 생겨나던 PT숍. 시간당 5만 원이나 주고 운동을 배운단다. '내가 무슨 연예인인가요. 그리고 결국 또 운동인가요. 안 해 본 게 없는 거 같은데요.'라고 말하고 싶었다. 아빠 친구 딸이 PT를 통해서 변신하였다는 이야기를 듣고는 얼마가 들든 좋으니 뺄 때까지 하라고 했다. 그래, 먹는 걸 못 참는다면 식단을 이기는 운동을 해 보자. 수업이 없는 날에도 매일 가서 유산소를 하고 물을 마시기 시작했다. 거기 있으면 덜 먹으니까 일을 마치곤 계속 숍에서 머무르면서 운동을 했다. 그랬더니 다음 3개월은 약 4kg 감량에 성공하였다. 조금 빠지고 나니 몸이 조금씩 부드러워지기 시작했고, 실낱같은 희망이 보이기 시작했다. 희망이 보이니 나도 자연스럽게 식단 조절을 하기 시작하였고, 맛없던 음식들이 조금은 타협이 되기 시작하였다. 점점 운동도 더 재미있어지고 PT숍 거울에 비친 내 모습이 나만 알 정도로 조금씩 줄어드는 희열을 맛보기 시작하였다. 그때 나를 일 년이나 가르쳐 준 우리 손대표님, 이 책을 보고 계신다면 꼭 한 번 더 감사하다는 말을 전하고 싶다. 내 인생에서 가장 행복한 운동이었고, 즐겁게 했노라고. 결국 나는 그 비싼 돈을 1년 넘게 투자하여 10kg 감량에 성공했다!!! 15kg을 더 감량해야 정상 체중이지만, 앞자리를 바꾸고 나니 옷도 새로 사고 기분이 좋았다. 10kg 정도 감량하니 이제 주변 사람들도 조금씩 알아보기 시작하였고, 한껏 밝고 짧은 옷들을 다시 엄마가 사 주기 시작하였다. 친한 친구의 결혼식에도 예쁘게 입고 갈 수 있게 되니 신이 났다. 그렇게 해서 2014년 여름까지 오랜만에 조금은 가벼워진 몸무게로 살아갔다. 사실 감량을 한 번 더 해야 했지만 사람은 참 쉽다. 거기에 만족하고 그냥 그렇게 또 살아가고 있었다. 그러다 2014년 늦가을 한 남자를 만나게 되었다.

2
같이 살래? 같이 살자!

　20대의 마지막을 그와 함께 보냈다. 결혼할 사람은 다르다고 했던가, 수줍음이 많고 말이 적은 그는 통통 튀고 밝은 나를 사랑해 주었고, 그 남자와 2015년 봄, 결혼하게 되었다. 사실 결혼을 결심한 것은 부모님으로부터의 해방도 있었다. 하루하루가 편할 날이 없이 눈치 보고 살아 왔던 지난날의 나를 향해 굿바이. 이젠 내 마음대로, 내 편한 대로, 나만 사랑해 주는 남자와 살리라~~. 드레스 입기 전까지 다이어트를 해야 하지만 매일 만나면서 야금야금 사랑도 살도 차오르기 시작했다. 마음도 편하고 몸도 편해지니 다시 앞자리는 금방 바뀌게 되었고, 요요는 더 빨리 더 많이 오기 시작하였다. PT를 하면서도 처음 PT를 시작하기 전보다 더 찌기 시작했고 한계점을 넘어 앞자리를 또 바꾸게 되었다. 그래서 결국 유례없는 몸무게인 71㎏로 결혼식을 맞이하게 되었다. 결혼사진은 보정이 되는 것이 함정. 다 고쳐 준다는 말에 몸매 관리를 할 생각은 하나도 없고 결혼한다는 사실에 들떠 행복함에 둥둥 떠다니기 시작했다, 풍선같이.

　이 글을 쓰는 지금 시점, 시어머님에게 "그때 제가 너무 뚱뚱하지 않았어요?"라고 여쭤 보았는데 그저 예뻤다고 이야기 해 주셨다. 감사하게도 하나밖에 없는 토끼 같은 며느리는 뚱보 며느리였지만 많은 사랑을 받으며 지냈다.

연애가 짧았던 우리 부부는 신혼을 연애보다 더 기막히게 즐겼다. 이제 그 누구도 집에서 나보고 먹지 말라고 하는 사람이 없다. 남편보다 퇴근 시간이 2시간이나 빨랐던 나는 매일 저녁을 두 끼씩 먹었고 주말마다 다니던 여행에서는 먹방이 빠지지 않았다. 나의 시댁은 평생 말랐던 남편이 나를 만나 살이 포동포동 찌니 예쁘다고 좋아해 주셨고, 모든 게 행복했던 나는 하루하루가 다르게 변해 가고 있었다.

신혼 6개월 차, 75kg을 넘어가던 그쯤, 우리의 사랑의 결실인 2세를 보기 위해 나는 임신 준비를 선언하였고, 이 몸으로 임신하면 절대 안 된다며 아빠는 기함하셨다. 분명 임신부터 힘들 것이며 아이에게도 좋지 않다는 것을 알고 계셨던 부모님. 얼마나 걱정이 되셨을까, 지금은 그 마음을 모두 헤아리다 보니 눈물이 나도록 죄송스럽고 감사하다. 그러나 철없던 2015년의 나는 결국 난 그 몸으로 임신하게 되었다. 이거 봐요, 나 살 안 빼도 임신 턱 하니 잘 되잖아요. 이때까지도 나에겐 다이어트는 그저 미학에 불과하였다.

3
세상 높은 줄 모르고 넓은 줄만 아는 엄마

'활기찬 건강과 장수에 두 가지 방해물이 있다. 무지와 자만이다.' - 세계보건기구(WHO)

임신만 되면 끝인 줄 알았다. 무지했던 나는 임신을 핑계로 더욱 편하게 살을 찌우기 시작하였고, 결국 임신 8주차부터 고혈압에 임신성 당뇨까지 걸려 점점 나 스스로와 아이를 괴롭히고 있었다. 병원에 갈 때마다 원장님께 이래선 안 된다며 혼이 났고 결국 임신성 당뇨로 인해 인슐린 주사를 권유받은 후에야 정신을 차리기 시작했다. 아이를 두셋 더 낳고 싶은데 인슐린 주사를 맞으면 둘째부터는 태아 보험이 안 된다는 청천벽력 같은 소리를 들었기 때문이다. 이번엔 아이를 위해서다. 나를 위한 조절이 아니라 사랑하는 내 아이, 아직 빛도 보지 못한 내 새끼를 위해서이다.

다이어트할 때보다 더 혹독한 식단 조절을 시작했고 매시간 식후 운동을 시작하였다. 그랬다. 절박함이 필요하였다. 그동안의 다이어트에서 번번이 실패했던 나. 모든 것이 식욕을 이긴 나였지만 아이를 위해서 참아내는 엄마가 되고 있었다. 매시간 혈당 검사를 하니 열 손가락이 남아나지 않는 등 만고의 노력 끝에, 아이를 건강하게 낳았다. 그리고 부기가 빠지고 나니 다시 60㎏대까지 몸무게가 줄어든 나를 발견할 수 있었다.

그러곤 일 년에 걸친 모유 수유에 들어갔다. 모유 수유를 하니 돌아서면 배가 고팠기에 계속해서 열심히 먹으면서 수유를 했다. 아이를 키우는 일은 생각보다 힘이 들지 않았다. 잠도 잘 자고 투정도 적고 울음도 적은 우리 아들 덕에 나는 예민해지거나 힘들지 않았고, 모유 수유가 끝나고 나서도 여전히 비슷하게 먹어 가면서 편한 육아를 하였다. 과연 어떻게 되었을까? 나는 또 금방 그 힘든 시절을 까먹고 다시 몸을 부풀리기 시작하였다. 아들만 순했을까. 육아 천재라 불리는 남편 덕에 육아 고민이 거의 없던 나였다. 그러니 다시 나는 신혼 초처럼 야금야금 살이 또 차오르기 시작하였다. 2018년, 결국 우리 아이가 3살이 되던 무렵 결국 출산 후에 만삭과 같은 몸무게가 되었고, 인생의 최대 몸무게인 86㎏을 찍게 되었다.

다시 한번 말하지만 내 키는 148㎝이다.

키 148㎝에 86㎏.

지금도 그때 사진을 Before 사진으로 쓰고 있다. 출산하였는데도 남산만큼 나온 배는 둘째가 있다고 하는 편이 나을 것이다. 그렇게 아들을 키우고 있던 어느 날 나는 아빠에게서 편지를 한 통 받게 된다.

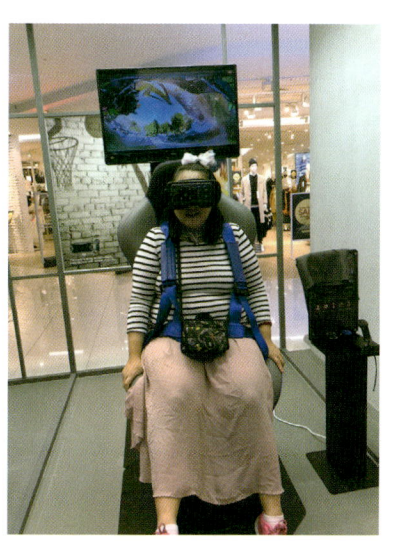

'딸아, 지금 너의 모습은 내가 낳고 사랑스럽게 키운 그 모습이 아니다. 더 이상 너에게는 내 딸의 모습이 없구나. 부모로서도 무책임한 너의 모습에 너무 실망이다. 난 정말 더 이상 너에게 할 말이 없단다.'

이 글을 쓰는 지금에서야 생각하지만 아빠도 쓰면서 정말 슬프고 가슴이 아팠을 편지이다. 이렇게 사랑하는 나의 딸이 괴물 같은 모습을 하고 있으니 아버지도 참다못해 쓴 편지였을 것이다. 그러나 이 정도 말을 들으면 나도 충격을 받아야 하는데, 15년 넘게 들어온 말이라 또 그냥 흘리기 시작하였다. 나는 언제쯤 다시 정상의 체중으로 돌아갈 수 있을까? 가능하기는 한 걸까? 이젠 나도 나의 예전 모습이 기억나지 않을 때쯤, 오랜 친구로부터 달콤한 제안을 받게 된다.

"정은아, 우리 신나게 다이어트 한번 해 볼래?"

다이어트, 하. 다이어트하면 할 말이 여기서부터 지구 두 바퀴를 돌고도 남을 이야기들. 친구야, 지금 너, 나에게 다이어트라고 했니? 그런데도 또 한 번 속아 볼까. 이번엔 얼마를 주고 살을 뺄 것이며 얼마를 주고 살을 더 찌우게 될까. 뺀다고 돈 들고 찌운다고 돈 들고. 내 인생에 다이어트를 빼면 벌써 강남에 건물을 몇 채는 샀을 것이다. 그때까지도 몰랐다, 내가 살을 빼면 어떤 인생을 살 수 있는지. 이렇게까지 달라질 수 있는지. 진작 알았다면 진작 할 걸, 다들 왜 저에게 살 빼라는 단편적인 말만 하고 이런 삶이 기다리고 있다는 것을 말해 주지 않았습니까? 그랬을 것이다. 당신들도 나만큼 빼 본 적 없으니 몰랐을 것이다. 나도 몰랐다, 내가 28kg을 빼기 전까지는.

4
지극히 평범했던 내 남자 이야기

남편은 기계공학과를 졸업하였고 배의 팬을 만드는 곳에서 일을 하였다. 국내 팬 회사 중에선 꽤 영향력 있는 곳이었고 성실함과 근면함을 인정받아 5년 근속에 결혼 전 대리 승진까지 하였다. 우리가 결혼하던 2015년에는 회사 분위기가 좋았고, 야유회나 행사에도 따라다니고, 야근이나 주말 특근에도 함께하였다. 월급을 그렇게 많이 주는 회사는 아니었지만, 자부심을 가지고 일하였으며 잘 다니고 있었다. 그러나 조선 경기가 힘들어지고 2017년에 접어들어 점점 분위기가 안 좋아지면서 그는 말라 갔고, 결국은 오후 5시에 첫 끼를 먹는 일이 발생했다. 그의 고백은 지금도 잊히지 않는다. 그러나 우리에겐 갓 돌 된 아들이 있었고, 둘째도 준비하고 있었다. 이 시점에서 일을 그만둘 수도, 이직을 할 수도 없는 상황. 눈물이 앞을 가렸지만, 몇 년 더 버티다간 그의 건강과 행복을 평생 놓칠 것 같아서 코타키나발루의 해변에서 세계 3대 석양을 바라보며 다짐하였다. 다시 시작해 보자. 더 늦기 전에.

우리의 선택은 교단이었다. 생전 교사라는 직업은 생각도 안 했던 그가 나와 우리 부모님을 보고 교사의 꿈을 가졌다. 두 가지 방법이 있었다. 일을 다니며 저녁에 공부하는 교육 대학원, 모든 걸 내려놓고 학생 신분으로 돌아가는 학부 편입. 전공인 기계가 아닌 수학으로 설정한 우리는 편입을 결정하였고, 한 달 반 정도의 기간 동안 공부를 한 후 나의 모교의 수학교육과에 편입 시험을 쳤다. 첫 해라 기대는 안 했지만 후보 3번이라는 결과에 내년을 준비하던 차, 결과 발표 마지막 날 1시간을 남겨 두고 기적적으로 전화가 왔으며 우린 그날 참 많이도 울었다. 그리고 그의 두 번째 대학 생활이 시작되었다.

5
지극히 평범한 내 이야기

앞서 말한 바와 같이 나는 교육자 집안에서 태어났다. 아빠는 고등학교 수학 선생님, 엄마는 중학교 과학 선생님. 화목한 가정에서 자랐다. 8살 어린 여동생과 할머니를 포함해 가족은 총 다섯 명이었다. 자연스럽게 사범대를 진학하여 일본어 교육을 전공하여 일본으로 유학도 다녀오고 영어 교육도 복수 전공으로 공부하였다.

교단에 섰다. 기간제 영어 교사로 5년을 근무하였다. ENFP인 나는 누구보다 즐겁게 학교생활을 즐겼고, 항상 매사에 최선을 다하였다. 사회 초년생인 데다 첫 시작이 사립 학교여서 많은 것을 배울 수 있었다. 물론 힘들지 않았다고 하면 거짓말이지만 지금 생각하면 그 시절의 경험이 지금 내가 살아가고, 살아 낼 수 있게 지탱하는 기둥 중 하나가 되었다고 생각한다. 학생들과의 생활도 정말 재미있었다. 가르치는 것도, 학생들과 함께 호흡하는 일도 참 즐거웠다. 그때가 하나도 그립지 않다고 하면 거짓말일 것이다.

그렇게 맹활약하던 중 남편을 만나게 되고, 교제한 지 200일에 결혼을 하여 아들을 가지고 자연스레 집에서 육아하게 되었다. 행복한 하루하루. 태교도 누구보다 열심히 하여 우리 부부를 닮은 밝고 예쁜 아들이 왔다. 단 하루도 힘들다 생각하지 않았고, 우리 가족은 매일 행복했다. 나의 30대 목표는 주부였다. 아이만 키우는 전업 맘. 아이 셋을 낳고 집에서 집안일을 하며 남편에게 내조의 여왕이 되고 아이들을 훌륭하게 내 손으로 키워 내겠다고 다짐했다.

그러나 나의 꿈은 와르르 무너졌다. 남편이 마르기 시작했다. 안 그래도 작고 말랐는데 점점 더 얼굴에 그늘이 지기 시작했다. 이유를 물어보다 점심을 안 먹기 시작한 이야기를 들은 후 펑펑 울며 우린 늦지 않게 새로운 미래를 향해 출발하기로 마음먹었다. 신랑의 퇴직금으로 6개월을 버티며 아들을 어린이집에 보낸 후, 내가 6개월 후 교단으로 복귀할 계획이었다.

하지만 현실은 녹록지 않았다. 6개월을 버티자고 다짐했던 퇴직금은 씀씀이가 헤픈 나에게 3개월도 채 주지 않았고, 새로운 도전은 시작부터 삐걱대었다. 게다가 어린이집에 가게 된 아들은 코끝에 바람만 스쳐도 중이염에 걸리기 시작했다. 아이가 중이염에 걸리니 열이 나기 시작했고, 나는 아무것도 할 수가 없었다. 밤낮으로 아이를 보살피며 집에서 발만 동동 구르고 있었고, 아이 한 명 키우며 워킹 맘이 되는 일이 이렇게 힘든 일인가 새삼 느끼기 시작했다. 그래서 난 교단으로 가는 꿈을 접고 시간을 융통성 있게 쓸 수 있는 영업직을 시작하였다.

6
평범하지만은 않았던 우리들의 이야기

    2018년도부터 늦깎이 학생을 시작한 아빠. 학업에 집중할 수 있게 내조하겠다고 다짐하고 집안일과 육아, 거기에 경제적 무게까지 짊어지기로 한 엄마. 많은 사람이 걱정하고 격려도 해 주었다. 우연히 시작하게 된 영업직은 양날의 검과 같은 곳이었다. 정해진 출퇴근 시간이 없어 내가 조절을 잘하면 내 삶이 훨씬 유연해질 수 있었고, 봉급생활과는 다른 인센티브 수수료이기 때문에 내가 해내는 만큼 돈을 벌 수 있었다. 교육자 출신이었던 나는 아이들의 책을 파는 영업을 선택했고, 영업은 처음이었지만 나의 전공을 살려서 일을 할 수 있었다. 겁 없이 도전하고, 부딪쳐서 깨지지만, 다시 곧잘 일어나서 다지고 또 나가기를 반복하면서 누구보다 열심히 했고 차근차근 성적을 내기 시작했다. 그리고 팀장까지 승급하여 팀원을 꾸리고 한 방향을 향해 가고 있었다. 2019년 6월엔 본부에서 2등을 하면서 다음 학기에 남편 학비에 보태겠다고 마이크를 잡고 소감을 발표한 날은 아직 잊을 수 없다. 내가 사랑하는 가족들을 위해서 누구보다 열심히 해야 했고, 살아 내야만 했다.

하지만 늘 꽃길은 아니었다. 오르막이 있으면 내리막도 있듯이, 고정급이 아니었던 영업직은 혼자 경제적 부담을 안고 있던 나에겐 치명적일 때도 있었다. 한 달 벌어 한 달 살아 내야 하는 우리이기에 실적이 좋지 않을 때는 치킨 한 마리 시킬 돈도 없어 부들부들 손을 떨어야 했고, 카드 결제가 밀리면 독촉 전화가 왔다. 국민연금이 밀리는 건 기본이고 가지고 있는 보험은 정리 해고의 1순위였다. 아들이 태어나기 전부터 모아 오던 아들 이름의 통장은 아들의 밥과 옷을 산다는 명목으로 꺼내 쓰기 시작했고, 급할 땐 친정 엄마에게 손을 벌리기도 하였다. 주차비도 유류비도 없어서 대중교통을 타기 시작했고, 후불 교통 카드가 밀려서 현금을 낼 때도 있었다.

돈이 궁하니 공부하는 남편의 마음도 편하지만은 않았을 것이다. 그렇게 잉꼬부부라고 소문이 나 있던 우리도 하루가 멀다고 싸우기 시작했다. 해도 해도 끝이 없고, 써도 써도 모자란 돈. 평범하게 한 달 벌어 한 달을 살아 내는 게 이렇게 힘든 일이었을까, 우리 엄마 아빠도 이랬을까? 도대체 더 힘든 사람들은 그러면 어떻게 살고 있다는 거지? 하고 싶은 것도 많고, 하고 살았던 것도 많았던 나는 점점 하나씩 줄이기 시작했다. 때가 되면 음악회도 보러 가야 했고, 좋아하던 책도 매달 사서 읽어야 했던 나. 참 쉽게도 포기되던 나의 문화생활과 취미. 처음엔 이거 다 못 하고 살면 숨은 어떻게 쉬고 사느냐고 했지만 칼이 목 밑까지 들어온 느낌이 드니 가장 먼저 놓게 되더라. 여름엔 더했다. 나가면 돈이니까 집에 있는 날이 많았는데, 아들 때문에 냉방을 끌 수가 없으니 집에 있어도 돈이 들었다. 숨만 쉬어도 나가는 돈들에 의해 하루하루가 다르게 허덕이고 있었다. 남편이 5년 근속으로 받은 금반지를 팔면서 '아~ 결혼 예물은 이럴 때 팔라고 받는 거구나~' 했다. 원체 보석에 관심이 없던 나는 받으라고 할 때 받아두었어야 했다고 입을 떼던 몇몇 언니들의 말이 떠올랐다. 한 번씩 자동차 보험같이 목돈이 나갈 때면 정말 속상하기 그지없었다. 그러던 와중 나에게 월 30만 원의 파이프라인 소득의 플랜이 귀에 들어오기 시작했다.

7
그저 살만 뺐을 뿐인데

즐겁게 다이어트하자던 내 친구. 그 친구는 다이어트를 하라고 소개해 주었지만, 그 당시 경제적 가장이었던 나는 또 다른 소득을 만들 수 있다는 말이 더욱 귀에 들어왔다. 그들은 미국에서 연구·개발한 특별한 영양소를 가진 건강 기능 식품을 사업의 도구로 전달하고 있는 네트워크 마케터였다. 처음엔 그 당시 하고 있던 영업직과 비슷해 보여서 선뜻 시작해 본다고 했다. 책을 읽고 강의를 듣기 시작하면서 그저 머릿속에는 제품을 팔고 한 푼이라도 더 벌어야겠다는 생각만 가득했다. 건강에는 항상 자부했던 나였고, 그 당시 나이도 그렇게 많지 않아서 따로 챙겨 먹는 영양제도 없었다. 한마디로 건강에는 무지했다. 그 육중한 몸을 하고도 말이다. 그래서 내가 더 건강해지거나 다이어트를 할 생각은 안 하고 제품 팔아 치울 생각만 하고 있었으니 잘될 리가 없었다. 이론은 머릿속에 계속 들어가고 머리는 커졌지만, 앞으로는 나아가지 못하는 오뚝이가 되고 있었다.

그러던 중 회사에서 다이어트 챌린지가 시작되었고, 없는 살림을 탈탈

털어 최소한의 제품만으로 구성하여 다이어트 패키지를 사서 시작하였다. 처음엔 배가 너무 고파 몰래 먹기도 하여 돈만 쓰고 몸무게는 별로 빠지지도 않았다. 하지만 조금씩조금씩 변화하기 시작하여 내 몸이 부드러워지고, 살이 조금씩 빠지기 시작하였다. 10kg 정도 빠지고 나니 드디어 사람들이 물어보기 시작하였고, 그제야 조금씩 이 사업의 원리를 알게 되었다. 내가 이론적으로 기가 막히게 설명한다 해도, 상대방은 나의 모습을 보고 결정을 하는 확률이 높다는 것이다. 처음엔 귓등으로도 듣지 않던 상대방이 살이 빠진 내 모습을 보고 하나씩 제품을 사기 시작했고, 나의 이야기를 들어 주기 시작했다. 이거구나! 내가 변해야지, 내가 사업가의 자세를 갖추어야지 되는 일이구나! 그때부터 조금씩 나는 나를 사랑하고 가꾸기 시작했다.

CS 교육에 귀를 기울이기 시작했고, 외적인 자세를 갖추려고 시도하였다. 그냥 집에서 아이 키우는 엄마가 아닌 전문가다운, 사업가다운 모습. 옷도 조금 더 샤프하게 입고, 화장도 조금 더 신경 쓰기 시작했다. 그렇게 준비하다 보니 점점 다이어트를 해야 할 필요성을 느꼈고, 안 하던 것을, 불편한 것을 하다 보니 나도 점점 몸이 변화하기 시작했다. 결국 내가 결과를 내야 이 사업을 더 잘할 수 있을 거라는 확신이 들어 더욱 밀어붙였다. 그러던 중 2020년이 왔고, 우리에겐 모두 코로나19가 찾아왔다.

처음에는 '중국의 독감인가?' 했던 그 바이러스가 전 세계를 뒤덮었다. 처음엔 바이러스가 모두의 발목을 잡고 공포에 떨게 하였으며, 그다음엔 생계에 직격타를 맞은 사람들이 힘들게 되었다. 큰일이다. 내 수입이 우리 가정의 생계였던 나는 발등에 불이 떨어졌다. 직격타를 맞은 그 힘든 사람이 내가 되었고, 우리 가족이 되었고, 나는 2020년 4월 6,700원이라는 충격적인 월급을 받게 된다. 영업직이라 100% 인센티브였고, 그 6,700원은 그 전달 프로모션으로 따낸 10,000원 상금의 세금을 제외한 금액이었다. 앞이 막막하고 눈물이 앞을 가렸다. 3년 전, 호기롭게 너희들을 먹여 살릴 수 있다며 남편을 사표 던지게 하고 새로 대학을 편입시켜 그동안 혼자 벌어 오던 나였다. 한 달 벌어 한 달 살아 냈던 우리였고, 점점 한계를 느끼고 있던 찰나였는데 불행은 한꺼번에 찾아온다고 코로나19까지 동반될 필요는 없잖아. 남편은 작은 방에서 고시 공부를 하였고 나는 어린이집에도 못 가는 아들과 함께 좁은 집에서 하루하루 숨통을 죄며 지내기 시작하였다. 친정 부모님이 시골에 가 계시는 동안, 남편은 친정집에 가서 공부했고, 아들이 자면 한없이 눈물부터 나던 시절이었다. 누구도 나에게 손을 내밀어 주지 않았다. 이런 상황은 모두 처음이니 당연할 거라고 하다가도 억울하고 분해서 잠이 오지 않았다. 하지만 나는 돈을 벌어야 했다. 우리 가족을 먹여 살려야 했다. 사랑하는 우리들이 함께 살아 내야 했다.

그러던 중 플랜 A로 해 오던 영업직보다 대안으로 시작한 네트워크 사업에서 더 큰돈이 들어오기 시작했다. 월 처음 30만 원부터 파이프라인을 구축해 보자는 사장님들의 말이 현실이 되고 있었다. 난 결단해야 했다. 어떻게든 돈을 벌어야 했고, 어떻게든 잘해야만 했다. 그리고 생각해 보았을 때 현실적으로 당장 돈이 더 많이 나오는 곳에 집중해야 했다. 플랜을 바꾸어, 이제는 건강식품 사업이다! 이 사업이 잘되려면 내가 살을 더 빼야 했다. 그래서 다시 나는 팔을 걷어붙이고 더더욱 체중 감량에 집중하였다. 사람들이 얼굴을 보자마자 궁금해하게 하려면 많은 감량이 필요했다. 코로나19로 인해 서로 자주 못 보기 때문에 오히려 나에겐 기회가 되었다. "호황은 좋다. 하지만 불황은 더 좋다."라는 고노스케의 말처럼 눈앞이 막막했던 시절, 돌파구를 찾았다. 오랜만에 만나는 사람들에게 나의 변화된 모습을 보여 주기엔 코로나19라는 시기가 적절했기 때문이다. 그래서 나는 다시 한번 체중 감량에 힘쓰기 시작했다. 목표는 앞자리 3번 바꾸기. 이미 한 번 체중 감량에 성공하고 유지하고 있었기 때문에 3번 중에 1번은 이미 달성한 것이나 마찬가지였다. 가족을 지켜야 하고, 나의 꿈을 이루어야 한다는 일념 하나로 세상 가장 좋아하는 음식을 멀리하기 시작했고, 조금씩조금씩 감량에 성공하였다. 그뿐만 아니다. 본격적으로 네트워크 사업을 시작하면서 그룹의 교육 시스템과 리더들을 만나면서 나는 더더욱 가속도를 붙여 변화하기 시작하였다. 다이어트는 물론이고 내 삶의 다양한 부분에서 그들과의 만남이 나를 변화하게 하였다. 세상 꾸미는 것은 모르고 살던 내가 조금씩 사람다워지고, 물론 다이어트에 성공하니 입을 수 있는 옷도, 신을 수 있는 신발도 많아졌다. 매년, 계절마다 옷을 버리고 새로 사기를 반복하였다. 지금 생각하면 한 벌 정도는 남겨 놓을걸. 다음 다이어트 후 바디 프로필을 찍어 볼까 하는데 그때 우장바우같이 커진 옷을 입고 찍으면 참 재미있겠다는 생각이 문득 든다.

이 회사에서 연구 & 개발 그리고 독점으로 공급하고 있는 사람을 살리는 영양소 덕분에 나도 다이어트에 성공, 유지를 할 수 있었다. 많은 사람의 건강과 재정을 찾아 주어 새 삶을 살도록 도와주는 것이 그들의 일이

자 사명이었다. 나는 몰래몰래 이순신같이 나의 부업을 알리지 말라고 했던 터라, 사실 그 당시까지만 해도 내 주변에 내가 그들과 함께하고 있다는 것을 아는 사람도 별로 없었다. 그러나 코로나19로 인해 면역이라는 두 글자가 전 국민, 전 세계로 대두되었고, 이제는 너 나 할 것 없이 강아지도 면역, 면역하며 짖는 시대가 왔다. 그들과 매일 함께해 오면서 나는 점점 사업가의 자세를 갖추기 시작하였고, 점점 네트워크 마케터로 변화하기 시작하였다. 그러던 2020년 겨울, 변화하던 나에게 또 한 번의 위기가 찾아왔다.

8
무지하고 자만하던 엄마에서 공부하고 변화하는 엄마로

오른쪽 가슴에 멍울이 지기 시작했다. 처음엔 생리 전이라 PMS 증후군인가 하고 넘겼으나 점점 멍울은 딱딱해지고 아프기 시작하였으며 아들을 몇 주간 안아 주지 못하는 상황까지 되었다. 두려웠다. 건강해지려고 건강식품을 먹고 있고, 사업도 하고 있는데 내가 아프다니. 나 겨우 35살이고 우리 아들과도 이제 조금씩 추억을 만들어 가고 있는데. 너무 겁이 나서 병원을 가 보았지만 결국 대학 병원까지 가게 되었다. 오만 생각을 하게 되었고 눈물이 앞을 가렸다. 다행히 염증 덩어리라는 소견을 들은 후 그 염증을 짜내며 고통을 감내하기 시작했다. 그리고 그 염증을 덜어 내는 동안 누구도 시키지 않은 다이어트를 다시 하게 되었다. 배가 고프지도 않았다. 식욕도 없었다. 살아야만 했고 이 어두운 터널을 뚫고 나와야만 했다. 살면서 이렇게 절박했던 적이 있었을까. 나는 반드시 이 싸움에서 이겨 내야만 했다.

그리고 일주일, 한 달 이상 걸릴 것 같다고 장담하던 의사 선생님의 소견과는 다르게 나의 건강이 빠르게 제자리를 찾기 시작하였다. 그리고 그 일을 기점으로 하여 나는 다시 태어났다. 몸도 훨씬 가벼워지고 더욱 건강해졌다. 식습관뿐 아니라 생활 습관도 바뀌기 시작했다. 밖에서 에너지 넘치게 생활하고 나면 집에서는 문어같이 늘어져 있던 나는 조금씩 엉덩이를 가볍게 하게 시작했고 누워 있는 습관도 조금씩 교정하게 되었다. 그러면서 더욱 건강과 영양에 대해 공부를 하기 시작했고 다시는 이런 일이 없도록 나를 매일 점검하기 시작했다.

이제는 달라졌다. 앞자리도 3번이나 바꾸어 총 28kg을 감량하고 나니 많은 사람이 알아보기 시작했고, 인정해 주기 시작했다. 그렇게 나의 외면과 내면이 성장하고 변화하기 시작하니 가까운 내 가족부터 나를 응원해 주고 지지하여 주고 함께 건강해지기 시작하였다. 주변 사람들도 하나둘씩 관심을 가지기 시작했고 나의 스토리를 궁금해하며 들어 주기 시작했다. 나라는 사람을 알렸고, 우리 회사를 알렸고, 네트워크 마케터로서의 일을 본격적으로 배웠다. 사업을 확장하면서 다양한 시도를 하던 중 다이어트 다음으로 내가 잘하는 것을 찾기 시작하다 발견한 SNS. 비대면 시대에 발전한 SNS를 이용하여 나를 새로운 공간에서 알리기 시작하였다. 최근 그리고 점점 건강해지고 예뻐지는 나의 모습과 자라고 있는 우리 가족의 모습을 자연스럽게 노출했다. 내가 무슨 일을 하는지 정확하게 적고 나를 알렸다. 나를 알고 있던 사람들은 나의 변화한 진짜 모습을 궁금해했고, 그 비법을 알려 주기 시작했다. 나를 모르던 사람들은 나의 스토리에 감동하여 실제로 보기를 원했다.

인친이 현친 된다고 했다. 나는 가까이는 창녕, 포항으로 멀리는 경기도에 서울까지 사람들을 만나러 다니기 시작했다. SNS 화면보다 실제로 더 좋은 인연도 있었고, 반대로 그렇지 못한 인연들도 적지 않아 상처도 많이 받았다. 나도 분명 실수했을 것이다. 하지만 또 한 번의 도약을 위해 명단 확장을 해야 했고 쓴 열매를 달게 먹어 가며 인내의 시간을 견뎌 내야 했다. 성장통을 겪으면서 말이다. 예전부터 이어 오던 관계를 다시 만들어 가는 법을 배웠고 새로운 사람들과의 만남을 통해 인연을 만들어 가는 법도 배웠다. 좋은 질문을 하기 위해 내 이야기를 하는 것보다 남의 이야기를 듣는 법도 배우고, 솔직해야 하지만 어떤 때는 나를 숨길 줄도 알아야 했다.

그러면서 만난 사람 중 이 글을 함께 쓴 '꽃이나리' 작가 언니들이 있다. 나보다 나를 더 믿고 응원해 주는 언니들. 덕분에 이렇게 출판도 하게 되었으니 더한 영광이 있을까. 각자 다른 분야에서 다르게 성장하였지만 한 권의 책을 쓰고 있는 지금이다. 평범했던 내가 다이어트에 성공했을 뿐인데 이렇게 좋은 사람들을 만나 평생 경험해 보지 못한 일을 마흔을 앞에 두고 하고 있다. 한 자 한 자 눌러 적으며 이 글쓰기를 통해 짧지만, 나의 인생을 돌아보고 나니 감회가 새롭

다. 혹 이 글을 읽고 있는 사람 중 나도 한번 글을 써 보고 싶다고 생각하는 자가 있다면 과감하게 도전하라고 말하고 싶다. 졸작이지만 처음 도전한 나의 이 서툴고 솔직한 글을 생각하면 말이다.

그저 살만 뺐을 뿐인데 나의 삶의 많은 부분이 변했다. 이제는 다이어트가 더 이상 나에겐 미학이 아니다. 내 삶을 바꾸어 준 도구이고 우리 가족을 바꾼 도구가 되었다. 이렇게 행복하고 멋진 삶이 기다리고 있는 줄 알았으면 진작 뺐을 텐데. 20대의 나는 그 사실을 몰랐다. 절박하지 않았던 나는 그 소중함을 몰랐다. 왜 사람들이 다이어트를 두고 긁지 않는 복권이라고 하는지 이제는 너무나도 잘 알게 되었다. 진짜 내 인생에 럭키가 왔기 때문이다.

9
건강한 엄마 100명 만들기 프로젝트

건강을 잃어 보고 나니 모든 것에 감사하기 시작했다. 세상에 감사하지 않을 것은 아무것도 없었다. 오늘도 눈을 뜬 것에 감사했고, 남편과 아들과 사랑할 수 있음에 감사했다. 그다음은 주변의 가족들에게 감사했다. 그러면서 하나하나 소중해지기 시작했다. 시간도, 인연도, 나의 손을 거친 모든 것이 소중해졌다. 사람들과의 만남이, 나에게 주어진 시간이 하나하나 소중해지고 한 번씩은 조급해지기까지 할 무렵, 나에겐 부고 소식이 들리기 시작했다.

40대 여성들의 부고. 아니 정확히는 40대 엄마들의 부고였다. 소식을 듣자마자 뛰어갈 정도로 가까운 인연도 있었고, 한 다리 건너의 부고, 두 다리 건너의 부고도 있었지만 공통점은 10대 아이를 둔 40대 엄마들의 안타까운 소식이었다. 모두 기저 질환이 있던 분들이었지만, 그 나이에 그렇게 아팠다는 것도 속상했고 남겨진 아이도 걱정되었다. 눈에 넣어도 안 아플 아이를 놔두고 어떻게 눈을 감았을까. 그러고는 그들을 보내는 자리에 갔더니, 그들도 어느 누군가의 자식임을 깨달았다. 젊은 딸을 앞

세운 부모의 심정은 아직 내가 감히 헤아릴 수 없었다. 내가 왜 건강을 끝까지 챙겨야 하는지, 우리들이 왜 서로 책임감을 느끼고 각성해야 하는지에 대해 뼈저리게 느꼈다.

그러면서 한 가지 결심을 했다. 건강한 엄마가 되자. 그리고 그런 건강한 엄마를 만들자. 나를 포함해 100명을 만들어 보자. 그렇다면 이 세상이 조금은 더 나아지지 않을까. 나의 꿈인 세상을 바꾸는 리더가 되는 그 첫걸음이 될 수 있을 것 같았다. 그렇게 결심하고는 일전에 누군가에게 물었다. 건강한 엄마가 되려면 어떻게 하면 좋을지. 우선 100만 원씩 주면 될 것도 같단다. 대부분의 우리의 건강을 해치는 것은 스트레스인데, 월 100만 원 정도가 더 들어온다면 스트레스가 훨씬 덜할 것이고 그렇다면 조금은 더 건강해지지 않을까. 틀린 이야기는 아니었다. 그렇다면 그들에게 100만 원을 정부에서 제공할 것인가? 국가는 우리의 미래를 책임져 주지 않는다. 우리의 미래는 우리 스스로 만들어 가야 한다.

그에 대한 솔루션으로 나는 나와 함께 사업하는 사람들을 99명 만들어 볼 계획이다. 제대로 된 정보에 귀를 기울이고, 건강에 대해 진심인 엄마. 가족들에 대한 책임감으로 똘똘 뭉친 엄마. 내가 먼저 건강해지고, 가족과 주변 사람들을 위해 이 정보를 함께 전달할 사업자를 만들 것이다. 그렇게 함께하는 사업자들을 만드는 동안 끝까지 전달할 것이다. 또 다른 40대의 엄마들을 잃지 않기 위해 사명감을 가지고. 이 글을 읽는 독자들 중에서 나와 함께 건강을 지키고 전하고 싶은 분들은 반드시 연락해 주길 바란다. 책임지고 반드시 만들어 드릴 테니!

10
이제는 어떤 과제가 주어지더라도 해낼 수 있는 방법을 안다

사람이 성장하기 위해서는 어떤 것들이 필요할까? 우리 아들은 성장통을 겪을 때마다 평소와는 다른 울음으로 울기도 하고, 밤에 잠을 자다 울기도 한다. 많이 먹기도 하고 많이 자기도 한다. 그렇다면 다 큰 어른인 우리는? 환골탈태라는 말이 있다. 수리도 자신의 수명에 반 정도를 살면 자신의 모든 털과 발톱을 뽑고 부리를 새로 가는 등 완전히 다른 모습으로 변모하는 시기를 거친다. 이러한 시기를 견뎌 내지 않으면 다음의 수명은 없다는 뜻이다. 어른인 우리가 굳이 변화를 도모할 필요는 없다. 어른은 겁이 많기 때문에 할 필요가 없으면 안 하면 된다. 그런데 그 변화를 견뎌 내야 성장한다면? 그리고 99도까지 물이 끓었는데 1도라는 임계점 앞에서 변화의 힘듦을 느낀다면? 2023년 나의 목표는 체인지(體仁知)를 CHANGE하는 것이다. 나는 28kg 감량을 하면서 사람은 충분히 변할 수 있고, 그 변화를 즐기는 자가 성공할 수 있다는 사실을 깨달았다. 그리고 이 글을 쓰고 있는 지금, 그 체인지를 위해서 여전히 감량에 도전 중이다.

내가 단순히 숫자에 집착하여 다이어트를 계속해 왔다면 아직도 그 몸무게를 유지하고 있었을 것이다. 단지 미학에 불과했던 그때의 마음으로는 말이다. 하지만 이제 나도 새로운 삶을 살고 싶고, 나와 같은 삶을 살고 싶어 하는 많은 사람을 도울 수 있고, 함께 성장할 수 있는 일을 만났다. 꿈을 이야기하고 그 꿈이 현실이 되도록 노력하는 사람들을 보면서 그 속에서 나도 나의 꿈을 하나씩 현실로 이루어 가고 있고 또, 성장하고 있다. 나는 꿈과 목표가 정확하게 설정되어 있고 매번 나의 선을 넘는 연습을 하고 있다. 감량 후 유지도 하고 있고, 계속 감량에 도전하는 것도 그것이 원동력이 되기 때문일 것이다. 이루고 나면 끝이 나는 꿈이 아니라 꿈 너머의 꿈. 세상을 바꿀 리더가 되고 싶은 것이 진짜 나의 꿈인데, 세상을 바꾸고, 다른 사람의 인생도 바꿀 수 있도록 도와주는 사람이 되려면 나부터 바뀌고 그것을 컨트롤하는 사람이 되어야 할 것이다.

지금도 나는 매일 다짐한다. 더욱 성장하여 다시 한번 신화를 쓸 나를 그리며.

신 루시아 인스타그램

신
루시아

챌린지 중독자

1
프롤로그
챌린지에 중독되다

거실 스터디 테이블에 붙어사는 나에게 어느 날 딸아이가 와서 얘기한다. "엄마는 챌린지 중독자 같아." 알코올, 니코틴, 마약 중독자가 아니라서 다행인건가? 맞다! 나는 나도 모르게 챌린지 중독자가 되어 있었다. 가두리 중독자, 스몰빅 중독자가 되어 있었다.

결심, 도전하고 실행 후 SNS에 인증을 성공하면 뿌듯함과 함께 자존감과 자기애가 상승한다. 그러고는 성장과 또 다른 챌린지로 이어지는 시스템에 도취되었다. 나는 어쩌다 챌린지 중독자가 되었을까? 사는 게 지루해서였을까? 현실은 지루할 틈 없이 하루 24시간을 빈틈없이 써야 하는 생계형 워킹 맘인데. 내가 할 수 있는 최선에서 일과 육아를 워라밸, 워라하, 워라블렌딩 하며 살고 있다고 자부하면서도, '이렇게 사는 게 맞나?', '나 잘하고 있나?' 하며 항상 뭔가 빠트리고 사는 것 같았다.

대학 졸업과 동시에 부모님은 면접 볼 때 입을 정장 한 벌을 사 주시고 일체의 경제적 지원을 끊으셨다. 그 이후 한 번도 직장을 그만두지 못하고 조직 속에서 일개미로, 결혼 후에는 직장, 시댁, 친정, 아이들, 남편 뒤치다꺼리에 정신없이 반복되는 일상에서 이제 보니 주인공인 나를 빠뜨리고 살고 있었다. 나는 지금이라도 본래 순수하고 생동감 있는 내가 더 멀리 사라져 버리기 전에 내 인생이라는 무대 위에 세워 내 인생만큼은 내가 감독, 시나리오 작가가 되고, 주인공이 되어야겠다고 마음먹었다. 쓰윽 지나가 버리는 내 삶의 하루하루를 나를 위해 좀 더 의미 있고 신나게 채우고 싶다는 내면의 울림에 따라나서기로 결심했다.

베스트셀러 《원씽》 저자는 말한다. "의지력은 어느 순간 하늘을 뚫을 수도 있지만 언제나 충만하지 않고, 많은 에너지가 필요하므로 쉽게 피곤하고 수명이 정해져 있다. 하지만 습관은 의지보다 에너지가 덜 들어가고, 나에게 장착되어 있어 언제든 쉽게 사용 가능하고, 평생 나와 함께 붙어 있게 할 수 있다."

의지보다는 습관을 믿고, 좋은 습관은 좋은 인생으로 이어지므로 잘 살고 싶다면 좋은 습관을 길들이는 것이 중요하다는 것은 너무나 잘 알고 있다. 하지만 좋은 습관을 내 삶에 장착하는 건 저절로 되지 않았다. 어쩌다 여러 챌린지에 참여하던 나는 먼저 목표를 정한 후 '함께하는 챌린지'라는 도구를 이용하면 더 쉬워짐을 알게 되었다. 이후 스몰빅 챌린지를 통해 여러 좋은 습관들을 도전하게 되었고, 하나하나 성공시켜 나가기 시작했다. 작은 것이라도 스스로 한 약속을 지켜 나가면서 점점 나를 더 신뢰하기 시작하였고, 나를 더 이뻐해 주기 시작하면서 그 어느 때보다도 단단하고 행복한 일상을 보내는 중이다. 지난 1년 동안 나 자신을 무척이나 신뢰하게, 사랑하게 해 준 챌린지 여정을 소개한다.

> # 2
> ## 새벽 기상 리츄얼 챌린지
> ### 염원, 감사 일기, 긍정 확언 쓰기
> ### 삼총사가 이끌어 주는 하루

　사람의 다섯 가지 욕망: 재물욕, 명예욕, 식욕, 수면욕, 색욕 중 재물욕이나 명예욕이 많았더라면 지금 부자가 되어 있었을 텐데…. 하필 나는 이 오욕 중 유난히도 수면 욕심이 강했다. 어려서부터 밤 9시가 되면 눈꺼풀이 내려앉아, 밤 열 시에 하는 월화 MBC 미니시리즈며, 〈토요명화〉 등 그 당시 귀한 문화생활을 즐기지 못한 촌뜨기였다. 수업 시간이든 시험 기간이든 언제든 졸리면 그냥 잤다. 맛있는 음식은 잘 양보했지만, 포근히 잘 때 누가 깨우면 기분 나빠하며 못된 성격을 드러냈다.

　대학 병원 간호사로 일할 때 나이트 근무를 하는 날이면 졸음을 참지 못하고 차갑고 더러운 바닥에라도 얇은 시트 하나 깔고 잠깐이라도 눈을 붙여야 했다. 당시 IMF 시절 삼교대 대학 병원 급여와 교직원 퇴직 연금이 꽤 괜찮았는데, 그만두게 된 이유 중 하나는 밤 근무 때 밤샘을 버텨 내질 못해서였다. 이런 내가 잠을 참아 내며 지금 새벽 4시면 일어나 신비한 기운이 감도는 새벽 놀이터에서 나를 데리고 놀고 있다. 새벽 3시간, 없던 시간을 창조해 내면서 미라클모닝은 정말로 '기적!'을 보여 주기 시작했다. 새벽 기상의 꿀맛을 본 뒤에는 미라클모닝은 끊기 힘든 중독성 있는 시간이며 새벽은 나의 하루 중 가장 똘망똘망하게 보내는 소중한 시간이 되었다. 대부분 잠들어 있어 아무도 방해하지 않는 시간에 나는 제일 먼저 염원하고, 감사 일기를 쓰고, 긍정 확언을 필사하며 마음에 새긴다. 기상 후 뇌가 가장 순수한 타이밍에 이 세 가지를 나의 슈퍼컴퓨터인 뇌에 코딩하면 기적이 시작된다. 내가 나의 주인이 되어 내 몸이 말을 잘 듣고, 내가 원하는 대로 하루를 이끌 수 있게 되고, 네거티브로부터 나를 보호하기가 쉬워진다. 부정적인 것을 떠올리면 종일 기분이 별로이고, 감사한 일들을 떠올리면 감사한 일들이 줄줄 딸려 오는 이 원리는 신비주의가 아닌 유튜브의 알고리즘처럼 패턴이고 과학이다. 어느샌가 에너지를 가장 많이 뺏어 가는 네거티브들. 우울, 불안, 걱정은 내 마음에서 사라져 가고, 이에 따라 생긴 더 많은 에너지는 독서, 강의 듣기, 글쓰기 등 많은 좋은 것들을 시도하고 실천할 수 있게 해 주었고 매일매일 성장하는 데 사용되었다. 나를 성장시켜 주는 도파민 가득한 새벽 시간을 준

비하고 어떻게든 고수하기 위한 기분 좋은 압박감은 자연스럽게 나를 금주 생활로 이어지게 해 주었다. 그로 인해 정신도 맑아지고, 몸도 좋아지면서, 실수도 줄어들었다. 전보다 수면 시간은 줄었지만, 그 어느 때보다도 몸과 마음과 영혼까지도 건강한 하루하루를 보내고 있다.

　새벽 4시 기상은 솔직히 쉽지 않은 일이다. 그러나 새벽 시간에 인간의 강한 본능인 수면욕을 이겨 내고 세상 가장 무거운 나를 일으킨 성공적인 경험은 다른 일상의 모든 스몰빅 챌린지들을 쉬워지게 만들어 주었다. 새벽 기상이 왜 미라클인지 알았다. 그만큼 본능을 이긴 어려운 것을 해냈기에 다른 모든 도전이 쉬워지는 미라클이 연이어 일어난다.

　혹시 이뤄 내고 싶은 것이 있거나 염원하는 일이 있다면 미라클모닝부터 도전해 보기를 추천한다.

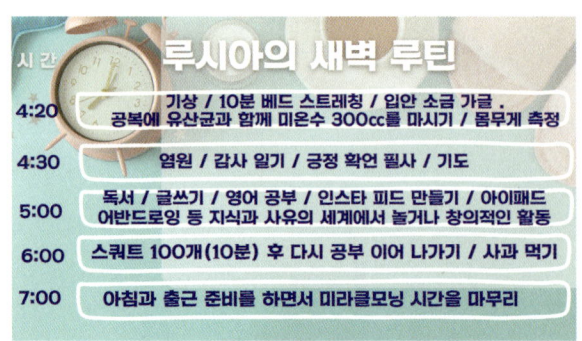

3
스쿼트 100개 챌린지
매일 새벽 6시에 만나 스쿼트 100개 하는 사람들

　새벽 기상하여 각종 챌린지를 도전하면서 마음에 꿈과 열정이 생기고, 머릿속에서는 아이디어가 마구 떠오르는 것이 아닌가. 그런데 그런 생각들을 정리하고 실천하기에는 체력이 따라와 주지 않고 초저녁부터 잠이 밀려와 자고 나면 다 사라져 버리는 게 아쉬웠다. 뭔가를 해내고 끈기 있게 유지하려면 제일 먼저 준비해야 할 것은 체력이었다. 짧은 시간 내에 할 수 있고, 근육의 힘을 끌어올릴 수 있는 근력 운동이 필요했다.

　"하늘은 스스로 돕는 자를 돕는다."라는 명언에 이 말을 덧붙이고 싶다. "하늘은 목표를 결심한 자에게 다 보여 준다." 내가 생각하고 결심하는 순간, 필요한 것이 보이기 시작하는 경험을 해 봤을 것이다. 끊임없는 호기심으로 이것저것 다 해 보고픈 욕심쟁이가 나에게 우선 체력 키우기가 절실했다. 그런 나에게 인스타에서 '스백챌(매일 새벽 6시 스쿼트 100개 하는 챌린지)'이 눈에 딱 들어오는 것이 아닌가? '꽃보다 이쁜 나'라는 커뮤니티에서 에린님이 운영하는 '스백챌'이라는 프로그램이었다. 새벽 6시에 스무 명 정도 되는 사람들이 각자의 집에서 노트북을 켜고 줌 미팅에 접속하여, 운동복을 입고, 매트 깔고 리더 에린님의 주도로 다 같이 스쿼트 100개를 한다.

   워킹 맘인 나는 '아이들과 어떻게 하면 좀 더 많은 시간을 옆에 있어 줄 수 있을까'를 고민하며 직장, 시댁, 친정 이외에 나 혼자 따로 노는 것은 십 년만 참기로 하고, 외출을 최소한으로 하고 있었다. 아파트 단지 내 헬스장, 요가조차도 시작하는 것이 부담스러워 시공간을 스스로 제한하고 있었다. 이런 나에게 아이들과 함께 있는 내 집 공간에서, 아무에게도 방해받지 않는 새벽 시간에, 짧은 시간 효율적으로 근육을 키워 줄 수 있는, 그야말로 나에게 최적인 '에린님의 스백챌'이 나에게 온 것이다. 전에는 열 개도 힘들어하던 내가 줌 안에서 여럿이 함께하니 첫 번째 날부터 힘들지 않게 백 개를 끝냈다. 두 번째 날은 더 덜 힘들었고, 즐겁기까지 했으니 그냥 성공이 아니라 대성공이었다. 세 번째 날은 더더 수월해지고, 심지어 스쿼트를 변형시켜 강도 높여 시도하기까지 했다. 석 달째가 되니 '스쿼트를 웃는 표정으로 하면 어떨까? 힘든 운동을 웃으면서 한다면 인상이 얼마나 좋아지겠느냐.' 하는 생각이 들어 예쁘게 웃는 표정으로 하기 등 여러 가지를 실험적으로 적용하며 재미나게 스쿼트를 하고 있다. 이젠 하루에 200개, 300개도 할 수 있을 것 같고 혼자서도 백 개가 거뜬해졌다. 스백챌에 참여하는 분 중에는 요가, 벨리 댄스 강사님 같은 재능 있는 분들이 계셨고 스쿼트 후 시간이 허락되면 재능 기부 하시는 강사분들에게 뱃살 타파, 요가, 스트레칭도 추가해서 운동할 수 있다. 어느새 스백챌은 나에게 챌린지가 아니라 일상이 되어 버렸다. 나이 들수록 뒤태미인이 진짜 미인이라던데 뒤태가 달라지고 있었고, 펑퍼짐한 아줌마 엉덩이는 힙업 되었다. 전보다 다리도 길어 보이고, 허리와 어깨가 펴지고 있으며, 탄탄해진 근육으로 인해 허벅지는 걸을 때 지치지 않게 해 주었다. 53세 리더 에린님은 연예인처럼 예쁜 사진 찍으며 놀러 다니는 출사놀이, 머리숱 많아지는 법, 동안으로 예뻐지는 법 등 본인이 알고 있는 재능을 아낌없이 나눈다. 또 커뮤니티 안의 다양한 분들의 재능을 소개하고 나눌 수 있게 하고, 그 안에서 서로를 연결해 준다.

2023. 2. 28. 매일 새벽 6시 스쿼트 100개를 365일 완성한 날이다. 지난 일 년 동안 스쿼트를 못 할 수 있는 위기의 순간도 많았다. 엄마가 위중하여 새벽에 응급실을 모셔 가야 하는 날도 있었고, 서울대병원에 입원한 엄마를 간병하는 날도 있었다. 침대에서 떨어져 왼쪽 어깨 부상 통증이 오십견으로 이어져 힘든 날도 있었고, 코로나19로 밤새 앓은 날도 있었다. 그러나 나는 응급실에서도, 엄마를 간병하던 6인실 병실 한편에서도 새벽 6시 스쿼트 100개를 다 해냈다.

스쿼트를 하루이틀 빠질 수 있는 이유를 찾아내는 것은 쉬운 일이다.

《보도 섀퍼의 이기는 습관》의 저자 보도 섀퍼는 "변명은 자기 자신에게 하는 거짓말이다."라고 했다. 나는 핑계와 변명을 멀리하고, 변명하려거든 아예 입

을 닫기로 결심했다. 변명이나 핑계를 내뱉는 순간 가장 가까이서, 가장 먼저, 가장 크게 듣는 사람은 바로 나 자신이기 때문이다. 가는 길에 장애물이 보인다면 그것은 목표에 덜 집중한 것! 내가 명확히 목표를 정하고 제대로 마음먹었다면 핑계와 변명은 알아서 사라지고, 장애물은 더는 보이지 않을 것이다. 막막하던 앞길에 안개가 걷히고 가야 할 길이 훤히 보이고 열릴 것이다.

4
매일 독서 인증 챌린지
"당신은 책보다 더 좋은 방법을 찾아낼 수 없다."

　독서 모임이라는 가두리가 없다면 할 일이 곳곳에 산재한 워킹 맘인 나는 웬만해선 책을 정독하지 못했을 것이다. 출판물 홍수 시대에 읽을거리들이 넘쳐나고 핸드폰만 켜면 유튜브, 인스타, 블로그에 볼거리가 넘쳐난다. 집 앞 도서관에 가면 트렌디하고 컬러풀한 사진이 가득한 잡지나 과학, 의학, 예술, 건축 등 다양한 간행물들을 마음껏 섭렵할 수 있다. 그 달의 잡지를 보고 신간과 추천 책을 쭉 전체적으로 훑어보는데, 관심이 가는 제목의 책들이 요즘 왜 이리도 많은지, '저 많은 책의 제목과 목차, 책 표지를 정하려고 얼마나 많이 고민했을까?'라는 생각에 참신한 제목과 책 표지들을 보는 것은 내 취미 생활 중 하나였다. 책 욕심이 많아 여러 책을 빌려 오곤 하는데, 최근 들어 도서관에서 빌린 책 중 정독한 책은 단 한 권도 없다는 게 문제다.

　아이들에게 가장 훌륭한 습관이 독서라고 얘기한 나부터 모범을 보여야 하는데, 자꾸 책 대신 핸드폰으로 손이 간다. 이런 나에게 한 달에 한 권이라도 책 읽는 습관을 장착하기 위해서 독서 모임이라는 가두리에 나를 가두고 매일 오픈 카톡 커뮤니티에 인증해야 하는 챌린지에 도전했다. 매일 인증만큼은 자신 있는 나는 두 군데 독서 모임에 참여하여, 덕분에 선정된 책들은 관심 밖 분야의 책일지라도 어떻게든 정독해 냈다. 독서 모임에서 선정되어 어쩔 수 없이 읽게 된 책 속에서 새로운 분야를 접하게 되고, 읽다 보면 그 안에서 생각지도 못한 지혜들을 수두룩하게 만날 수 있었다. 독서 줌 모임에 참여하게 되면 같은 책을 읽고도 제각각 다른 생각을 할 수 있다는 다양성과 개성 있는 통찰력들을 배울 수 있, 서로 다른 관점들을 나누고 공감하고 소통하면서 사람들과 연결되는 충만한 감정을 만끽할 수 있고, 책을 읽으면서 깨달은 내용과 알아낸 지식을 누군가에게 말하고 싶은 욕구를 해소할 수 있다.

《비폭력대화》라는 책은 북클럽을 통해 만난 나의 인생 책이다. 인간관계, 특히 가족과의 소통 때 비폭력 대화에서 나오는 "관찰하고, 느끼고, 내면의 욕구를 정확하게 알아차리고 표현하고 부탁"하는 도구만 일상에 적용한다면 인간관계에서 오는 대부분의 트러블을 줄일 수 있다고 확신한다. 트러블이 줄어들면 자연스럽게 평온이 깃드는 생활로 연결되므로 초중고 자녀를 둔 맘님들의 가정의 평화를 위해 북클럽을 진행하고 있다. 이 북클럽은 단 한 분이 계시더라도 계속 이어 나갈 계획이며, 세상의 평화에 조금이라도 도움이 되고자 하는 나의 재능 기부이면서 비폭력 도구를 나에게 마음 깊이 뼛속까지 스며들게 하고자 함이다.

다양한 자기 계발서를 접하면서 성공으로 가는 특별한 지름길이 없음을 깨달았고, 성공한 사람들의 공통점은 재능을 타고난 것이 아니라 '자기 확신과 '그릿'한 태도였고 하루하루를 꾸준한 열정으로 성실하게 살아내는 사람들이었다. 지루하고 귀찮은 일들을 남들보다 더 많이 참아 냈으며, 자신이 좋아하는 일을 한다고 하더라도 예외 없이 맞이하는 고비의 순간들을 슬기롭게 잘 다룬 사람들이다. 그래서 나는 나에게 '그릿'을 장착하기 위해 이 책 또한 북클럽을 진행 중이다. 나는 북클럽 리더를 통해 '비폭력 그릿 맘'이 되어 가고 있는 중이다.

매일 인증하는 독서 모임에 참여해 얻을 수 있는 좋은 점은 책 속에 좋은 내용들을 마음에 새길 수 있다는 것도 있지만 매일 한 장이라도 읽는 습관을 만들고, 오픈 가톡 커뮤니티에 인증에 성공하면 '스몰빅 성취감'이라는 좋은 감정이 매일 내 마음에 쌓여 가서 좋다.

세상 부자들의 공통점은 독서 습관이고 워런 버핏은 "당신은 결코 독서보다 더 좋은 방법을 찾을 수 없을 것입니다."라고 하였다. 한글을 깨우쳤고, 손발이 자유로운 우리에게 책을 펼쳐서 읽는다는 것은 쉬운 일일 수 있는데 잘 안되는 분들에게 매일 그날 읽은 내용을 인증해야 하는 북클럽에 참가하거나 북클럽 운영자가 되기를 적극적으로 권한다. 처음 내 목표는 한 달 한 권 읽기였는데 지금은 탄력이 붙어 주 1회 책 한 권을 읽게 되었고, 여러 북클

럽을 통해 성장한 나는 세 군데 북클럽을 운영 중이다. 하나는 부에 관한 책 '용블리 북클럽', 다른 하나는 '러블리 비폭력맘 북클럽'과 '그릿맘 북클럽'을 이끌면서 리더로서 더 성장하는 중이다.

5

영어 챌린지
이왕 중독된 거 '영어 뇌 폭발'까지 렛츠기릿

　나에겐 20대 시절 '미국 간호사'라는 꿈이 있었다. 97년 말 대한민국은 IMF의 위기를 맞이하게 되고, 98년도 간호대학을 졸업한 나는 좁아진 취업의 문을 뚫고 운 좋게 대학 병원 간호사 정규직에 취업했다. 하지만 기쁨도 잠시, 한 병동에 50명의 환자를 간호사 둘이서 케어해야 하는 삼교대 근무는 그야말로 극한 직업이었다. 힘든 정도에 비해 처우는 낮은 편이었고, 점점 몸은 이상 신호를 보내고 있었다. 그때 미국 간호사는 국민 신뢰도 1위 직업으로 환자를 간호사 한 명당 4명만 케어하고, 연봉이 일억이라는 얘기를 듣고 미국 간호사가 되기로 결심했다. 그 후, 안정된 정규직 대학병원 간호사를 4년 만에 과감히 퇴사했다. 그 당시 〈섹스 앤 더 시티〉, 〈ER〉, 〈앨리 맥빌〉 등 멋진 미국 뉴욕의 일상들이 자유분방하게 펼쳐지는 미드들, 당시 핫한 여배우 맥 라이언이 주연인 〈유브 갓 메일〉, 〈프렌치 키스〉, 〈시애틀의 잠 못 이루는 밤〉 등의 로맨틱 영화들도 아메리칸드림을 꿈꾸게 부추겼다.

　하지만 미국 간호사 면허 취득 과정을 공부하기 위해 퇴사 후, 파트타임이라 생각하고 현 직장에 입사하면서 운명인지 반려자를 만났다. 이후 두 자녀도 출산하고 정규직으로 자리 잡게 되면서 미국 간호사라는 꿈은 저 멀리 날아갔다.

살면서 늘 미결 숙제같이 남아 있어 아쉬움이 많았던 것을 꼽으라면 단연 영어다. 많은 돈을 들였음에도, 좋아하는 언어임에도, 이상하게 내 것으로 길들이지 못했던 '영어'. 그래서 연이은 스몰빅 챌린지 성공으로 탄력받은 김에 영어 마스터까지 도전해 보기로 결심했다.

120분짜리 영화 〈인턴〉의 동영상과 스크립트를 1분 3초 단위로 쪼개 90일 동안 매일 각자 낭독하여 녹음 파일을 오픈 카톡 커뮤니티에 올리는 방식으로 인증하는 챌린지였다. 혹시 녹음한 자신의 목소리를 들어 본 적이 있다면 처음에는 그다지 기분 좋은 일이 아니라는 것을 알 것이다. 거기다 형편없는 영어 발음 실력으로 녹음된 내 목소리를 다른 사람들이 들을 수 있는 카톡방에 올린다는 것은 생각보다 용기가 필요할 수 있다. 그런데 자기 목소리를 계속 듣다 보면 익숙해지면서 어느 순간 자신을 객관화시킬 수 있고 남보다 내가 보이기 시작하면서 스스로를 평가하여 더 나은 나로 변화시킬 수 있는 또 다른 좋은 점이 있는 챌린지였다.

처음에는 영화 속 인물들의 말이 너무 빨라 아무리 해도 절대 따라잡을 수 없을 것만 같았다. 그런데 90일 × 3번의 사이클을 돌아 총 270일 동안 인증에 성공했다. 처음엔 문장 안에 중요한 단어인 명사, 형용사, 동사(내용어)만 들리다가 점차 강세, 연음, 묶음 등 뭉개 버리는 그들만의 언어 패턴을 익히게 되었다. 이어서 잘 안 들리는 전치사, 접속사(기능어)들까지 대부분의 단어가 들리기 시작했다. 더듬거리던 문장들이 술술 리듬 타기 시작했다. 〈아바타2〉를 보면서 영어 대사가 귀에 들어오고, 점점 해석되기 시작했고, 유튜브에 영어 동기 부여 영상들이 조금씩 들리기 시작했다. 270일의 스크립트 필사와 녹음 인증은 헛된 노력이 아니었다는 것이 점점 증명되기 시작하였다. 지금은 그 어느 때보다도 영어 실력이 향상되고 있고 꾸준함과 함께라는, 챌린지 내에서의 인증이라는 방식이 주는 영어 미라클을 체험 중이다. 매일 인증에 성공하며 성실과 실력 향상을 보여 준 나는! 현재 "리더라면 앞서가고 잘하는 사람이어야 한다."라는 고정 관념을 과감히 타파하고, 어느새 〈인턴〉 영화 영어 챌린지 커뮤니티 리더가 되어 있다. 커뮤니티 안에는 영어 강사, 영어 전공자, 영어권에서 오래 살다가 오신 분들 등 원어민 수준의 분들도 계신다. 이런 분들에 비해 영어 실력이 훨씬 모자라고, 영어 전공자도 아니면서, 영잘못인 내가 영어 커뮤니티 리더라니! 영어 실력은 부족하지만 나에겐 성실함과 꾸준함이라는 덕목이 장착되었기에 가능했던 것이 아닌가 싶다.

어느 순간 저절로 영어가 술술 들리고 자유자재로 발할 수 있는 영어 뇌 폭발의 그날이 조속히 오기를 간절히 바라는 마음으로 리더라는 자리를 도전했고, 챌린지 운영자라는 책임감으로 나는 나도 모르게 영어를 잘하기 위해 행동할 것으로 믿는다. 땡큐, 알러뷰 정도밖에 입 밖으로 내지 못했던 47살 워킹 맘도 도전하면 네이티브 영어 발음 마스터도 가능하다는 것을 보여 주려 한다.

내가 이 나이임에도 영어를 포기하지 못했고, 또 잘하고 싶은 데에는 수많은 이유가 있다. 첫 번째, 아이들과 가정에서 자연스럽게 영어로 대화하고 싶다. 두 번째, 죽기 전에 영미 시나 영미 문학 작품들을 원서로 읽어 보고 싶다. 세 번째, 세계여행 다니면서 자유롭게 외국인들과 농담도 해 보고 싶다. 외국인 친구를 사귀면 더 좋고. 네 번째, 넷플릭스나 영화를 자막 없이 보고 싶다. 다섯 번째, 유튜브의 영어권 강의를 듣고 나의 인스타 인친님들께 좋은 것들을 전달하는 메신저가 되고 싶고, 멋진 팝송 힙합 영어 가사를 멋지게 한 곡 부르고 싶다. 여섯 번째는 영어를 잘하면 몸값이 두 배 상승한다고 한다. 재수 없으면 120세까지 살게 될지도 모를 초고령화 시대에 나의 커리어를 글로벌로 확장하고 싶다. 제일 큰 이유는 유창한 영어로 쐴라대며 멋있게 보이고 싶은 관종 혹은 힙스터가 되고 싶은 마음일 수도…. 아는 만큼 보인다고, 지구 공용어 영어를 마스터하는 순간 그동안 보지 못했던 영어권 판타스틱 신세계를 오롯이 경험하리라. 이렇게 나가다간 못다 이룬 미국 간호사의 꿈까지 이뤄 내는 건 아닌가 싶다.

그동안 스몰빅의 성공으로 내 안에 들어선 자신감은 영잘못임에도 영어 챌린지 운영자를 도전하는 용기를 내게 부여해 주었다. 무식한 용기가 때로는 우리 일상에 새로운 도전으로 이어 주기도 한다. 이런 내 인생의 황당 무모한 도전은 분명 나를 좋은 방향으로 데려가, 내 인생의 다른 점과 이어지며 멋진 좌표를 그려 내며 더 멋진 일들을 계속 만들어 내리란 것을 분명 알기에 나를 또 설레게 한다. 나는 알고 보면, 참 용기 있는 여성인가 보다.

6
다정다감 챌린지
워킹 와이프 되어 보기

    2007년에 첫 아이를 출산한 후 워킹 맘인 동시에 워킹 와이프 17년 차인 내가 자기 계발에 빠져 아이들한테뿐만이 아니라 배우자에게는 더 소홀했던 것을 냉랭한 집안 분위기를 통해 감지했다. 챌린지 중독자인 나는 '부부애 개선'에도 챌린지를 적용해 보기로 했다.

    여러 미션을 만들어 남편을 이뻐해 주기로 결심하고 실행했다. 행복해서 웃는 게 아니라 웃어야 행복한 것처럼, 더 사랑해 보기로 마음먹고, 스킨십부터 하고 좋아해 보기로 한 것. 남편과 더 다정해지기 위한 챌린지 미션을 소개해 보면

① 출퇴근 때 끌어안고 눈빛 3초 이상 맞추며 뽀뽀하기(눈빛을 맞추는 순간 서로에게 연민이 흐른다)
② 하루 1건 이상 긍정과 사랑의 댓글이나 문자 보내기(남편만을 위한 애정 어린 이모티콘을 구입 후 보내기)

③ 매일 밤 10시가 되면 딱 5분간 어깨, 목 마사지해 주며 하루 일과 물어 보기
④ 주말이면 왕복 1시간 거리의 스타벅스까지 산책하러 가서 커피 한잔 데이트

한꺼번에 시도한 것이 아니라 하나씩 미션을 늘려 나간 것이다.

결과는 생각보다 더 대성공! 지금 남편은 출퇴근 시 나의 굿모닝 뽀뽀와 포옹을 기다린다. 그렇게나 성당 미사 참석을 미루던 남편은 첫눈 오는 날 명동성당에 가자며 로맨틱한 발언으로 나에게 감동을 주며 울컥하게도 했다. 서서히 남편의 잔소리가 줄어들었고, 집안일도 잘하고, 전보다 확실히 다정해지고 아이들을 더 잘 챙겨 준다. 아이들은 이런 다정한 엄마·아빠를 보며 정서적 안정감을 느끼는 눈치였다. 남편이 틈만 나면 같이 산책하자고 하는 좋은 부작용이 있었지만 우리는 전보다 더 플라토닉하게 사랑하게 되었다.

한 가지 주의할 점은 남편을 대할 때 나의 파동이 불순물이 없이 순수해야 한다. 남편이든 아이들에게든 이중적인 행동을 가장 조심해야 한다. 오은영 박사님도 없었고, 제대로 된 육아 서적이나 인터넷 검색이 없었던 시대. 부모님들은 시댁 식구들 구박이 일반화된 세대를 살아 내느라 자녀 육아를 제대로 배워 본 적 없다. 그들에게 상처받으며 자란 아들이었음을 잊지 말고 연민의 마음을 가져 보자. 느낌은 파동의 다른 이름이다. 마음속에 나쁜 기운은 파동이나 느낌으로 다 전해진다. 진심으로 조건 없이 순수하게 사랑하는 마음으로 끌어안아 주어야 함을 잊지 않기. 가장 가까운 곳

에서 가장 자주 보는 사람이 너무 사랑스럽다면 그곳이 바로 천국이 된다.

'오랫동안 가까이서 서로의 단점을 잘 아는 남편을 은은한 열정과 끈기로 그릿하게 사랑해 주기'라는 미션을 성공했다면 단순한 스몰빅 성공이 아니다. 세상의 모든 이웃을 다 사랑하라는, 예수님이 우리들에게 남긴 가장 큰 미션인 이웃사랑, 인류애, 박애주의로까지 나의 의식 수준을 확장할 수 있는 그레이트빅 성공이다.

남편의 말을 잘 들어 주고 많이 웃어 주기, 작은 선물에도 크게 감동하기, 칭찬 많이 하기, 지시 말고 친절하게 부탁하기. 가장 중요한 것은 남편을 대할 때 편하다고 건성건성 대하지 말고 온 마음을 다하기. 그럼에도 마음이 안 간다면 가족, 부부에 대한 긍정 확언을 필사하며 마인드셋해 주고 시도하면 도움이 된다.

불필요한 말보다 찡긋 미소 한번 지어 주기. 미소는 배려의 표정임을 잊지 말기. 진짜 사랑은 오랜 시간 동안 신뢰가 다져지고 녹아든 사랑이라고 생각한다. 우리 부부는 다정다감 챌린지를 통해 결혼 17년 차에 비로소 서로를 응원하며 트루 러브, 찐사랑 중이다.

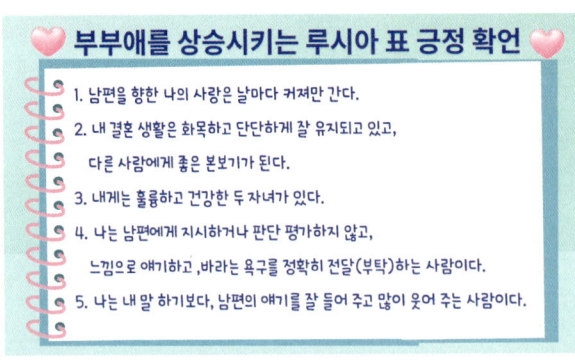

7

코치 되기 챌린지
일상을 좋은 습관으로 가득 채워
단단하고 사랑스러운 일상 만나기

　오랫동안 사회 취약 계층의 분들을 위로하고 상담하는 일을 해 오면서 어떻게 살면 어려워지는가를, 이렇게 하면 점점 병들어 가는가를 알게 되었다. 바로 안 좋은 습관들을 너무 오랫동안 달고 산 것! 내 몸에서 보내는 이상 신호를 진통제로 때워 버리고 무시한 것!

　어려우신 분들만 만나다가 각종 커뮤니티, 인스타그램에 자기 계발 욕구가 강하고 긍정의 에너지가 높으신 분들하고 연결되면서 나는 드디어 나와 비슷한 부류의 분들과 연결된 것 같아 반가웠다. 누구를 위로하고 공감하는 것 이상의 더 높은 차원으로 성장하도록 돕는 사람이 되고 싶다는 생각에 코치 과정에 도전하였다. 코칭은 정신 치료나, 상담과는 다른 것으로, 사람은 누구나 천재성을 다 가지고 있기에 각자 안에 잠들어 있는 거인을 깨우는 것을 도와주는 일이다. 자신이 어떤 사람이고, 무엇을 가장 잘하고, 좋아하는지는 스스로가 가장 잘 알고, 가장 빨리 정확하게 찾아낼 수 있다. 자신이 어떤 사람인지 객관화시켜 자각하도록 돕고, 살짝 터치해 주는 코치라는 역할은 참 매력 있는 일이었다. 코치를 시작할 때 우선 고객과의 라포르 형성을 위하여 "최근 일주일간 좋았던 일이 어떤 것이 있으실까요?"라는 질문을 하는데, 여기서 나는 사람들의 공통점을 찾아냈다. 대부분 바로 대답을 못 하고 "좋은 일 없었던 것 같은데…. 기분 안 좋은 일만 있었어요."라며 안 좋았던 일들은 술술 잘 얘기한다. 기분 좋았던 일은 대답하기까지 시간이 걸린다는 것이다. 좋은 일이 없다고 하시는 분에게 "그래도 생각해 보세요."라고 하며 기다려 주면 한참 만에 찾아내어 좋았던 기억을 말한다. 한 가지 좋았던 일을 말하기 시작한 순간 또 다른 좋았던 일들을 술술 얘기하는 것을 자주 보았다. 곰곰이 생각하면 좋은 일이 분명히 있었을 텐데, 우리는 나도 모르게 안 좋은 일에 더 집중하고 있는지도 모르겠다. 자기 전에 의식적으로 좋은 일, 감사할 일을 떠올리는 챌린지도 좋은 것 같다.

나이 마흔이 넘어가면 누구나 비슷한 패턴으로 고생하며 살아 내고 있다는 사실을 알게 된다. 나보다 앞서가거나 잘된 사람이 있다면 그동안 스스로를 키워 내느라 얼마나 고단했을까, 지루하고 귀찮고 하기 싫은 일들을 얼마나 견뎌 냈을까를 눈치채게 된다. 마음의 그릇은 커져 가고, 비교와 시기 질투를 멈추고, 잘나가는 이를 진심으로 인정해 주며 칭찬해 줄 수 있게 되는 듯하다. 그리고 남보다도 내가 보이기 시작한다.

나의 힘들었던 이야기를 하면 며칠 밤을 새도 모자랄지도 모르겠다. 그간 받은 상처를 지혜로 바꾸고 그럴 만한 사정이 있었겠지 하고 생각할 것이다. 이제 과거 힘들었고 찌질했던 이야기를 멈추고, 과거의 원망이나 고민에 머물러 있기보다, 성장하고 앞으로 나아가고 싶다. 더 나아가 스몰빅 챌린지를 통해 좋은 습관을 일상화시키고, 매일 성장하며 사람마다 가진 고유한 보석을 같이 발견하고 채굴하여 반짝반짝 빛나게 돕는 멋진 코치가 되고 싶다.

책 속, 유튜브 안에는 우리보다 척박한 환경에서도 멋지게 자기 삶을 일궈 나가며 몸소 얻은 귀한 지혜들을 끊임없이 전해 주는 우리 모두의 언니 코치들이 있다. 대표적으로 미국에는 오프라 언니가 있다면 대한민국에는 미경 언니가 있다.

유튜브에 MKYU 대학을 설립한 김미경 학장님은 유튜브를 통해 새벽에 깨어 있는 사람들에게 잔소리를 하고 혼내기도 한다. 웃게 하다 울게 하다 감동을 주며 바닥이었던 자존감을 끌어올려 주는 이야기를 들려준다. 어쩜 그리도 공감이 가는 이야기만 골라 하시는지 '나만 고생한 것 아니었구나. 다들 나와 비슷한 패턴으로 고생했네!'라며 공감과 위로를 받고, 보통의 사람들이 해냈다면 '나도 할 수 있다.'라는 자신감을 불어넣어 준다. 동기 부여 강의와 더불어 천 명 가까이 되는 초대형 오픈 카카오톡 커뮤니티에 초대되어 다양한 사람들과 소통하게 해 주었다. 각양각색으로 개인 블렌딩 중인 유니크한 매력의 재능 있는 분들이 선한 영향력으로 서로 가진 재능을 아낌없이 나누는 긍정 에너지 가득한 곳이었다. 나도 나만의 고유한 개성을 찾아 블렌딩하고, 공부해서 깨우친 좋은 것들을 나눠야겠다는 선한 마음은 어느새 닮아 가고 있다. 내가 결심하고 손만 내밀면 세상 좋고 든든한 언니들과 연결되는 신세계를 체험하였다. 요즘은 영어 공부도 할 겸 오프라 윈프리 언니의 동기 부여 영상을 영어로 듣고 있다.

세상에서 가장 불행했지만 지금은 최고 '갓생'을 살고 있는 여성 '오프라 윈프리', 그녀는 얘기한다.

"세상에 무엇이 필요한지 묻지 마세요. 당신 자신을 살아 있게 만드는 것이 무엇인지를 물어보세요! 그리고 그 일을 하세요! 인생 속에서 당신이 지속해서 해 왔던 그 모든 노력, 좋은 시간, 힘든 시간을 내면의 자신에게 연결한다면, 난 그걸 God이라 하죠. 당신은 원하는 대로 부르세요. 힘, 자연, 알라, 파워 등…. 그것이 더 큰 힘을 발휘하는 개성과 삶의 방식으로 연결되면 당신을 그 어떤 것도 가능하게 만듭니다."

나는 지금 새벽에 일어나 나를 살아 있게 하는 것이 무엇인지 자문자답하며 찾아 가고 있고, 이런 과정 자체가 날 살아 있게 만든다. 47살의 나는 실수투성이에 많이 넘어져 봤고, 구렁텅이에 빠져 봤고, 보답받아야 할 가까운 사람에게 오히려 배신도 당해 봤다. 이로 인해 상처만 받은 것이 아니라 회복 탄력성도 탁월해졌다. 그동안의 실수와 좌절들은 나의 삶을 다른 곳으로 데려다주려 한 것이었고, 고난은 신의 소통 방법임을, 최고의 악인이 최고의 은인이었다는 것, 실패는 실패가 아니고 귀한 경험이라는 것도 알게 되었다. 이제는 상처를 지혜로 바꾸어 나가고 있다.

에너지를 빼앗아 갔던 내 안의 네거티브를 제거하여 에너지와 시간 관리도 잘 할 줄 알게 되고, 네거티브로부터 해방되어 생긴 에너지들을 스몰빅 챌린지에 사용하면서 내 삶을 좋은 습관들로 채워 나가고 있다. 이런 스몰빅 성공들은 스스로에 대한 신뢰도를 높인다. 또한 자기 자신을 사랑하게 되면서 내면과 끈끈하게 연결된다. 내 안의 나와 자주 만나 대화하는 나를 발견하게 된다, 나는 '또 다른 나'인 그 아이를 '지혜 사냥꾼'으로 부르기로 했다. 그 아이는 부캐 닉네임이 되어 인스타 세상에서 멋지게 활동 중이다.

> **8**
>
> # 인스타 챌린지
> ### 지혜 사냥꾼 되어 인스타 안에서
> ### 크리에이티브한 삶 즐기기

2022. 1. 1. 나의 인스타그램 팔로우 숫자는 15명이었다. 본격적으로 인친(인스타 친구) 만들기를 위해 품앗이에 나서면서 5일 만에 1,000명이 넘어갔고, 현재 7,000명을 넘었다. 인스타그램은 다양한 분야의 멋진 분들을 연결해 준 훌륭한 도구다. 현재 인스타그램 안에서 지혜 사냥꾼 루시아가 되어, 자기 계발 및 동기 부여 피드를 캔바나 블로라는 영상 편집 어플을 이용하여, 나름 멋지게 창작하여 올리며 자만추 중이다.

워낙 궁금한 것과 하고 싶은 것이 많은 나는 혼자 신나게 놀기의 달인이라고 자부하는 사람이었는데, 인스타그램 내에서 마음이 맞는 다양한 분들을 알게 되면서 서로의 작품과 정보, 일상을 공유하고, 성장을 응원해 주며 서로에게 영감 주는 '가치 같이'의 놀라운 인간관계를 경험하는 중이다.

마음을 열고 손만 내밀면 된다. 인스타그램 안에는 수많은 사람이 넘쳐 나는 만큼 나와 결이 맞는 사람들과 좋은 사람들을 만날 확률은 높아진다. 현실에서 괜히 어설프게 가깝다는 이유로 상처 주는 관계 때문에 고민하지 말고 인스타그램 계정부터 만들자. 그리고 먼저 손 내밀고 먼저 말 걸어 보자.

인친님들이 현실 친구보다 좋은 점은 단 한 명도 "그게 되겠어?"라는 부정적인 메시지를 보내지 않는다는 것이다. 인친님들의 댓글은 긍정적이다. 또한 칭찬해 주고, 공감해 주고 격려해 준다.

긍정의 댓글도 많이 쓰면 쓸수록 좀 더 세련되게 공감하는 실력을 키울 수 있다. 이 시대에 최고 강점으로 꼽는 긍정, 감사와 공감 능력도 긍정 댓글 다는 훈련으로 높일 수 있다. 그리고 타인에게 하는 긍정의 말들은 결국 자기 자신에게 하는 말이 되어 스스로 좋게 작용하게 된다. 긍정 메시지를 쓰면 쓸수록 나도 모르게 '하면 다 된다.'라는 긍정적인 사람이 되어 가고 있고, 어느새 인싸 반열에 들어서게 될 수도 있다. 혼자 노는 것이 편하고 좋다. 그러나 같이 놀 때 좋은 사람과 연결되는 충만한 기분을 느끼며 놀면 더 좋다.

인스타그램에 주 2회 이상 동기 부여 영상을 멋지게 편집하여 올리는 크리에이티브한 라이프는 아마도 오랫동안 질리지 않고 할 수 있을 것 같은 나의 최애 챌린지가 될 것 같다. 왜 예술가들이 궁핍한 상황에서도 돈을 좇지 않고 창작 활동을 이어 나갔는지 어렴풋이 알게 해 준 챌린지다. '직장도 다니고 아이들도 돌봐야 하는 상황에서 창작 활동이라니…'라고 할지도 모르겠다.

　인스타그램을 몰랐다면, 지인과의 만남도 한참 고민해야 하는, 시간적으로 매우 제한적인 라이프를 살고 있는 워킹 맘인 나는 창의적인 활동은 어렵다고 생각했을 것이다. 그러나 만약에 내가 시간이 많아 무제한적인 상황이라면 과연 맘껏 창의적으로 크리에이티브했을까? 작가들은 누가 시킨 것도 아닌데 스스로 데드라인을 정해 글을 쓴다. 사람은 기한이 있어야, 촉박해야 더 쥐어 짜내게 되고 더 실행하게 된다는 오묘한 기질을 가진 듯하다. 제한적인 삶을 살고 있는 워킹 맘인 나는 그 안에서 주어진 재료들로 디테일하게 파고들어 오히려 최대한 아이디어를 짜내고, 소소한 일상들이 예술이 되는 순간을 포착하여 창의적으로 바꿔 나가며 크리에이티브한 생활을 하고 있다. 교실 안이든, 직장에 묶여 있든, 감옥에 있든 언제든 자유롭게 사유하는 마음만 준비되어 있다면 우리는 크리에이티브한 삶을 살 수 있다.

　생각할 수 있는 머리가 있고, 글을 읽고 들을 수 있는 눈과 귀가 있고, 글 쓸 수 있는 손이 있어 가능한 크리에이티브한 삶에 감사한다.

9
글쓰기 챌린지
삶을 잘 버텨 내고 있다면
누구나 작가가 될 수 있다

　많은 사람을 만나 오면서 불안해 보이거나 아프거나 조급한 사람들은 고난의 강을 건너는 중이고, 평온한 사람들은 이미 고난을 잘 견뎌 낸 분들이라는 것을 알게 되었다. 누구 하나 예외 없이 한 권의 책으로도 모자란 구구절절한 고난과 사연이 있었다.

　나이가 많아질수록 사연은 늘어나고, 부끄러워할 것도, 두려울 것도 없어지면서 그동안의 억울했던 일, 살면서 실수했던 이야기들까지 다 얘기하고 싶어진다. 나라는 사람도 이렇게 살고 있고, 평범해 보이지만 결코 쉽지 않았던 인생이었다. 지구별, 아시아, 대한민국에서 뭐 하나 내놓고 자랑할 게 없었다. 그러나 주어진 운명을 사랑하고 삶의 순간에서 만나게 되는 크고 작은 장애물들을 다뤄 내며 잘 살려고 애썼던 일들을 얘기하고 싶기도 했다.

　그러던 중, 어떤 커뮤니티에서 자신의 일상 속 소소한 이야기도 좋으니 같이 책 쓸 사람을 모집했고 커뮤니티 리더님의 제의를 받고 글쓰기 챌린지를 시작하였다. 순식간에 '나도작가' 모임이 결성되었고 글쓰기 도반님들을 만나게 되었다. 처음 글쓰기 제안을 받았을 때 "내가 책을? 말도 안 되지."라고 생각했다. 하지만 요즘은 보통의 사람들도 출판하는 것이 트렌디한 시대이고, 작가 정여울 님의 "글쓰기는 약자와 소수자의 무기이다."라는 말에 용기를 냈다. 나는 늘 살면서 약자였으므로 글쓰기라는 무기를 장착해 보기 위해 용감하게 글을 쓰기로 결심했다.

여섯 명의 예비 작가님들과 서로 아무 얘기나 떠들고, 말도 안 되는 칭찬을 해 주며 그렇게 함께 즐겁게 글쓰기를 시작했다. 서로의 글을 비평해 주며 지금은 어느새 찐친이 되었다. 주 2회 '나도작가' 네이버 카페에 글 올리기 챌린지로 시작, 안 올릴 시 벌금 1만 원. 가두리 인증 챌린지는 어느새 내 전문 분야이며 특기가 되어 버려 '어떻게든 해내는 나'가 준비되어 있었기에 벌금 없이 글쓰기에 성공해 나갔다. 글을 한 편씩 완성하여 올릴 때마다 다른 어떤 챌린지보다 짜릿, 뿌듯함과 성장의 속도가 두 배였다. 혼자서가 아닌 귀한 나의 글쓰기 도반님들이 있어 지금까지 멈추지 않고 이렇게 글을 쓰고 있다는 것은 감사한 일이다.

평범한 듯한 내 인생에 책 한 권 쓴다면 엄청난 이벤트라고 생각한다. 인생에 좋은 영향을 끼칠 것이 분명했기에 또 하나의 '스몰빅'이 아닌 책 내기라는 '그레이트 빅'에 도전!! 글쓰기의 결과는 백 프로 '성공적'이라고 미리 확신한다. 완성된 책이 팔리지 않는다 해도 나에겐 의심할 여지없이 백 프로 성공이다. 한 권의 책이 완성되면, 분명 나의 마음은 희열감, 성취감, 자신감으로 가득 채워져 있을 테고, 생각은 더 단단해지고 정리되어 있을 테니까. 돈 주고 살 수 없는 지혜로움이라는 귀한 마음의 보석이 선물로 듬뿍 주어져 있을 테니까. 중간에 글쓰기가 너무 안 돼 하늘에 대고 긍정 확언을 필사하고 외치기도 했다. "나는 글쓰기 선수!", "나는 글쓰기가 정말 즐겁고 희열을 느낀다.", "나는 인간의 따뜻함을 표현하고, 어마어마한 세계관을 가진 소외된 개인의 일상을 표현하는 작가다.", "나는 내가 좋아하는 박해영 작가와 자주 만나 사상을 공유한다."

이런 말도 안 되는 긍정 확언이 정말로 먹힌다는 것은 안 비밀. 놀랍게도 전보다는 확실히 글이 잘 써졌고, 틈틈이 글을 쓰고 다듬고 있는 나를 발견하게 된다. 스포츠 선수도 본게임에 들어가기 전에 스트레칭으로 워밍하듯 글쓰기 선수도 입장 전에 염원, 긍정 확언, 감사 일기 삼총사를 불러들이고 좋은 글 낭독이나 필사로 뇌와 마인드를 세팅해 놓고 글을 쓰면 좋다.

또 한 가지, 글감이 잘 떠오르는 순간을 알아냈다. 뇌에 좋은 호르몬이 분비되어 내 마음에 사랑과 기쁨이 가득 채워질 때와 빨리 걸을 때다. 빨리 걸을 때 글거리가 샘솟는 것을 경험한 나는, 수많은 작가가 이미 걷기를 예찬하고 있음을 알게 되었다. 니체는 "걸으며 생각한 것만이 가치가 있다."라고 하고, 버트런드 러셀은 "매일 아침 혼자 한 시간 동안 산책하면서 그날 쓸 글들을 머릿속에 생각했다가 산책에서 돌아와 오전 내내 막힘없이 글을 써 내려갔다."라고 한다. 무라카미 하루키는 새벽 4시에 일어나 글을 쓰고, 오후에는 10㎞를 뛰고 1,500m를 수영했다. 심지어 나태주 시인은 마라토너라고 한다. 빨리 걸을 때 이 정도인데 달릴 때는 얼마나 글거리가 무궁무진해질까? 기회가 되면 마라톤을 해야겠다는 생각도 했다.

글쓰기가 언제나 즐겁지만은 않겠지만 내 안의 생각들을 정리하고 쏟아 내면서 글쓰기야말로 나 자신이 누구인지 제대로 알아 가는 작업이라는 것을 알았다. 생각들이 정리되니 마음이 차분해지고 풍요로워지고 더 지혜로워지기 시작했다. 우연찮게 오픈카카오톡 커뮤니티 챌린지 운영을 통해 수익을 내는 전자책도 완성하게 되었다.

살면서 글쓰기는 필수라는 사실을 깨우쳤다. 글쓰기의 좋은 점을 끝도 없이 발견 중이며, 글쓰기의 즐거움을 맛보는 중인데, 이 즐거움을 한번 느끼게 되면 문자 중독뿐만 아니라 글쓰기 중독도 가능할 것 같다. 나는 과학, 의학, 철학, 사회, 문화, 종교, 예술 심지어 외계인 이야기까지 모든 분야에 호기심이 있는 잡다한 사람이며, 세상의 지식, 명언, 예쁜 말을 수집하는 지혜 사냥꾼이다.

글쓰기를 통해 이런 지리멸렬한 사상들이 집대성되고, 삶을 버텨 내면서 겪었던 아픔, 슬픔, 기쁨… 이런 맘속 진주알들이 연결된다. 그리고 은은하게 빛나는 진주목걸이처럼… 내 생애 첫 책이 평생 내 마음에서 반짝반짝 빛나는 보석이 되어 줄 거라 믿는다.

10
에필로그
챌린지가 일상에 스며들다

평범한 워킹 맘의 소소한 챌린지가 어쩌다 보니 '책 내기'라는 그레이트 빅 챌린지로 확장되어 있다.

챌린지는 꼭 새로운 것을 도전할 필요가 없다. 거창할 필요도 없고, 하루짜리 챌린지라도 좋다. 나의 안 좋은 습관들을 하나씩 제거하는 챌린지도 좋다. 일상 중에 소소한 것부터, 별것 아닌 것 같은데도 잘 안되는 것이 있다면 그것부터 챌린지로 도전해 보자.

오늘 하루 동안 자녀에게 큰소리 안 내기 챌린지, 목적 없이 인터넷 쇼핑몰 안 보기 챌린지, 매일 지출 목록 수기로 적기 챌린지, 자고 난 이부자리 정돈하기 챌린지, 아침 6시가 되면 무조건 책부터 펼치기 챌린지 등등. 2023년 나의 챌린지는 매달 한 가지씩 '12가지 나의 단점 없애기'로 확장되어 순항 중이다.

수많은 스몰빅 챌린지 성공을 통해 내가 얻은 가장 귀한 선물은 '나 자신을 진짜 사랑하게 되었다는 것'이다. 그동안 내가 나를 이뻐한 적이 있었던가? 아침을 설레는 맘으로 맞이한 적이 있었던가?

새벽 기상 챌린지를 통해 나를 일으켜 세워 기도, 감사 일기, 긍정 확언을 쓰게 하고, 좋은 책도 읽게 하고, 좋은 강의 듣게 하고, 영어 공부도 시키고, 인스타그램 피드 만들며 크리에이티브하게 뇌를 가동시키고, 여러 다양한 커뮤니티에 아침 인사 하며 긍정의 피드백 주고받으며 좋은 사람들과 소통하게 하니 나도 모르게 마음이 커지고 있는 나를 발견하게 되었다. 이제는 '우리 아이들이 커서 뭐가 되려나.'보다 '나는 뭐가 되려고 이러나?'라는 생각이 더 많이 든다. 내가 앞으로 어떤 사람이 되어 갈지 더 궁금하다.

가끔 직장 일이 밀려 있을 때 캄캄한 이른 새벽에 출근하거나 한밤중에 퇴근하며 어두운 엘리베이터 거울 속 나를 마주하게 된다. 전에는 거울 속 나에게 '이렇게 어두운 시간에 출근해야 하니, 너 좀 안됐다. 고단한 인생이네.' 하였는데. 어느새 나는 거울 속 나에게 저절로 이렇게 말하고 있다. '너 멋있다. 너 이쁘네. 너 참 괜찮은 사람이네!' 오랜 기간 자기 비하나 자기혐오에 시달린 경험은 많이 있었지만 이렇게 저절로 스스로에게 진심 어린 칭찬을 해 준 것은 사십 평생 처음 경험하는 일이었다.

스몰빅 성공으로 스스로에 대한 신뢰감이 두터워지고, 자존감도 더불어 상승하고, 내 안의 나를 만나면서 '나도 알고 보니 참 귀엽고 사랑스러운 사람이구나.'라는 것을 알게 되었다.

아침에 일어나 아무 생각 없이 하루를 맞이하면 그동안 길들여진 습관대로 하루가 대충 흘러간다. 그리고 다른 사람이 짜 놓은 판에서 허수아비로 살 가능성이 높아진다. 내가 먼저 웃어야 웃을 일이 생기는 것처럼, 세상에 감사부터 해야 감사할 일이 자꾸 생기고, 내가 먼저 움직이고 실행해야 행운이 온다는 것을 알았다.

혹시 지금 뭔가에 중독되어 있다면? 그것이 술 또는 담배, 진통제? 아니면 게으름에 중독되어 있다면 만 보 걷기, 스쿼트 100개, 매일 책 10장 읽기 같은 스몰빅 챌린지로 중독 대상을 옮겨 보면 어떨까? 내 몸을 해로운 담배로도 중독시켜 봤는데 하루 스쿼트 100개는 생각보다 중독되기 쉬울 수도 있다. 맘이 허할 때 술잔을 손에 들었다면 책이라고 손에 못 들겠는가?

챌린지는 내가 주인이 되어 나를 내 맘대로 할 수 있게 하는 유용한 도구다. 지금 사는 게 만족스럽다면 괜찮지만, 혹시라도 왠지 모르게 우울하거나 불안하거나 무기력하거나 자꾸 머뭇거리는 버릇이 있는가? 그렇다면 뇌가 세타파와 알파파 사이에 있게 되어 아주 편안하고 차분한 상태에서 잠재력을 최대한 끌어당길 수 있는 뇌파 상태와 세로토닌, 도파민과 같은 행복 호르몬이 가득 분비되는 새벽 놀이터로 놀러 나와 몸을 움직여 보자.

나는 새벽에 일어나 자신을 키우고 사랑하며 흔들리지 않는 단단한 일상을 함께할 미라클모닝 커뮤니티를 오픈하고 싶다. 성장하고픈 좋은 분들과 그 안에서 같이 책도 읽고, 영어 공부도 하고, 스쿼트 100개도 하며 서로에게 힘이 되는 커뮤니티를 열고 싶다. 나의 챌린지 라이프를 전해 들은 누군가는 나에게 "안정된 직장을 다니는데 왜 사서 힘들게 사냐?"라고도 한다.

나는 이제 현실에 안주하는 게 더 힘들어졌다. 물도 흐를 때보다 정체되어 있을 때 더 썩기 마련이다. 지구가 매일 태양계를 돌며 자전과 공전을 멈추지 않는 것처럼, 내 안의 심장이 매일 뛰고 세포들이 내 몸 곳곳에 산소와 영양분을 쉬지 않고 실어 나르는 것처럼, 매일 배우고 익히며, 목표를 정하고 작은 목표들을 하나하나 이뤄 나가며 신나게 생동감 있게 살고 싶다. 나의 별것 아닌 이야기가 누군가의 성장에 작은 사극과 영감을 주고, 좋은 습관을 자리 잡게 하고픈 작은 바람으로 글을 마친다. 사십 대에도 꿈꾸고 이뤄 내고 싶다면, "결심부터 하라! 결심하는 순간 열린다. 시공간을 넘나들 수 있는 SNS 커뮤니티 세상! 들어가 보고 싶다면 하늘 마켓에 대고 주문하라. 열려라 나의 꿈! 열려라 멋진 삶!"

효리스타 송효리
인스타그램

효리스타
송효리

나는
신나게
명품인생
여행 중

1
프롤로그

"자세히 보아야 예쁘다."라는 말이 참 아름답다. 나태주 시인의 〈풀꽃〉 시에 나오는 문장인데 행복과 풀꽃은 비슷한 면이 있다. 들판에 피어 있는 풀꽃은 그냥 지나친다면 풀이다. 하지만 풀꽃에 관심을 가지고 보면 작은 잎사귀 하나하나가 그렇게 앙증맞고 예쁠 수가 없다.

풀꽃인지 알고 자세히 보았을 때 비로소 느낄 수 있는 마음이다. 행복을 알지 못하고 지나쳤을 때는 행복인 줄 몰랐는데, 행복이라는 걸 알고 느꼈을 땐 행복하지 않을 것이 없다. 그리고 행복은 매일 우리 곁에 있다.

행복하지 않을 날들이 없다. 단지 우리가 생각하지 않았기에 느끼지 못할 뿐이다.

내가 나를 기억도 못 하는 꼬맹이 어린 시절에 아빠는 내가 기차를 보고 통통 뛰고 구르며 너무 좋아하니까 자주 기차역에 기차를 보러 데리고 갔다고 했다. 데

자뷔처럼 한국 와서 처음 열차 타던 날의 느낌을 기억한다. 서울행 KTX를 타려고 기차역에 처음 가던 날, 공기가 낯설게 느껴지지 않았다. 기억나지도 않는 나의 어린 시절, 아빠의 마음속 추억 이야기지만 그걸 기억하는 아빠는 행복하다고 했다. 이렇게 우리는 서로가 서로에게 행복을 주는 존재들로 태어났다. 우리는 이 세상에서 행복하기 위해서 힘든 것 다 이기고 인내하면서 살아가고 있는 것이 아닌가. 당신은, 나는, 우리는 행복하기 위해 이 세상에 왔다. 내가 살아왔던 시간을 A4 용지 몇 장으로 다 표현할 수는 없지만, 이 글은 성장과 감사로 행복하게 잘 살고 있는 인생 여행기다. 이 책을 읽고 있는 독자들에게 작은 바람이 있다면, 자신의 '행복'에 대해서 생각해 보는 시간이 되었으면 좋겠다.

'나에게 행복이란 무엇인지?'

'나는 어떨 때 행복한지?' 하고 말이다.

2
캐나다에서 온 캥거루
transition period

어렸을 때 밴쿠버로 이민을 가게 되었다. 꽤 오랜 시간 캐나다 문화에 적응을 하면서, 아니 적응하려고 노력하면서 살았다. 지금은 캐나다인도 한국인도 아닌 효리스타로 부산에서 살고 있지만, 4년 전 한국으로 다시 돌아와 이곳의 생활에 나는 한참을 또 적응해야 했다. 어린 시절 낯선 환경과 다른 피부색의 사람들, 다른 언어를 사용하는 사람들과의 적응도 어려웠다. 그러나 어른이 되어서 다시 온 한국도 녹록지만은 않았다. 그러고 보니 모든 인생사가 도전의 연속이고 새로움에 적응해 나가는 시스템인 것만 같다.

돌아온 지 얼마 되지 않아 코로나19라는 전 세계적인 팬데믹을 겪고, 꽤 오랫동안 암흑 같은 시간을 보냈다. 팬데믹의 정신적 충격과 공포로 온 세상은 잿빛이었다. 캐나다에서는 평범했던 일상도 한국에 와서는 일상과 더불어 팬데믹이라는 또 다른 환경에 적응해야 했다.

30, 40대가 되면 보통 결혼해서 아이 한두 명쯤 있다고 생각한다. 그러나 나 같은 캥거루족(부모에게 얹혀살고 있는 사람)도 잘 살고 있다. 혹시

이 글을 읽고 있는 캥거루족들이 있다면 격한 응원을 보낸다.

　친구 한 명 없는 부산이었지만, 부모님께서 살고 계시니까 일단은 여기 정착하기로 했다. 경단녀, 경력이 단절된 여자라고 여기저기서 말하는 걸 들었다. 나는 뼈저리게 그 의미를 알게 되었다. 캐나다에서의 삶이 싹둑 잘린 기분이 들었다고나 할까. 캐나다에서 했던 호텔 일을 한국에서도 하려고 했지만 잘되진 않았다. 5성급 호텔이 부산 바다 앞에 지어지면서 이슈가 있었다. 회원권 분양을 관심 있게 알아보는 친구가 부산을 방문하면서 채용 모집 공고까지 가져다주었다. 20년 가까이 살던 캐나다에서 나의 첫 직장이 호텔이었고, 7년이란 시간 동안 주 40~45시간을 일만 하고 살다 보니 돈을 쓸 시간이 없었다. 얼마가 수중에 들어오는지도 정확히 모른 채 통장에 돈이 점점 쌓였다.

　일을 시작하고 첫해 부모님께 천만 원을 드릴 수도 있었다. 20대에 나의 꿈 같은 첫 직장의 좋은 추억이다. 호텔 비즈니스 경력이 있고, 영어를 할 수 있다는 강점이 있으니 도전은 해 봐야겠다는 단순한 생각으로 원서를 넣었다. 역시 간절함이 없으면 안 된다는 걸 확실히 알게 해 준 경험이었다. 캐나다와 한국에서의 상황은 다르니까 내가 한국에서 하고 싶은 일을 찾아야 했다.

　안식년이라는 기간이 목사님들에게만 필요한 기간은 아닌 것 같다. 열심히 인생을 사는 모든 이들에게 때로는 쉼표가 필요하다. 하지만 기약 없는 쉼은 나를 힘들게 했다. 아무것도 하지 않은 날들(정확히 말하자면 돈벌이를 하지 않은 날)이 몇 개월 넘게 지속되니 세상 어떤 것도 의미가 없어졌다. 캐나다에서 가지고 온 돈은 점점 말라 갔다. 수입은 없는데 매일매일 살아가는 게 소비였다. 자본주의에서 나 자신을 이끌고 주체적으로 살기 위해서는 생계를 꾸려야 한다. 마흔이 넘은 나이에 나는 세끼에 간식까지 먹는 식충이가 되고 있었다.

한국 생활 1년 6개월이 지나서 나의 전 재산이 반토막이 날 때쯤, 나는 부모님 집으로 들어가서 늙어 가는 캥거루족이 되었다. 많은 고민 끝에 부모님 집으로 들어갔다. 모든 것이 풍요로웠지만 정신적 자유는 없었다. 다시 나는 길고 긴 터널에서 빛을 찾아 열심히 뛰어야 한다는 생각이 들었다. 누구에게나 Quantum jump의 시간은 필요하다. 지금 나는 퀀텀점프의 시간을 가지고 있는 것이다. 더 높게 멀리 비행하기 위해서 꼭 가져야 하는 시간이다.

대학교 때 취업 이야기를 하면서 친구들과 했던 말들이 있다. 12년째 학교에 다니고 있다는 선배를 보며 취업 못 하고 할 게 없을 땐 또다시 학교로 돌아오자고 했던 우스갯소리가 내 가방끈을 길게 만들었다. 한국에서 하고 싶은 일을 찾지 못하니 또 대학원에 가서 공부를 더 해야 하나 싶어 장학 제도와 수업료를 알아보았다. 같은 일을 반복하는 게 싫다고 했지만 결국 나에게 익숙한 것만 찾으려 하고 있었다. 다시 돌아온 한국에서 나는 어떻게 나를 독려하며 잘 살아야 하는지 생각해 보았다. 이제는 내가 하고 싶은 일만 하고 싶고 좋아하는 일로 돈을 벌고 싶다고 생각했기에 돈이 되는 공부를 해야겠다고 생각했다.

인간은 존재하고 있는 한, 평생 공부해도 부족하지 않을까. 특히 우리가 아주 길게 다닌 학교에서는 가르쳐 주지 않는 돈 공부를 해야 한다. 사실, 그동안은 돈을 벌어야 하는 이유, 모아야 하는 이유를 잘 알지 못했다고 해야 하는 게 맞는 거 같다. 내가 살았던, 복지가 잘되어 있는 캐나다라는 환경이라서 그랬을 수도 있고 또 감사하게도 부모님께서 별걱정을 안 하게 해 주신 것 같기도 하다. 하지만 이제는 내가 한국에 살면서 경제적인 독립과 돈 공부가 필요하다는 것을 늦었지만 깨달았다. 급변하고 있는 세상에 발맞춰 나가고 내가 더 경험하고 느끼고 풍성하게 살려면 배움은 사치가 아닌 필요조건이다. 그리고 새로운 걸 빨리 받아들이고 습득하고 나누며 필요로 하는 이들에게 나누어 줘야 한다고 생각한다. 나는 새로운 일에 도전하길 좋아하고 아직도 하고 싶은 일들이 너무 많다. 그래서 시간을 어떻게 하면 효과적으로 배분하여 하고 싶은 일 다 하면서 보낼지 늘 고민이다. 비록 지금은 캥거루족이지만 머지않아 경제적인 자유를 누리며 내가 하기 싫은 일은 안 하고, 하고 싶은 일, 좋아하는 일만 할 수 있는 날을 희망해 본다. 그런 날들을 꿈꿔 본다.

3
지금에 더 감사하고 행복할 수 있는 나

오프라 윈프리의 책을 다시 펼쳐 보면서 감사 일기를 쓰기 시작했다. 신앙생활을 어려서부터 했기 때문에 기도하고 묵상하는 일은 이미 습관이 되어 있었지만 감사 일기처럼 감사한 일들을 나열하는 일은 거의 없었다. 생각하는 것보다 말로 내뱉고 또 정리해서 글로 쓰는 일은 확실히 더 좋은 효과를 볼 수 있다. 예를 들어서 감사한 일이 생겼을 때 생각만 하고 넘어가는 것보다 말로 "감사하다."라고 내뱉고 또 글로 감사함을 써보는 것은 뇌에 확실한 자극을 주며 그 기억을 오래 남게 한다는 과학적인 근거들도 있다.

처음에는 다이어리에 3줄씩 매일도 아니고 일요일 전후 의식적으로 쓰다가 점점 다이어리를 가득 채우고 감사 일기 노트를 따로 사서 쓰기 시작했다. 그즈음 나는 《파리에서 도시락을 파는 여자》의 저자 켈리 최의 《웰씽킹》을 읽고 책에서 알려 준 '백만장자의 선언문'을 매일 쓰고 읽고 있다. 새벽 시간 켈리스들과 100일 끈기 프로젝트를 두 번 정도 이어서 했다. 그 이후에는 혼자 몇 권의 노트를 계속 썼다. 이제는 내가 원하는 목표 리스트를 만들어 쓰고 확언한다.

왕초보도 따라 할 수 있는 '행복 계획표'를 소개한다.

'60일 동안 따라 해 보면 좋은 습관이 생길 거다.'
① 평소 일어났던 시간보다 30분 더 일찍 일어나기
② 미지근한 물 한 잔 마시기
③ 침대 정리하기 ★
④ 환기
⑤ 행복 계획표 작성하기
⑥ 감사 일기 & 확언하기

다섯 번째에, '⑤ 행복 계획표 작성'이라고 하니 거창하게 들릴 수도 있겠지만 나를 행복하게 하는 리스트를 적어 보는 것이다. 내가 행복해하는 일, 나를 위해서 하고 싶은 일을 종이에 적고 그냥 해 보면 된다. 종이에 적어 보는 즉시 미소를 띨 수 있을 것이고 그대로 행동한다면 소소한 행복을 만들 수 있다. 소소한 일상의 행복을 자주 가지면 행복한 삶을 매일 이어 갈 수 있다. 행복은 '얼마나 큰지'가 아니고 '얼마나 자주 하는지'가 중요하다. 자주 행복할 수 있는 비결은 '의미 부여'와 '감사'다. 지나칠 수 있는 일들이지만 의미를 부여하면 감사하게 되고 행복해진다. 얼마에 시간이 걸리느냐는 사람마다 다르겠지만 분명 적응하기에는 시간이 필요하다. 그리고 그냥 알고 넘어가기보다는 해 봐야지 생각이 들었다면 바로 오늘, 잠시 시간을 내서 간단하게 적어 보면 된다.

얼마 전 내 인스타그램에 이벤트를 진행한 적이 있었다.

HABIT 메신저

'#행복한나챌린지'라는 제목으로 이벤트를 했다. 각자 행복 계획표를 작성해서 계획대로 5일 동안 매일 하고 인증하는 이벤트였다.

(예시) 행복 계획표

◎ 15분 햇빛 아래 걷기

◎ 30분 조용한 카페에서 책 읽기

◎ 가족을 위해 음식 만들기

지금 적고 바로 할 수 있는 내가 행복해지는 간단하고 쉬운 리스트를 적으면 된다.

리스트를 적을 때부터 벌써 미소를 띠게 되는데, 그날 행복 계획표대로 하게 된다면 분명 더 행복해진다. 인스타그램 이벤트에 참여한 많은 사람이 디엠으로 행복을 생각하는 습관이 되었다고 고맙다는 말을 하며 커피 쿠폰까지 줬다. 이건 정말 '찐'이고 바로 행복해질 수 있다.

몇 년 전에 읽었던 데일 카네기 《인간관계론》을 다시 읽기 시작했다. 3장에 행복해지는 방법이 나온다. "항상 즐거운 마음을 가져라." 즐겁게 생각하고 행동하면 진짜로 즐거워진다. 생각을 바꾸면 운명이 달라진다. 내가 요즘 늘 외치는 문장이다.
마음가짐, 생각들이 중요하다는 것을 확실히 깨달았다. 나는 나의 명품 인생 가치 있게 살고 있어서 늘 즐겁다.

인간의 뇌는 자주 생각하는 것을 실제 그런 것처럼 여기게 된다고 했다. 행복해질 수 있는 일을 만들고 자주 생각한다면 우리는 더 자주 행복해질 수 있다. 오늘부터 행복 계획표같이 적어 보면 너무 좋을 것 같다. 계획표라는 게 무겁게 들린다면 그냥 종이에 3분 동안 '오늘 나를 행복해지게 하는 일'들을 3가지만 적어본다. 3분의 여유도 처음에는 습관 들이기가 어렵겠지만 의지를 가지고 하루이틀, 삼 일 하다 보면 좋은 습관이 들 것이라 확신한다. 세상 모든 사람과 좋은 걸 함께 나누고 싶다. 그래서 다 같이 행복한 세상이 되었으면 한다.

'⑥ 감사 일기 & 확언하기'를 한 지 60일이 지나니 습관이 되었다. 이제는 늘 식사하고 잠을 자는 것처럼 삶의 루틴이 되었다. 감사하다고 생각하니 감사할 것만 보였고, 행복하다고 생각하니 모든 것이 좋았다. 잿빛 같은 우울한 시간도, 과거에 대한 후회와 미래에 대한 두려움으로 가득 찬 허황된 생각들 때문이다. 지금, 오늘을 살지 못했으니 신이 주신 '선물'을 포장도 열어 보지 않은 채 근심, 염려와 걱정 속에 내다 버렸다. 다시 하나님께 용서를 구하고 부족한 나를 인정했다. 그리고 감사 일기와 확언을 하면서 나를 더 이해하고 대화하고 독려하니 나와의 관계를 점차 회복하게 되었다. 이제는 잿빛 같은 시간들이 와도 다시 뜰 빛나는 태양을 알기에 두렵지도 우울해하지도 않는다. 더 좋은 내일이 오니까.

우리가 살면서 항상 즐겁고 행복한 일만 있을 수는 없다. 인생은 계획한 대로만 살아지진 않기 때문에 더 역동적인 게 아닌가. 원하고 바랐지만 이루어지지 못한 사랑. 그랬기에 지금 내 옆에 있는 사람들이 더 소중한 걸 알게 되었다. 먹고살기 막막한 경제적인 문제를 경험했기에 따뜻한 한 끼 밥 먹을 수 있어서 감사하다. 아프지 않고 건강한 몸과 정신이 살아 있으니 감사하다.

그때는 너무 힘들어서 이러다 죽나 했지만 지나 보니 내 인생이 단단해지는 과정이었다.

캐나다 밴쿠버에서 토론토로 취직이 되어서 이주해야 했다. 밴쿠버와는 전혀 다른 날씨를 가지고 있는 지역이라 오랜 시간 캐나다에 살았다 하더라도, 지역을 옮기는 건 쉽지 않았다. 밴쿠버에서 토론토는 비행기로 4시간 반이나 걸리고 시차도 3시간 차이가 났다. 겨울 평균 기온이 -20℃, 눈이 엄청나게 오는 지역인 것은 잘 알고 있었다. 가족들이 반대했지만, 또 다른 도전 정신으로 토론토 생활을 결심했다. 한국에서 밴쿠버로 왔을 땐 가족과 같이 있었지만, 토론토는 혼자 떠나게 되는 상황이 두렵고 걱정되기도 했었다. 꼭 가야 할 시기가 겨울이라 나의 첫 느낌인 토론토는 매우 춥다. 지금도 토론토를 생각하면 추워진다. 토론토에서 혼자였던 첫 크리스마스를 기억한다. 이사하고 면역력이 떨어졌는지 며칠 몸살이 났다. 그리고 갑자기 동파로 토론토 일부 지역에 전기가 끊어졌었다. 인생 처음 겪는 극도로 무서운 상황이었다. 아파트에 며칠이나 전기가 공급이 안 되니 이러다 정말 동사로 아파 죽는구나 싶을 정도로 일주일 넘게 사경을 헤맸다. 크리스마스와 연휴 때문에, 병원에 갈 수가 없어서 상자째 사다 둔 타이레놀을 씹어 먹었다. 어둡고 시린 밤을 견뎠던 그때의 기억이 지금도 타이레놀만 보면 스쳐 지나간다. 큰소리치며 잘할 수 있다고 하며 토론토에 왔는데 한 달도 못 돼서 '돌아가야 하나?' 하고 생각했다. 아무에게도 말하지 못하고 혼자 겪어야 하는 고통에 외로운 시간이었다.

업무를 하면서는 서류를 정리하거나 보고서를 작성하고 발표하는 일보다는 인간관계에서 오는 스트레스가 심했다. 고객들이 온갖 불평을 가지고 전화를 걸거나 방문하면 어떤 것이라도 나서서 해결해 줘야 했다. 업무에 대한 결정도 내가 판단해야 하는 입장이라는 부담스러운 위치에 있었다. 그럴 때마다 나는 무조건 밖으로 나가 걸었다. 내가 살았던 동네는 시내였지만 가까운 곳에 큰 공원이 있었다. 생각이 많고 할 일이 많아서 통제가 어려울 때 무작정 걷고 들어와서 책상에 앉아 종이에 적어 본다면 훨씬 이성적으로 계획적으로 일할 수 있었다.

캐나다에서뿐 아니라 내가 선택해서 다시 온 한국이지만 낯설다는 이유로, 팬데믹이라는 이유로 감사함을 잊고 살았던 시간이 몇 달 지나니 점점 아프기 시작했다. 정신이 우울하니 몸까지 골골댔다.

후회하며 원망하며 몸과 마음과 정신이 썩어 들어갔다. 우울증은 과거를 지나치게 생각하고 후회하게 한다. 과거 생각 속에서 현재를 살고 있기에 더 우울의 늪에 빠지는 거라고 정신과 의사들은 이야기한다. 딱 그 상태였다. 병원에 가 볼까 여러 번 생각했지만 내 안에서 해결할 수 있다는 실오라기 같은 희망의 작은 불씨는 사그라들진 않았다.

캐나다에 있을 때는 하루에 천 보도 안 걸었던 내가 한국에 와서는 만 보, 2만 보를 매일매일 걸었다. 그리고 이틀에 한 번은 미친 듯이 10㎞를 걷다 보니 과거에 매여 있기보다는 오늘을 생각할 수 있게 되었고 지금, 이 현실을 바로 볼 수 있었다. 이제는 하지 않는 말 '무엇을 했었어야 했는데….' 이 문장은 뱉어 봤자 손해인 말이다. 그 말을 하는 순간부터 기분이 나빠진다. 과거의 선택이 잘못되었다고 말하는 거니까. 과거에는 그 상황에서 최선의 선택을 한 거고 지금, 오늘은 이 순간이 제일 중요하다. 지금이라도 과거의 선택의 결과를 바꿀 수 있으면 바꿔 보길 시작하자. 만약 바꾸지 못한다면 "무엇을 했었어야 하는데."라는 말은 하지 않는 게 좋겠다. 그리고 자신에게나 상대에게 그런 말을 하는 사람이 가까이 있다면 일부로라도 멀리해야 한다. 각자 회복력에 따라 시간 차이는 있겠지만 우리는 다 극복할 힘들이 자기 자신 안에 있다. 누구보다 힘들고 어려울 때가 있었기에 누구도 깨닫지 못한 작은 것에 감사하고 귀하게 볼 수 있게 되었다. 지난날에 겪었던 힘듦과 시련조차도 감사함으로 바뀐 것이다.

겹벚꽃 사진

　이상하게 올해는 꽃들이 눈에 잘 띈다. 올해만 피는 꽃들은 아니었을 텐데 내 마음속에 꽃이 들어오기 시작했다.

　꽃이 눈처럼 떨어지고 온 세상이 파스텔 톤으로 변해 가는 따뜻한 봄이 왔다. 지금 내 인생에도 따사로운 꽃향기 가득한 봄이다. 새벽에 창문을 열어 환기를 시킬 때 코끝으로 느껴지는 청량한 새벽 공기에 눈물이 핑 돌았다. 그저 살아 있음이 감사했다. 온몸으로 느낄 수 있는 이 새벽에 감사하고 고요한 이 순간이 눈물 나게 감사했다. 감사와 확언하는 습관으로 나 스스로와의 관계를 살리고, 행복이 무엇인지 이제는 더 집중하며 하루하루 살 수 있다.

　'현재'라는 영어 단어 'present'는 선물이란 또 다른 뜻이 있다. 드림웍

스 애니메이션 〈쿵푸팬더〉 중 잊히지 않는 명대사다.

"Yesterday is history, tomorrow is a mystery, but today is a gift. That is why it is called the 'present'."

오늘이 선물이라는 걸 가슴 깊이 깨달았기에 나는 매일 새벽 감사할 수 있다.

처음 살아 본 인생이라 때로는 의도치 않은 잘못된 선택도 하고, 후회도 하며 살지만 뒤돌아보고 살기엔, 또 그렇다고 아직 오지 않은 미래에 상상 나래를 펼치고만 살기엔 하늘로부터 받은 오늘이라는 선물을 대하는 올바른 자세가 아니지 않을까?!

법정 스님은 《스스로 행복하라》는 책 속에 이렇게 말씀하신다.

"그대, 진정으로 원하는가? 그렇다면 지금 이 순간을 잡아라. 무엇을 하든 무엇을 꿈꾸든 지금 이 순간부터 시작하라."
"자신의 주관을 지니고 사람답게 살려고 하는 사람은 누구나 자기 스스로 발견한 길을 가야 한다. 그래서 자기 자신의 꽃을 피워야 한다."

우리가 사는 것은 바로 지금 여기다. 이 자리에서 순간순간을 자기 자신답게 최선을 기울여 살 수 있다면, 그 어떤 상황 아래서라도 우리는 결코 후회하지 않을 인생을 보내게 될 것이다. 행복은 미래에 있을 것도 과거에 있었던 것도 아닌 지금 여기 오늘에 있다. 나의 향기를 뿜으며 나만의 꽃을 피워 보자.

'그것만 이루면, 그것만 가지면 행복해질 거야.' 하는 게 아닌 과정에서 행복을 느껴야 한다. 누구의 엄마, 아빠, 누구의 자식이 아닌 나로서 지금 나에게 행복한지 한번 물어보자!

"○○야 행복하냐? 지금."

4
우당탕탕 효리스타

그럼에도 불구하고 내 안에 잠자고 있는 거인을 깨워야 한다. 진심으로 감사를 하고 노트에 쓰고 읽고 확언하다 보니 다시 온 여기 한국에서 무엇을 해야 할지 하나둘씩 보였다. 유튜브 알고리즘이 소개해 준 김미경 학장님을 알게 되었다. 나에겐 생소했지만, 온라인 대학 MKYU 열정대학생으로 가입해서 요즘 트렌드와 내가 할 수 있는 게 무엇인지 강의들을 보았다. 나는 SNS 초보였고, 관심에도 없었던 나를 눈뜨게 해 주고 있는 정말 고마운 곳이다.

온라인으로 첫 강의는 사진 수업이었다. 아무런 장비도 필요 없고 핸드폰만 있으면 된다고 했기에 도전했는데 정말 쉽고, 수업을 듣고 따라가면 해낼 수 있는 일들이었다. 그렇게 작게 뭔가를 끝내고 해냈다라고 생각하면서 성취감을 가졌다.

'내가 이런 것도 좋아했구나!'

이후, 예전에 배우고 싶었었는데 살기 바빠서 생각만 하고 지나쳤던 걸 찾아보고 집 근처에 있거나 온라인으로 간단히 배워서 할 수 있는 건 다 수강했다. 포크아트, 수채화, 그림 그리기, 캘리그래피, 네일 아트 등등. 살면서 이렇게 많은 취미를 배우러 다닌 것도 처음이다. 이것저것 취미로 많은 것을 배웠다. 그 덕분에 옷방 한 벽을 다 채울 정도로 도구들이 많아졌다. 좋아하는 것을 할 때, 사랑하는 사람과 함께할 때 시간이 빨리 가는 것처럼 오랜만에 시간이 너무 빨리 갔다.

여태 내가 열심히 살아왔던 날들에 보상을 주는 것 같은 귀한 시간이었다. 나는 책 읽고 글 쓰고 그림 그리고 예쁘고 아름다운 걸 참 좋아하는 사람이구나 하며 나에 대해서 더 자세히 알게 되었다. 감사하니 비로소 보이는 나의 다른 모습, 행복한 세상이 내 마음속에서부터 시작된 것을 진실로 알게 되었다.

절대 나에게는 오지 않을 것 같았던 40대, 마흔을 넘기니 '정말 나답게 사는 게 뭘까?' 하는 생각이 들었다.

꼭 나이 때문만은 아니었지만, 환경이 바뀌었고 생각하는 관점이 달라지기도 했다. '나답게'라는 말을 모르고 살았고 나를 위하고 인정해 주지 않고 열심히 일만 하라고 했으니 내가 아주 섭섭했나 보다. 학생이면 학교를 꼭 가야 하고 대학을 꼭 가고 졸업하면 직장을 꼭 구해야만 한단다. 이런 일들에서 벗어나는 것이 올바른 경로에서 이탈된 것 같았다. 20년 전은 사회적으로, 국가에서 정해진 틀대로 정석으로만 해야 통했던 시대였다. 지금은 아주 많이 달라졌다. 학벌이 좋아야 성공하고 학위가 있어야지 가르치고 자격증이 있어야지 뭘 할 수 있었던 시대에서 누구나 마음만 먹으면 가르칠 수 있는 시대로 바뀌었다. 누구나 코치를 할 수 있고 지식을 팔고 경험을 판다.

'우당탕탕'이라는 단어를 김미경 학장님이 쓰셨다. 빨리해서 빨리 써먹으라고. 지금 들어오는 수입에 플러스 얼마라도 더 만들 수 있는 걸 배워서 수익으로 만들라고 하셨고 많은 강좌들을 열어 주셨다.

나는 우당탕탕으로 경매를 배우기 시작했다. 이미 월급으로는 여유로운 삶을 살 수 없다는 걸 잘 알고 있었다. 한국 부동산에 대한 정보는 없었지만, 부모님께서 투자하시는 걸 곁눈질로 본 게 오래전이다. 자본주의 사회에서 자산을 증식하려면 부동산에 투자를 해야 한다는 것은 알고는 있었기에 별 거부감 없이 경매에 쉽게 접근하게 되었다. 강의를 신청해 두고 오픈될 때까지 한 달도 안 되는 시간 경매 관련 책 10권을 읽었다. 처음 들어 본 단어 '임장'(부동산 현장 답사)에서부터 갑구, 을구, 표제부 등기를 보는 방법까지. 제3국어를 대하는 느낌이었지만 다 이해하려고 노력하진 않았다. '이렇게 돈을 벌 수도 있구나.' 딱 그 정도였다. 그 방법들이 나에겐 새로웠고 내가 할 수 있을 것 같았다. 6개월 넘는 시간 동안 7개의 온라인 경매 강의를 듣고 스터디하고 임장을 다녔다. 새로운 사람들도 만났다. 각자 다른 일들을 하고 있었지만, 경매를 배워 자산을 늘리고자 하는 마음들은 하나였다. 초급 수업이라 경매를 전업으로 한다는 사람은 없었지만, 파이프라인을 만들고 자산 증식을 위해서 배우는 목표들은 비슷했다. 덕분에 다른 지역들도 여행 다니듯 다녀오고 재미있게 공부했지만, 막상 계약서 하나 가지진 못했다.

'나에게 투자자가 될 길은 멀고도 험한가?'

소크라테스는 "너 자신을 알라."라고 했다. 나와의 관계를 회복하고서도 나 자신을 아는 게 아니었다. 새로운 걸 도전할수록 또 다른 나의 모습이 있었다. 그래서 소크라테스는 너 자신을 알라고 한 걸까? 나에 대한 성찰과 나에 대해서 장단점을 잘 안다면 어떤 일에서든지 현명한 선택을 할 수 있을 것이다. 나를 잘 알 수 있는 방법 중 하나가 많은 경험을 직접 해 보는 것이다. 새로운 걸 도전하고 실패도 해 봐야 내가 어떻게 견디고 생각하고 이겨 내는지를 알 수 있다. 경매하려면 우선 종잣돈이 있어야 한다. 모든 사업도 마찬가지지만 시드머니, 즉 굴릴 수 있는 눈덩이가 클수록 빠른 시간에 눈사람을 완성할 수 있다. 경매에서도 어느 정도 시드머니와 레버리지가 있어야 성과를 볼 수 있다는 게 나의 생각이었다.

이 글들을 정리하고 책이 나오기까지 오랜 시간이 걸렸다. 한참 접어두고 다시 펼쳐서 편집하는 중에 1년이라는 시간이 지나서 고쳐야 할 내용들이 너무 많았다. 지우고 다시 채우고 그동안 책으로 강의로 배운 경매를 그만둘까 생각했고 또 자금들이 여기저기로 분산되었다. 점점 투자할 수 있는 현금이 줄어들었는데 문제는 투자금이 줄어드는 것보다 내 열정이 식어 간다는 것이었다. 정확하게 말하자면 다른 일들이 생기고 다른 도전을 시도하고 있었다.

예전에 토론토에서 일하면서 느꼈던 감정이었는데 나는 밭을 갈고 씨를 뿌리는 일을 하는 사람이었다. 누군가가 내가 뿌린 씨앗의 열매를 가진다는 느낌이었다. 이제 와 다시 생각해 보면 내가 뿌리고 내가 거둔다. 다만 뿌린 씨앗의 종류에 따라 시간 차이가 있을 뿐이다. 경매에서도 결실을 맺지 못하고 또 책, 강의 유튜브로 머리로만 공부하니 결실을 맺을 수가 없었던 것이다.

23년을 마무리하면서 그동안 글로만 배웠던 경매를 실천으로 옮길 좋은 기회가 생겼다.

드디어 나도 인생 처음으로 낙찰을 받게 되었다!!
법원이라는 곳을 처음 가고 또 첫 낙찰을 받게 되다니!! 나에게는 정말 큰 의미가 있는 낙찰이었다. 내가 가진 종잣돈으로는 할 수 없을 거라고 생각했었다. 글과 강의로만 경매를 배우는 게 아니라 임장을 가고 법원을 가서 낙찰을 받은 그다음이 진짜 배움의 시작인 것이다. 낙찰 이후가 책에서도 강의에서도 없는, 케이스마다 다른 부분이라는 걸 실천하고 알게 되었다.
사실 이런 결과가 없었다면 경매를 꾸준하게 할 에너지가 없어 다른 관심사로 넘어가고 말았을 것이다. 2023년을 웃으면서 마무리할 수 있어서 너무너무 기쁘다. 수업 시간 중 잠시 사이드로 배운 공유 숙박업을 해도 되겠다는 생각이 들었다. 30분도 안 되는 강의를 듣고 바로 플랫폼에 아이디를 만들었고 2주 만에 영업을 시작하였다. 첫 달부터 수익이 생겼고 3달이 지난 지금, 투자금은 회수하고 매달 커피값은 자동으로 벌리는 구조로 만들어 놓았다. 숙소를 급하게 시작한 지도 벌써 1년이 넘었다. 숙박업이야말로 정말 우당탕탕 시작했다. 전후 따져서 그렇게 손해 볼 일이 없다면 너무 오래 생각하지 말고 열정이 식기 전에 하고 싶은 건 해 보자. 그래야 한 발 나아갈 수 있다. 너무 많은 생각을 하고 완벽하게 준비해서 하려고 한다면 스스로가 지치고 열정이 식는다. 열정이 사라지기 전에 움직여야 한다.

우리 책의 저자 여섯 명이 모이게 된 이유는 인스타그램을 했기 때문이었다. 인스타그램이라는 SNS를 통해서 각기 다른 분야에서 일하고 있는 개성 다른 분들을 모을 수 있었던 것이다. 아침에 10분 운동하러 들어갔다가 책을 쓰게 된 것이니 인생의 기회는 어디서 어떻게 올지 모를 일이다.

숙소에서 일출

인스타그램에 대한 나의 첫인상은 관종이들 세상이었다. 그냥 별 의미

없이 매일 사진 올리고 뭘 했는지 이야기하는 곳이었다. '할 일 없네, 별꼴이다.'라고 생각할 정도였다. 캐나다 친구들은 대부분 인스타그램이나 페이스북을 했다. "너는 계정 없냐?" 물을 때마다 나는 "귀찮아."라고 말하는 게 일관된 대답이었다.

그때는 SNS를 안 해도 아쉬움이라고는 1도 없었다. 아예 개정을 열어 볼 생각도 없었고 로그인해서 누가 어떻게 사는지 염탐할 시간과 여유도 없었다. 예전에 싸이월드를 잠시 한 적이 있었는데 'killing time'이었다. SNS에 대한 인식이 처음부터 안 좋았기도 했지만, SNS를 통해 수익화가 된다는 생각을 꿈에도 몰랐던 시절이다.

마법 같은 소리. '우당탕탕'은 전진할 때 마음속에서 나는 소리다. 아는 사람들에게만 들리는 전진할 때 신호탄 같은 소리다.

새로운 도전으로 인스타그램을 시작할 생각을 했다니. 나의 큰 용기에 박수를 보낸다. 모르는 사람들에게 나를 오픈한다는 게 그리 반가운 일은 아니지만 이제는 얼굴도 못 본 사람들과 SNS로 마음을 나누고 소통을 한다는 게 신기하고 반가운 일이다. 새로운 도전. 어떤 도전도 마찬가지겠지만 인스타를 하면서도 용기와 꾸준함을 꼭 가져야 한다. 처음에는 '어떻게 인스타그램 시작해야 할까?' 하며 막막했다. 그래서 인스타그램 시작을 도와주는 온라인 강의를 듣게 되었다. 아주 기초적인 강의였는데 그 속에서 서로 팔로우를 하면서 소통하고 피드도 올리고 MKYU 챌린지도 했다. 학장님께서 늘 강조했던 인스타그램, 블로그, 유튜브 중 하나를 하다 보니 더 잘하고 싶어졌다. 인스타그램 닉네임을 '효리스타'로 네이밍

하면서는 피드를 매일매일 올렸
다. 동기를 부여하거나, 행복해지
는 글들과 내가 읽고 있는 책들,
일상생활을 공유하는 피드를 올
린다. 가끔은 챌린지도 하면서 더
많은 소통을 하기도 한다. 어떻게
하면 더 좋은 피드를 공유할 수
있을지가 가장 고민이다. 지금껏
천천히 해 왔던 것처럼 자주 고

인스타 전후 비교 사진

민하고 또 배우고 그만두지만 않는다면 더 잘될 것을 확신한다.

　내 이름을 비롯하여 내가 가진 모든 걸 좋아하게 된 지는 얼마 되지 않았다. 효도 孝(효), 꽃 莉(리). 내 이름의 뜻은 하늘에 효도하는 꽃이다. 너무 예쁜 이름이라는 걸 이제라도 알게 되어서 참 다행이다. 이름 덕 보려고 닉네임에 본명을 넣고 내가 좋아하는 단어인 해, 달, 별, 꽃, 바다 중에서 별을 넣어서 '효리스타'로 닉네임을 바꿨다. 많은 사람이 좋아하며 입에 찰떡같이 붙고 한 번에 기억된다고 한다. 닉네임은 보통 영어 이름을 쓴다. 부캐 시대라 다른 걸 붙여 보자는 고민도 했지만 나는 역으로 본명을 사용하기로 했다. 곧 팔로워 수가 만 명이 넘을 것이다. 늘 어떤 걸로 피드를 만들까 생각하는 나를 보면서 멋진 인플루언서로 성장하길 기대해 본다. 우당탕탕 시작한 인스타그램이지만 지금은 소통하고 지내는 인친도 꽤나 있다. 서울, 파주, 인천, 대구, 진주, 부산 등 같은 지역이 아닌 인친들과도 현친이 되었다. 안부를 묻고 서로 응원하지만 나이도 이름도 직업도 잘 모르는 인친들이 더 많다. 실제 얼굴은 못 본 재미있는 인친들이다. 20대부터 60대까지 다양한 연령대와 다른 지역 사람들이다. SNS의 힘이 대단하다. 도저히 만날 수 없을 것 같은 사람들도 이렇게 인스타그램만 접속하면 새롭게 만날 수 있다니. 또 많은 사람이 제품을 판매하고 정보를 공유하며 이익을 창출하기도 한다. 나는 일상을 나누며 나의 기록을 올리며 성장하고 있고 공동 구매 할 물건도 진행 중에 있다. 인스타그램에서도 수익 창출을 상상해 본다.

빠르게 해 보자. 요즘은 정보 대방출 시대라서 거의 모든 정보를 검색하면 다 찾을 수 있다. 못 찾겠다, 봐도 어렵다는 생각이 들면 온라인 강의를 수강하는 것도 방법이다. 유튜브에도 많은 정보를 주는 무료 강의로 따라할 수 있다. 하지만 유료로 수업을 수강하면 소속감을 가지고 더 열심히 같이 할 수 있는 해택이 있다. 새롭게 시작해 보고 빠르게 실행해 보자. 어떤 것도 실패는 없다. 과정일 뿐이라는 걸 시작해 보면 다 알게 되는 것 같다. 3달 만에, 1달 만에 수익을 낼 수 있는 사업들이 온라인에서는 넘친다. 관심 가지고 하나씩 배워 가며 해 보니 또 할 수 있을 것들이 하나둘씩 보이기 시작했다. 나는 매일 더 성장하고 새로운 도전을 해 보면서 나답게 살고 있다. 하고 싶은 거 하고 성장하고 감사하며 내가 누구인지 알아 가고 있다. 마흔이 넘어서야 나는 나와의 관계가 가장 좋다. 내가 누구인지 작년보다 올해, 어제보다 오늘 더 알아 가고 있기 때문이다.

5
나의 스승, 나의 친구

한국에 막 왔을 무렵, 나는 철저한 고립 속에서 책을 읽기 시작했다.

처음엔 책을 그냥 샀다. 책을 쇼핑했다고 할까. 서점에 가기도 했고 온라인에서 베스트셀러들을 하나둘씩 읽고 싶은 거 위주로 구매했다. 첫 시작은 새벽 빡독 챌린지(지금의 스터디언스)를 참여함으로 새벽 4시 책 읽는 모임을 참여했고 2년이 지난 지금에도 새벽 책 읽기는 진행 중이다. 빡독(스터디언스)에서 지정해 준 책은 한 페이지를 읽기 어려웠다. 다른 책들도 마찬가지였고 다른 사람이 써 놓은 서평을 읽거나 줄거리를 보면서 읽다가 페이지 속도가 안 나가서 답답해하고 있다. 다른 책을 읽으려고 고민하던 중, 캐나다에서 읽었던 책 중 내가 존경하고 좋아하는 Oprah Winfrey 《When I know for Sure》 책이 떠올랐다. 쉽게 술술 읽었던 것 같은 기억이 나서 교보에서 번역본을 주문했다. 몇 시간 만에 한 권을 다 읽고 완전히 감동했다. 책 내용도 물론 다시 영감을 주었지만, 내가 한자리에서 한 권을 다 읽었다는 감동이 더 컸다. 이 몰입의 경험을 계기로 더 많은 책을 읽게 되었고 지금 다 카운트할 수는 없지만 1년에 100권 넘게 읽었다. 책이라고는 교과서만 봤던 나에게는 정말 기적이라 할 수 있다. 책을 읽으면서 저자와 만나고 있고 나에게 직접 해 주는 말이라고 생각하고 읽었다. 그러다 보니 매일 책을 읽고 점심시간을 쪼개서 일주일에 1~2권은 꼭 읽었다. 책을 읽으니 주말과 휴일은 아무 방해도 받고 싶지 않고 하루 종일 책만 읽고 싶어서 스터디 카페를 한동안 다니기도 했다. 내가 책을 통해 알게 된 지식과 느낀 걸 이야기하고 싶고 또 글을 쓰고 싶어졌다.

20대 때 들었던 생각이다. 언젠가는 내 이야기를 책으로 쓰고 싶다. 내가 받은 걸 나누고 싶은데 그 방법의 하나가 책을 집필하는 것이었다. 책을 쓸 기회가 조금은 빨리 온 것 같지만, 내가 책 읽기에 푹 빠져 있었던 때라 끌어당김의 법칙이 빨리 적용되었다. 끌어당김이라는 단어를 쓴 지는 얼마 되지 않았지만 나는 아주 어렸을 때부터 나름 끌어당김을 사용하고 있었다. 간절히 원하는 걸 적고 매일매일 기도했으니 그것이 끌어당김의 법칙을 하고 있었던 것이다. 책이 좋고 또 배우고 익힌 것을 알려 주고 글을 쓰고 싶다는 생각으로 인해서 여섯 명의 작가님들을 빨리 만나게 된 시간인 것 같다. 참으로 감사한 일이다.

어떤 말이든 종이에 글로 쓰는 걸 나는 좋아한다. 아직도 아날로그 스타일 다이어리를 쓰고 손 편지도 쓴다. 편리한 앱들이 많이 나와 있지만 종이에 내 생각을 손 글씨로 남기는 창조의 매력은 아는 사람만 알 것이다. 책 읽기로 인해서 어떤 것과도 비교할 수 없는 행복감을 느끼고 있고 무엇을 해야 하는지 방향과 지혜를 얻어서 글쓰기로 생각을 정리하고 있다. 책은 영원한 스승이자 좋은 친구다.

아래는 가바사와 시온의 《당신의 뇌는 최적화를 원한다》라는 책에서 나온 내용인데, 읽는 순간 깜짝 놀랐다. 저자가 정신과 의사라는데, 내가 알고 행하고 있는 방법이었다. 혹시 독자분들도 이미 알고 있는 건 아닐까 하는 생각이 들지만, 우리 같이 즐겁게 실행해 보자는 의미에서 정리해 본다.

'행복 물질이 팡팡 나오는 목표 달성 7단계'라는 제목이다. 내가 생각하는 행복의 본질도 '성장'과 '감사'를 통해 행복함을 진정 느낄 수 있다고 생각했는데 뇌를 연구한 의사도 같은 말을 하고 있다.

'행복 물질이 팡팡 나오는 목표 달성 7단계'

① 명확한 목표를 세운다.
② 목표를 이룬 자신을 구체적으로 상상한다.
③ 목표를 자주 확인한다.
④ 즐겁게 실행한다.
⑤ 목표를 달성하면 자신에게 상을 준다.
⑥ 즉시 '더 높은 목표'를 새롭게 세운다.
⑦ ①~⑥을 반복한다.

자신이 쓴 목표를 상상하고 보기 좋은 곳에 써 두어 자주 확인한다는 것은 켈리 최 회장님 책과 강의에서 본 내용이다. 그래서 나는 바로 실행하고 있었고 내 빨간 장지갑 속에 목록 종이가 있다. 이미 알고 있던 내용이지만, 즐겁게 실행하고 달성한 다음, 더 높은 목표를 새롭게 세우는 건이 책을 읽고 배웠다.

    여러 많은 책을 읽고 모든 내용을 기억하긴 어렵다. 나만의 방식으로 기억하려고 하는데 그중 하나는 이 방법이다. 중요하다는 생각이 드는 문장에 밑줄을 긋고 페이지를 접어 둔다. 그리고 책을 다 읽고, 다시 접어 둔 부분으로 가서 다시 읽는다. 필요한 문장이 있는 페이지에 포스트잇을 붙이고 생각을 책에 메모한다.

    이렇게 읽으면 일주일 안에 두 번, 세 번을 읽게 되면서 기억이 좀 더 오래간다. 시험을 치기 전 교과서로 공부할 때도 이렇게 했었는데 습관이 남아 있었나 보다. 책을 읽을 때도 나는 연필과 포스트잇이 꼭 필요하다. 이렇게 하면 다 읽었을 때 한 문장이라도 생각이 난다. 영원한 스승의 말은 뇌에 기억되어 내가 말하고 쓸 때 영향을 주리라 믿어 의심치 않는다.

6
온라인 사업 시작, 생산자로서의 첫걸음

쇼핑이 취미이자, 삶의 기쁨이었던 때가 있었다면 이제는 소비자가 아닌 생산자 입장에서 생각하고 있다. 생산자로서 어떤 물건을 제공할 수 있을까를 생각하고 물건을 보니 달리 보인다. 생산자, 공급자로서의 새로운 도전을 해 보고자 온라인 마켓을 얼마 전부터 운영하고 있다. 이제는 어떤 물건을 팔아 볼까, 얼마의 이윤이 남을까 생각해 본다. 또 내가 알고 있는 간단한 지식이라도 블로그로 기록해 보고 남겨 본다. 생각하지 못했던 뇌를 사용하게 되니 신선하다는 느낌을 강력하게 받는다.

책을 많이 읽을수록 좋다고 하지만 나는 글을 쓰는 것도 중요하다는 생각이 든다. 'put in'도 중요하지만 'put out'을 통해서 창조된다. 바쁘게 성장하는 자본주의에서 살아남으려면 아웃풋을 통해서 사람들의 결핍을 해결해 줘야 수익을 창출할 수 있다. 결국 아는 것을 가지고 실행하는 거다.

각종 뉴미디어, 책들에서 쏟아지는 정보 속에서 빠르게 행동하는 자만이 살아남는다. 수익 창출을 위해서 할 수 있는 게 너무 많이 있다는 걸 한걸음 내딛고서 보였는데, 아직도 모르는 게 너무 많다. 그렇지만 이론과 정보로 알 수 없는 단계, 한 발 움직였을 때 보이는 단계를 지나고 있다고 생각한다.

예를 들어 인터넷으로 물건을 팔려고 하면 통신 판매업 등록증부터 내야 하고 식품군, 의료 기기를 팔려면 또 그 필요 서류를 각각 내고 보건소에 가서는 의료 기기 판매업 신고증을, 구청에서 건강 기능 식품 영업 신고증을 받아야 한다. 단순하지는 않은 일이다. 물건을 온라인으로 구입해서 사는 일이야말로 단순하다. 소비자가 아닌 생산자, 판매자 입장에서는 더 많은 생각들을 해야 한다. 물건을 소싱하는 것부터 가격 측정, 광고 등등 고려해야 할 사항들이고 트렌드에 민감하게 반응해야 하며 늘 공부해야 한다.

우리는 그동안 소비자 입장에서 길들여져 있었기에 소비하는 낙으로 살지 않았나 하는 생각이 든다. 지금은 신기하리만큼 물건에 대한 욕심이 없어졌다. 예전에는 무얼 살까에 대해 고민했다면 이제는 반대로 어떤 걸 팔 수 있을까 하는 생각에 즐겁다.

내가 새로운 걸 시작하는 과정이 있다. 많은 아이디어 중에 '할 수 있겠다.', '재미있겠다.'라고 생각이 들면 빠른 시간 내에 정보를 찾아보고 하루 생각하고 바로 실행한다. 한 발 담가 보고 시작해야 보인다. 그 선택이 나에게 맞지 않다고 큰 손해 보는 건 없다.

스마트 스토어라는 단어는 3년 전쯤 처음 다마고치를 만든다는 어떤 영상을 보고 대충 알았다. 그때는 아무런 감흥이 없었다. 내가 사업을 해야겠다고 생각하게 된 건 경매 수업을 들으면서부터였다. 현금 흐름이 없었던 상황에서 투자하기란 쉬운 일은 아니었다. 부동산에 투자해서 성공한 사람들은 대부분 사업과 부동산을 같이해서 성공시켜 나갔다는 걸 알게 되면서 내가 할 수 있는 사업이 뭐가 있을까 생각해 보았다. 무자본으로 할 수 있는 건 온라인 사업이었다. 이미 많은 사람이 하고 있고 레드오션이라 하지만 내가 하고 싶고, 잘할 수 있다는 생각이 이제야 들었으니 지금이 바로 시작해야 할 때인 것이다.

나는 유튜브를 찾아서 통신 판매증을 내고 스마트 스토어를 단 3일 만에 오픈했다. 물건을 올리고 소싱하는 건 스마트 스토어 온라인 그룹 수업을 들었다. 같이 시작하는 동기들과 서로 응원하며 지속해 나갈 수 있다. 10만 원이라는 수강료가 몇백만 원 경매 수업보다 지금 내 상황에 맞았다. 아직 초보 수준이지만 시작을 하고 보니 온라인 사업도 내가 미처 생각지 못한 많은 방법들이 있었다.

스마트 스토어는 이제 시작하기 늦었다고 하지만 올해 시작해서 쏠쏠하게 돈을 벌고 있는 사람들도 있다. 처음에 나도 무슨 물건을 어디서 어떻게 찾아야 하는지부터 도저히 감이 안 왔다. 내가 생각하기에 팔릴 만한 것을 올려 보았는데 2주 동안 단 한 건의 거래도 없었다. 절망하진 않앉다. 모든 일에는 시간이 필요한 것이고 꾸준함이 답이다. 이론보다 경험해 봐야 된다. 이제 온라인 플랫폼을 하나 더 열어 보려고 한다. 해외 구매 대행, 쿠팡, 아마존 등등 많은 플랫폼에서 국내외로 물건을 팔 수도 있다. 그냥 신이 난다. 새로운 것을 해서 돈이 벌린다는 게 재미가 있다.

크리스마스 전후 새로 시작한 게 명품사업이다. 평소 명품에 대한 관심이 없었기에 새로운 걸 도전한다는 것에 몇 달 신이 나 있었다. 백화점을 거의 매일 다니면서 물건 공부를 했다. 새로 시작한 플랫폼이고 또 모르는 거 공부한다는 생각으로 마진을 거의 남기지 않고 주문 온 것을 해결했다. 명품을 공부하면서도 느끼는 것이 '잘 만들어서 명품이 아니고 흔하지 않아서 명품이다.'라는 생각을 했다.

그러면서 우리 모두 다 유일무이한 존재이며 명품인생이라는 깨달음을 얻었다. 유일한 나, 둘도 없는 가치 있는 인생을 지금 나는 살고 있다. 가슴이 벅차오른다. 좀 더 일찍 깨달았으면 좋았겠지만 지금 깨달을 수 있음에 너무 감사한다.

지금 상황이 어떠하든 잊지 마라. 각자의 명품인생을 잘 살고 있다는 것을!

세상에는 정말 다양한 아이디어가 있으며, 돈을 벌 수 있는 아이템은 많다. 다만 우리의 관심이 어디에 있느냐에 따라 그것이 보이거나 보이지 않을 뿐이다. 그러나 업으로 생계유지를 할 정도로 벌기 위해서는 이 또한 경험자의 노하우를 배워야 한다고 생각한다.

얼마 전 당근 수업이라는 게 있다는 걸 알게 되었다. "아, 별별 수업 다 있네." 하겠지만 나 또한 그렇게 생각했다. 당근에서 물건을 어떻게 잘 파는지 가르쳐 주는 수업이다.

무료 강의 1시간을 들었는데 결국 강의를 파는 게 목적이었다. 아마도 블로그나 톡방에서 봤을 수도 있겠지만 본인이 알고 있는 노하우를 강의로 파는 일을 하는 것 또한 업이 된다.

당근 무료 강의를 들으며 나는 집에 안 쓰는 물건(옷, 신발, 이불, 소품들, 책 등등)들이 워낙에 많아서 왜 그런지를 생각해 보았다. 첫째, 나는 쇼핑을 좋아했다. 중독까지는 아니지만 같은 스타일에 다른 컬러 옷이 있다면 두 개 다 샀다. 둘째, 잘 버리지 못한다. 이건 다른 사람들이 어떻게 하는지 비교 대상이 없어서 모르겠지만 버리진 않고 사기만 하니까 물건이 많은 것으로 결론을 내렸다. 사실 살이 빠지면 입어야지 하며 가격표만 그대로 붙어 있는 옷들이 많다.

정리수납전문가 양성 과정을 듣고 느낀 것은 내가 버리지는 않고 샀구나 하는 생각이 들면서 잘 버려야 정리가 잘 된다는 걸 알았다. 버리지 않고 정리가 안 되니 있는 것도 없는 줄 알고 또 사게 되는 것이다. 정리 또한 과소비를 줄여 주는 핵심 중 하나다.

물건을 정리하면서 예전과는 다른 생각이 들었다. (소비자의 생각에서 생산자로 바뀌면서부터인 것 같다.) 정리한 물건을 팔아 보면 어떨까? 바로 중고 거래 사이트에 올렸더니 올리고 이틀 만에 3개 물건이 팔려서 10만 원 이상 수익을 얻을 수 있었다. 물건을 정리하는 습관을 들인 나에게는 정말 신박한 아이디어였다. 한 번도 중고 사이트를 이용해 본 적이 없는 터라 이렇게 정말 거래가 되고 있는 사실에 놀라웠다. 버리지 못하는 물건, 쓰지도 않으면서 언젠가 쓰일 날을 위해 기다리고 있는 물건들을 넣어 보관하고 있는 박스들이 창고에 가득했다. 창고를 정리하다 보면 팬트리가 더 있는 집으로 이사 가야겠다는 생각을 했는데 물건을 팔면 공간이 덤으로 생긴다.

버리지 못하는 사람들은 중고 사이트 앱을 꼭 다운받길 추천한다. 2년 동안 안 쓴 물건, 옷 등은 팔아 보자. 한번 수익이 되면 앞으로 계속하게 될 거라 생각이 든다. (2년이라는 시간을 준 것은 4계절이 두 번 바뀌었어도 안 쓰고 안 입는 물건이다. 옷이라면 3년 지나도 절대 안 쓰고 안 입는다는 걸 알고 있기 때문이다.)

나는 집 안 정리가 너무 즐거워졌다. 다 팔아 버리겠다는 생각이다. (엄마께서 들으시면 놀라시겠지만^^)

스마트 스토어로 시작을 했지만 다른 아이템과 플랫폼들도 배울 것이 많고 또 수익화하는 방법도 다양했다. 온라인 사업이라는 바다에 뛰어들지 않았다면 온라인 사업으로 돈 버는 방법은 알지 못했을 것이다. 온라인 사업이 레드 오션이라고 하지만 시작해 보면 수익을 낼 수 있는 부분이 아직 있다. 물론 모든 분야도 마찬가지이겠지만 즐거워야 오래 할 수 있는 것 같다. 누가 시켜서 하는 게 아니라 내가 해 보고 싶어서 도전한 것이니 꾸준하게 배우면서 업그레이드하면 우당탕탕 시작했지만, 승승장구하여 온라인 사업이 부업이 아닌 본업이 되는 날을 기대해 본다.

7
착한 효리 씨

'착하다.'라는 단어를 국어사전에서는 "언행이나 마음씨가 곱고 바르며 상냥하다."라고 정의 내린다. 그러나 일반적으로 사람들이 말하는 착하다는 뜻과는 조금 달랐다. 세상 물정 모르고 어리석고 순진한, 자기 의사 표현 못 하고 남들에게 휘둘리는 바보, 호구 같은 뜻으로 쓰인다. 책 《너라는 선물》의 전대진 작가는 '착하다.'라는 말의 뜻을 이렇게 말하고 있다.

"누군가 넘어진 것을 봤을 때 도와주고 싶은 마음이 생기고, 손을 내밀어서 그를 일으켜 세워 줄 수 있는 정도의 마음의 여유와 행동을 실천한다면 그게 착한 거다."

동의한다. 그래, '나는 착한 사람이다.'

22년 12월 25일에 대중목욕탕에서 배수구에 왼손이 빨려 들어가 응급실까지 가서 15번 스티치한 일을 한 챕터에 담겠다고 몇 장을 써 내려갔다. 최고 끔찍한 크리스마스였다. 산타 할아버지에게 선물을 받아도 부족

할 날에 응급실 차가운 침상에 누워 있는 나 자신에게 큰 선물을 주고 싶었다.

상해를 입은 지 얼마 되지 않아 글을 쓰는 가운데 나에게 일어난 사고였다. 대형 사우나 사업장에서 나 몰라라 하는 일 처리가 너무 억울한 상황이라 글을 남기고 싶었는데 1년이 지난 지금은(원고 마감이 늦어지는 상황) 구구절절 쓴 내용이 싫어졌다. 결과적으로 나는 억울했고 힘들었다는 거다. 대중목욕탕 건물주는 처벌을 면하고 전무이사만 업무상과실치상과 시설물 부주의로 인한 과태료 80만 원이 고작이었다.

그날 같은 배수구에 다리가 빨려 들어가는 사고로 피부 조직이 괴사된 7세 여자아이도 있었다. 아이의 부모님은 변호사를 선임해 소송을 하고 있는 상황이다. 나는 그 사건 이후로 회원권을 환불받고 이후 해수월드는 한 번도 간 적이 없다. 탕 내 관리 소홀로 구청에서 과태료를 물렸고 시설물 부주의로 사람이 상해를 입어도 회사 처리가 너무 미흡했다. 영업배상책임보험에 가입이 안 되어 있어 내부적으로 해결을 본다고 하면서 지금까지도 어떠한 배상도 안 해 주었다. 이 사건을 아는 사람은 더 이상 이곳에서 사우나 하러 안 가겠지만 말이다.

뉴스에 보도되어도 아직도 모르는 사람들이 대부분이라 주말엔 앉을 자리가 없다 한다. 이런 악덕 건물주가 또 근처에 커피숍 건물을 올리고 있다. 사람의 생명을 생각하지도 않고 이익만을 추구하는 자들. 인간의 생명의 소중함을 먼저 알았으면 한다. 처벌을 받았지만 아이와 내가 받은 상처에 비하면 너무 약소하다. 양심도 없는 업체다. 사건은 〈부산MBC뉴스〉 22년 12월 29일, 유튜브로 확인 가능하다.

착하다는 말을 별로 좋아하진 않았지만 나에게는 넘어진 누군가를 위로하는 마음으로 바라볼 수 있는 여유가 있다. 이번 사고로 나에게 해가 되었다. 외상으로 아팠고 또 회복 시간도 길게 필요했으니까. 좋은 경험이라고 하기엔 끔찍했지만 마음속에 깨달음은 크게 남았다. 사람의 생명을 우선으로 해야 한다는 것이다. 건물주의 대처와 담당자의 해결 능력이 부족한 상황에서 오는 깨달음도 있었다. 돈이 많아서 건물주라서 부자가 아니다. 진정한 부자는 생각이 여유로운 자인 것이다. 나는 그 여유로움을 가진 풍요로운 사람이다. 나에게 또 하나의 도전이 생겼다. 건물주가 되는 것. 사우나 시설을 갖춘 건물주면 더 좋겠다.

HABIT 메신저

8
대환장 다이어트

비포

애프터

작년에 책을 쓰자는 제안을 받았을 때 나는 30kg을 빼고 멋있게 변신한 내용을 쓸 거라고 했다. 다이어트 기록, 운동 기록까지 꼼꼼히 해서 책에 실을 거라고 몇 개월을 야무진 꿈에 부풀어 있었다. 하지만 원고 마감이 다가오고, 다이어트로는 쓸 수 없겠다는 생각이 현실로 확 다가왔다.

나의 다이어트 실패의 원인 중 첫 번째는 식단 조절이 안 되는 것이다. 먹지 말아야 할 음식들에 길들여져 나쁜 생활 습관이 정착되어 있는 것이다. 습관이라는 게 너무 무섭다. 한번 잘못 들인 습관은 고치기 힘들다. 이 문제점을 고치기 위해서 몇천만 원 아니 1억 넘게 들여서 바꿔 보고자 했지만 또 제자리다. 요요는 미운 친구가 되어 버렸다. 그래서 사실 다이어트만 생각하면 대환장할 것 같다. 강박을 가지기도 했고 다이어트라는 단어를 아예 머릿속에 지우고 살고 싶기도 했다. 그래서 몇 달은 체중 체크도 없이 먹고 싶은 것을 많이 먹고 살았었다. 결과는 암울했지만…. 나에게서 다이어트만 성공한다면 더 이룰 게 없겠다는 말을 할 정도로 간절하기도 했다. 20대 때부터 20년이 지난 지금까지다. 얼마나 많은 시간을 들이고 돈을 들였는지 생각을 해 본다면 엄청나다. 다이어트를 내가 성공한다면 부캐가 아니 본캐도 될 수 있구나 하는 생각이 들었다. 아직도 다이어트 시장은 뜨거우니까. 아니 영원할 것 같다.

수많은 다이어트를 실패해 보고 느낀 점은 나에게 맞는 다이어트 방법을 찾아서 꾸준히 해야 한다는 것이다. 나에게 맞는다는 건 쉽게 오래 할 수 있는 거라고 정의할 수 있을 것 같다.

올 새해 들어서 2024년에 이루어야 할 'TO DO LIST' 10개 중 하나가 다이어트해서 바디 프로필을 남기는 것이다. 꼭 이루리라고 나의 첫 책

남긴다. 지금 내가 쉽고 오래 할 수 있는 게 계단 오르기라서 바로 시작했다. 간단하게 자주, 길게 할 수 있다는 생각이 들었다. 이번엔 다이어트에 돈을 쓰지 않기로 했다. 돈과 시간과 에너지를 많이 쓰니 큰 기대를 하게 되어 쉽게 지치게 되기 때문이다. 절대 포기 못 하는 게 다이어트다. 원고를 마무리하며 마지막 단락에 다이어트 이야기를 쓸 줄은 몰랐다. 순간 스치는 생각이 '맞아, 확언해야 이루어진다.'였다.

'올해 2024년 나는 건강한 다이어트를 해서 바디 프로필을 나에게 선물할 것이다.'

그러면 더 행복해질 것 같다.
다이어트로
책을 쓸 날이 얼마 남지 않았다.
상상한 대로 말하는 대로 이루어지는 세상이다.

9
에필로그

 오늘도 어김없이 새벽이 오고 태양이 뜨며 나의 '선물' 같은 하루, 모닝 루틴으로 시작된다.
 사랑하는 동생에게 받은 장미 홍차를 달이며 인센스 스틱에 불을 붙인다. 고요히 아무도 나를 찾지 않는 시간이다. 눈을 감고 있으면 바람 소리조차 들리지 않고 진정 평온하다.
 나는 매일 책을 읽고 글을 쓰며 계획한 것을 나의 속도로 실행하며 성장하고 있다.
 그냥 주어지는 것은 아무것도 없다는 걸 알기에 작은 것에도 진심을 다해 감사할 줄 안다. 무엇이 나를 행복하게 하는지도 이제는 잘 알고 있다.
 나는 내가 좋다.
 나는 내가 너무 좋다.
 그래서 행복하다.
 지금 다시 오지 않을 이 시간 글을 쓰고 있는 내가 고맙다.
 나는 행복한 명품인생 여행 중이다. 이 글을 읽는 모든 사람이 누구를 위해서가 아닌, 나 자신이 더 행복해지는 시간을 찾을 수 있길 오늘도 기도한다. 효리스타가.

블로그 https://blog.naver.com/livemalife

스마트스토어 https://smartstore.naver.com/rich_ri

에어비앤비 https://www.airbnb.co.kr/rooms/678501037675208608?viralityEntryPoint=1&s=76

CLICK

출간 후기

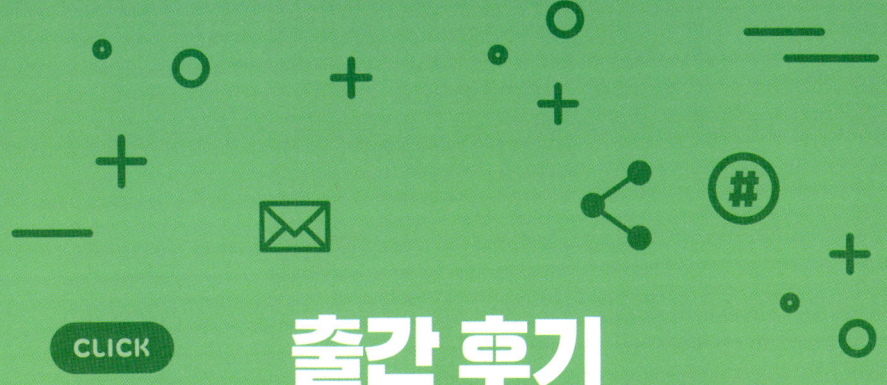

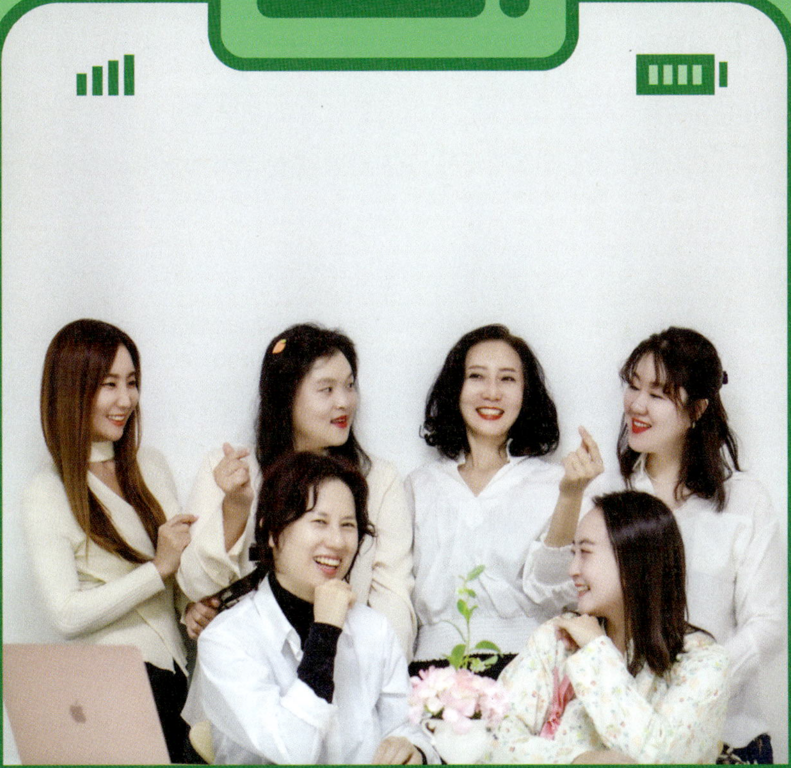

에린
박미선

부자애미
서지연

피치약사
최희진

효리스타
송효리

신
루시아

슈퍼땅콩
서정은

에린 박미선

　인스타그램이라는 플랫폼으로, 또 혼자가 아닌 많은 분의 도움으로 성장할 수 있었습니다. 예쁜 사진 찍어 주시고, 무료 나눔 해 주신 사진작가님께 감사드립니다. '꽃보다이쁜나' 커뮤니티에서 메이크업, 책 쓰기, 캔바, 제페토, 시 쓰기, 자녀 교육, 인스타, 브랜딩 강의 등 무료 나눔 해 주신 강사님들 다시 한번 감사드려요. 매일 새벽 6시에 스쿼트 100개를 함께 하는 스백챌러 여러분, 여러분이 있었기에 저 또한 매일 스쿼트 100개 하는 대단한 사람이 되었습니다. 매일매일 날씬해지고 예뻐지는 에린 다이어트 크루 여러분, 건강한 식습관 운동 습관을 함께해 주셔서 감사합니다. 1년 동안 매주 일요일 7시 30분 만나서 글 쓰고 합평하고 끝까지 애써 주신 '나도작가' 님들 정말 수고 많으셨습니다. 마시막으로 이 글이 지금 막막하고 힘든 누군가에게 도움이 되길 기대해 봅니다.

부자애미 서지연

　월급쟁이의 고단한 삶의 굴레를 벗어나기 위해 노력하는 나 자신을 뒤돌아보며 원고지에 눈물을 뚝뚝 흘리기도 했다. 글쓰기에 몰입하려고 할 때마다 친정어머니께서 "글쓰기는 시간 많고, 돈 많은 부자들이나 하는 일이지, 네가 무슨 글쓰기냐.", "직장 생활이나 열심히 해. 자꾸 딴짓하지 말고."라고 하셨다. 나이 마흔이 넘어 듣는 부모님의 쓴소리. 행복하고 편안한 날보다는 고통스럽고 힘든 순간에 진심을 담아 글쓰기에 집중할 수 있었다.

내 글이 독자들의 열정과 용기, 나태함과 게으름을 자극하여 목표를 행동으로 실천할 수 있는 계기가 되었으면 한다. 2년 동안 글쓰기를 준비한 '나도작가' 팀의 다섯 분 작가님들께 동행해 주심에 감사드리며, 서로의 성장을 지켜보며 인생의 희로애락을 글쓰기라는 도구로 엑시트할 수 있었음에 감사하다. 글쓰기를 포기하지 않고 갈 수 있도록 많은 사람들에게 "나 글쓰기 하고 있어."라고 하고, 곧 출간 예정이라고 가족과 커뮤니티 회원들에게 공표했고 매일 쓰는 필사 책 하단에 오늘 해야 할 일에 글쓰기를 하루도 빠짐없이 기록했던 것들이 약속이 되었다. 글쓰기에 집중할 수 있도록 곁에서 큰 힘이 되어 준 정미영 작가님, '부애미부애길' 커뮤니티에서 새벽 기상과 긍정 확언, 성공 확언 필사를 카페에 올리고 나면 새벽마다 한결같이 함께 필사해 주며 용기를 주었던 애미, 애비들께 감사한 마음을 전한다.

부단히도 잔소리와 눈치를 주었던 친정어머니, 내가 오전에 설거지와 아침밥이 늦어질 때마다 아이들 학교 보낼 시간이 다가오면 걱정스레 무뚝뚝한 언어로 "너 밥 안 하고 뭐 하는데."라고 물어보시던 친정아버지께 (내가 뭐 하는지 아직도 잘 모르실 거다) 건강하게 오래오래 함께해 달라고 전하고 싶다. 매일 책상에 앉아서 책 읽고 글 쓰고 필사하고 강연 준비할 때 엄마 품에서 잠들 시간을 오매불망 기다려 준 12세 세양이, 9세 대국이, 6세 태평이에게 좋은 엄마보단 훌륭한 엄마로 성장할 수 있게 함께 자라 줘서 고맙다고 또 미안한 마음을 전하고 싶다. 끝으로 "너하고 싶은 대로 해.", "너 좋을 대로 해."라고 말하면서 내 방문을 열고 눈치 주던 남편에게도 "너도 이제 하고 싶은 거 해.", "너도 이제 좋을 대로 해", "내가 있으니깐 걱정 말고 도전해 봐."라고 직장 생활과 스트레스에 지쳐 머리카락이 빠지고 있는 남편에게 위로의 말을 전하고 싶다. 나도 하고 싶은 거, 되고 싶은 거, 글도 써 보고, 작가가 되었으니… 책임감으로 싫든 좋든 직장을 다니는 우리 보통 남편의 고단한 마음과 몸을 치유해 주고 싶다. 이것이 가진 자의 아내가 줄 수 있는 남편에게의 선물이다. "나는 남편에게 가발과 자유를 선물했다." 책 한 권 더 써야 하나? 가진 자의 아내가 주는 선물이라는 책. 출간 후기를 마치며 나는 다시 두 번째 책 쓰기를 시작할 예정이다. 끝으로 이 글을 끝까지 읽고 있는 독자에게 한 번 하면 두 번째는 더 쉬운 무자본 지식 창업 중에 하나인 글쓰기를 시작하길 바란다고 전하고 싶다. 시작하면 바로 작가가 될 수 있는 글쓰기에 도전하자! 시작하자! 실행하자!

피치약사 최희진

출구가 없는 인스타그램 생활 동안, 많은 분들과의 교류와 자극으로 성장하였고, 지금도 성장 중에 있습니다.

요즘은 슈퍼 기버, 선한 영향력 이런 말에 점점 더 설레고, 나도 가능한 일인가 하는 생각도 드네요.

이 글은 성공 스토리가 아니고, 어느새 50대가 된 아줌마 약사의 지난 2년간의 인스타그램 등정기입니다. 우주에 흔적을 내는 슈퍼 기버가 되고자, 무럭무럭 인스타그램이라는 산을 오르락내리락하면서 등정하고 있습니다. 찐친이 된 '나도작가' 팀 우리 평생 같이 가요. 그리고 내 남편님, 정욱, 승아 홧팅!!

슈퍼땅콩 서정은

　졸작이자 나의 첫 작품인 이번 책을 출간하면서, 짧지만 나의 인생을 돌아보는 계기가 되었다.
　눈물도 많이 흘렸고, 감사도 넘쳐났다.
　이 글을 읽는 많은 독자들 또한 나만의 스토리가 있을 것이다.
　인생을 살면서 한번은 나를 돌아보고 책을 쓸 수 있는 기회가 된다면 꼭 도전해 보기를 추천한다.
　누구보다 평범한 나도, 우리도 이렇게 멋진 책을 출간했으니 ^^

신 루시아

　새벽 기상 챌린지를 통해 나를 일으켜 세워 기도, 감사 일기, 긍정 확언을 쓰게 하고, 좋은 책도 읽게 하고, 좋은 강의 듣게 하고, 영어 공부도 시키고, 인스타그램 피드 만들며 크리에이티브하게 뇌를 가동시키고, 여러 다양한 커뮤니티에 아침 인사 하며 긍정의 피드백 주고받으며 좋은 사람들과 소통하게 하니 나도 모르게 마음이 커지고 있는 나를 발견하게 되었다. 이제는 '우리 아이들이 커서 뭐가 되려나.'보다 '나는 뭐가 되려고 이러나?'라는 생각이 더 많이 든다. 내가 앞으로 어떤 사람이 되어 갈지 더 궁금하다.

효리스타 송효리

혼자 책을 쓴다고 했다면 원고 정리를 '우당탕탕' 하지는 못했을 거라는 생각이 든다. 6명의 공저가 나오기까지 지난 1년 동안 일요일 아침 7시 30분 줌과 카페까지 만들어서 매주 글을 올리고 피드백도 했다. 멈칫멈칫하는 중간에 파주 파티 이후 위기들이 있었지만, 벌금까지 정해서 반강제적으로 글을 쓰기도 했다. 모인 벌금도 있을 텐데 책이 나오면 여행 가자고 해야겠다.

각자의 삶이 있음에도 불구하고 꾸준히 여기까지 왔다. 오늘 마지막 프롤로그를 정리하는데 찡~ 했다. 방해받지 않을 시간대를 찾다 보니 주로 새벽 시간들이었다. 며칠을 초저녁에 자고 새벽 1시에 일어나서 원고를 지우고 고치고를 수십 번을 했더니 구내염, 외이도염에 몸살까지 3종으로 왔다. 피로로 몸살을 며칠을 앓았다. 후기를 쓰니 시원섭섭하다. 글을 쓰는 동안에 들었던 많은 생각들이 한 번에 지나간다. 확실한 건 책 쓰기를 잘했다. 인생 한 파트를 정리를 한 느낌이 든다고 할까? 그리고 내가 더 좋아졌기 때문이다. 머지않은 미래에 내 이야기를 더 쓰고 싶다.